Margot Asquith

Une autobiographie

Margot Asquith

Writat

Cette édition parue en 2024

ISBN : 9789359947143

Publié par
Writat
email : info@writat.com

Contenu

PRÉFACE ....-1-

LIVRE UN ....-3-

CHAPITRE PREMIER ....-4-

CHAPITRE II ....-20-

CHAPITRE III ....-48-

CHAPITRE IV ....-63-

CHAPITRE V ....-70-

CHAPITRE VI ....-77-

CHAPITRE VII ....-91-

CHAPITRE VIII ....-108-

LIVRE DEUX ....-120-

CHAPITRE PREMIER ....-121-

CHAPITRE II ....-154-

CHAPITRE III ....-182-

CHAPITRE IV ....-185-

CHAPITRE V ....-213-

CHAPITRE VI ....-220-

CHAPITRE VII ....-235-

CHAPITRE VIII ....-242-

CHAPITRE IX ....-249-

PRÉFACE

Quand j'ai commencé ce livre, je craignais que son mérite ne dépende de la fidélité avec laquelle je pourrais enregistrer mes propres impressions sur les gens et les événements : lorsque je l'ai terminé, j'en étais certain. S'il s'agissait d'un autre genre de livre, le jugement de mes proches aurait été inestimable, mais, étant donné ce qu'il est, il devait être entièrement le mien ; puisque celui qui écrit comme il parle doit en assumer l'entière responsabilité et demander : « Pensez-vous que je puisse dire cela ? ou "écrire ça?" est de transférer une partie de cette responsabilité sur quelqu'un d'autre. Cela, je ne pouvais pas le supporter, surtout dans le cas de mon mari, qui voit ces souvenirs pour la première fois maintenant. Mon seul atout littéraire est une franchise naturelle, et cette faculté aurait été paralysée si j'avais pensé que quoi que ce soit de ce que j'ai écrit ici puisse l'impliquer. J'aurais préféré commettre cent erreurs de style ou de discrétion plutôt que de paraître, même à moi-même, et encore moins au monde en général, avoir fait cela.

Contrairement à de nombreux mémoristes, la liste des personnes que je dois remercier dans cette préface est courte : Lord Crewe et M. Texeira de Mattos, qui seuls ont vu mon MS. avant son achèvement, pour leurs critiques minutieuses qui ne les engageaient en aucune manière à approuver tout ce que j'ai écrit ; M. Desmond MacCarthy , pour ses précieuses suggestions ; et ma dactylo, Miss Lea, pour son silence et sa rapidité.

Il n'y a donc pas beaucoup de personnes dont je peux vraiment dire : « Sans leur approbation et leurs encouragements, ce livre n'aurait jamais été écrit » – mais ceux qui m'aiment vraiment me pardonneront et sauront que ce que je leur dois est plus profond que des remerciements.

LIVRE UN

« Prudence est une vieille fille riche et laide courtisée par son incapacité. » — Blake.

CHAPITRE I

LA FAMILLE TENNANT—MARGOT, L'UNE DES DOUZE ENFANTS—LA VIE À LA FAMILLE À GLEN, EN ÉCOSSE—PÈRE UN HOMME D'AFFAIRES AUTOCENTRÉ ; SES VANITÉS ; SA FIERTÉ DE SES ENFANTS—NOUVELLES DE SA MORT—LE BEAU LORD RIBBLESDALE VISITE GLEN—MÈRE DÉLICATE ; SON AMOUR DE L'ÉCONOMIE ; CONFIDENCES—AFFAIRES D'AMOUR DES FILLES TENNANT

Je suis né dans le pays de Hogg et Scott, entre Yarrow et Tweed, en 1864.

Je suis l'un des douze enfants, mais je n'en ai connu que huit, les autres étant morts quand j'étais jeune. Ma sœur aînée Pauline – ou Posie , comme nous l'appelions – est née en 1855 et a épousé le jour de mon dixième anniversaire l'un des meilleurs hommes, Thomas Gordon Duff. [Note de bas de page : Thomas Gordon Duff, de Drummuir Castle, Keith.] Elle est morte de la tuberculose, la maladie cruelle dont toute ma famille a été victime. Nous étions trop différents en âge et en tempérament pour être vraiment intimes, mais sa bonté, sa patience et son courage m'ont profondément impressionné.

Ma deuxième sœur, Charlotte, est née en 1858 et a épousé, quand j'avais treize ans, l'actuel Lord Ribblesdale, en 1877. Elle était le seul membre de la famille – à l'exception de mon frère Edward Glenconner – qui était de grande taille. Ma mère attribuait cela – ainsi que sa beauté – à sa nourrice, Janet Mercer, une vendeuse de moulin à Innerleithen, connue pour sa taille et sa beauté. Charty – comme nous l'appelions – était d'une certaine manière la plus capable de nous tous, mais elle n'avait ni le génie de Laura, ni les talents de Lucy, ni ma compréhension. Elle avait une grâce merveilleuse et moins de vanité que quiconque ayant jamais vécu ; et son courage social était une joie perpétuelle. Je l'ai entendue dire à feu Lord Rothschild, un soir lors d'un dîner :

"Et croyez-vous toujours que le Messie vient, Lord Natty ?"

Un jour que son mari allait faire un discours politique dans le pays, elle lui télégraphia :

"Attention, frappez en dessous de la ceinture !"

Elle était pleine de nature et d'impulsion, libre, entreprenante et indifférente. Elle chevauchait aussi bien que moi, mais n'était pas aussi agile avec les chiens ni aussi consciente de ce qui se passait autour d'elle.

Un jour que la Rifle Brigade était cantonnée à Winchester, Ribblesdale, qui était capitaine, envoya Charty chasser avec le vieux Tubb, le célèbre marchand, chez qui il avait loué sa monture. Comme il ne pouvait pas l'accompagner lui-même, il désirait savoir comment se portait Madame ; le vieux coquin, voulant vendre son cheval, leva les yeux au ciel et haleta :

" Palissades ornementales ! Monseigneur !!"

Il était difficile de trouver un couple plus beau que Charty et Ribblesdale ; J'ai souvent vu des gens les suivre dans des galeries de tableaux ; et leurs photographies figuraient dans de nombreuses vitrines de magasins de Londres.

Ma sœur suivante, Lucy, [Note de bas de page : Mme Graham Smith, d'Easton Grey, Malmesbury .] était la plus talentueuse et la mieux instruite de la famille. Elle était tombée entre deux tabourets dans sa jeunesse, parce que Charty et Posie étaient en âge d'être compagnons, Laura et moi ; par conséquent , elle n'a pas connu l'enfance heureuse que nous avons vécue et a été maltraitée par les autorités, tant à la crèche qu'à l'école. Quand j'avais treize ans , elle a fait des fiançailles insensées, de sorte que notre véritable intimité n'a commencé qu'après son mariage. Elle était l'enfant préférée de ma mère – ce qu'aucun de nous n'en voulait – et, bien que comme mon père en termes d'hospitalité, de courage et de générosité, elle avait la modestie obstinée et la délicatesse d'esprit de ma mère. Sa peur de blesser les autres était si grande qu'elle ne disait pas aux gens ce qu'elle pensait ; elle était honnête mais pas franche. Ses dessins, tant au pastel qu'à l'aquarelle , ses portraits, paysages et intérieurs étaient encore plus éloignés du travail d'amateur que le jeu de piano de Laura ou ma danse ; et si elle avait mis ses marchandises sur le marché, comme nous voulions tous qu'elle le fasse il y a des années, elle aurait été une femme riche, mais comme tous les saints, elle n'avait aucune influence. Je lui dois trop de choses pour écrire sur elle : tourmentée par la douleur et estropiée par l'arthrite, elle a fait preuve d'un héroïsme et d'une gaieté qui commandent l'amour et le respect de tous ceux qui la rencontrent.

De mon autre sœur, Laura, j'écrirai plus tard.

Les garçons de la famille étaient différents des filles, même s'ils avaient tous du charme et un excellent sens de l'humour . Ma mère disait que la différence entre ses garçons et ses filles venait de la circulation, et elle ajoutait : « Les Winslo ont toujours eu froid aux yeux » ; mais je pense que cela dépend de l'humeur et du tempérament. Ils auraient été moins inquiets et plus sereins s'ils avaient été élevés dans une profession établie ; et ils étaient assez intelligents pour bien faire la plupart des choses.

Mon frère Jack [Note de bas de page : Le très hon. HJ Tennant] a été choyé et mal géré dans sa jeunesse. Il avait une bonne silhouette, mais sa taille était arrêtée par le fait qu'on lui permettait, lorsqu'il était un petit garçon, de marcher douze à quinze milles par jour avec les tireurs ; et, quelque fatigué qu'il fût, on le tirait du lit pour jouer au billard après le dîner. Des repose-pieds en cuir ont été placés les uns sur les autres par un fier papa et la société a veillé à ce que ce charmant petit garçon marque de gros succès ; excité et épuisé, il se couchait bien après minuit, les louanges chantant à ses oreilles.

"Vous ressemblez plus à des lions qu'à des sœurs !" dit-il un jour à la crèche où nous l'avions snobé.

En faisant de lui son secrétaire parlementaire, mon mari lui a donné sa première chance ; et malgré sa formation précoce et ses taquineries, il a mis sa vie à profit.

Au cours des terribles années 1914, 1915 et 1916, il fut sous-secrétaire à la guerre de feu Lord Kitchener et fut finalement nommé secrétaire pour l'Écosse, avec un siège au Cabinet. Comme tout Tennant, il avait de la tendresse et de l'émotion et montrait beaucoup d'affection et de générosité envers sa famille. C'était un excellent sportif doté d'un sens du jeu exceptionnellement bon.

Mon frère Frank [Note : Francis Tennant, d'Innes.] était l'artiste parmi les garçons. Il avait une oreille parfaite pour la musique et un œil pour les couleurs et pouvait distinguer ce qui était beau dans tout ce qu'il voyait. Il avait le caractère le plus doux de tous et le plus d'humilité.

Dans sa jeunesse, il eut un horrible précepteur qui lui montra beaucoup de cruauté ; et cela a retardé son développement. Un jour à Glen, j'ai vu cet homme renverser Frank. Furieux et indigné, j'ai dit : « Espèce de brute ! et je l'ai frappé à la tête avec mes deux poings. Après qu'il m'ait frappé les oreilles, Laura a protesté, disant qu'elle le dirait à mon père, sur quoi il l'a renversée par terre et a quitté la pièce.

Quand je pense à nos professeurs violents – à la fois tuteurs et gouvernantes – et à ce que les frères ont appris à Eton, je suis surpris que nous en sachions autant et l'impuissance de mes parents me laisse perplexe.

Mon frère aîné, Eddy, [Note : Lord Glenconner , de Glen, Innerleithen.] bien que très différent de moi par son tempérament et ses perspectives, était celui avec qui je m'entendais le mieux. Nous étions tous les deux dévorés d'impatience et de ponctualité et aimions être seuls à la campagne. Il détestait les visites, j'appréciais ça ; il détestait la société et j'y prenais plaisir. Ma mère n'était pas assez forte pour m'emmener au bal ; et comme elle avait soixante-trois ans l'année de ma sortie, Eddy était en train de me chaperonner, mais je ne me souviens jamais qu'il me ramène d'une seule soirée. Nous avions chacun nos clés et je rentrais chez moi seul ou avec un partenaire.

Nous partagions un amour secret et passionné pour notre maison, Glen, et connaissions chaque touffe de bruyère, chaque bouleau et chaque brûlage de l'endroit. Herbert Gladstone m'a raconté qu'un jour en Inde, alors qu'après une longue journée de tournage, lui et Eddy se reposaient en silence sur le sol, il lui dit :

"A quoi penses-tu, Eddy ?"

A quoi il répondit :

"Oh, toujours pareil… Glen ! …"

Au cours des neuf années pendant lesquelles lui et moi avons vécu ensemble, malgré notre irascibilité mutuelle et notre esprit inégal, nous n'avons jamais eu de querelle. Que nous nous rejoignions sur la lande près de la maison du berger, ou que nous attendions les tétras sur la colline ; que nous ayons déjeuné sur le Quair ou pêché sur le Tweed, nous avons mille souvenirs communs pour garder nos cœurs unis.

Mon père [Note : Sir Charles Tennant, 1823-1906.] était un homme dont la vitalité, l'irritabilité, l'énergie et l'impressionnabilité relevaient du génie.

A sa mort, le 2 juin 1906, j'écrivis ceci dans mon journal :

« J'étais assis dans la salle de classe d'Elizabeth [Note de bas de page : ma fille, Elizabeth Bibesco .] à Littlestone hier – lundi de Pentecôte – après l'avoir entendue réciter Tartuffe à 19 heures, lorsque James m'a donné un télégramme ; il venait de ma belle-mère :

"'Votre père est décédé paisiblement à cinq heures cet après-midi.'

"Je me suis couvert le visage avec mes mains et je suis allée chercher mon mari. Mon père était malade depuis un certain temps, mais, ayant reçu une lettre de lui ce matin-là, la nouvelle m'a fait un choc.

« La pauvre petite Elisabeth était terriblement bouleversée par mon malheur ; et j'ai été ému jusqu'au cœur par ses paroles, les yeux remplis de larmes et le visage blanc :

"'Maman chérie, il a eu une vie TRÈS heureuse et il est très heureux maintenant… il sera TOUJOURS heureux.'

" C'était vrai. … Il avait été et sera toujours heureux, parce que la nature de mon père ne produisait aucun déchet : il n'avait rien en lui de ces choses inutiles qui se trouvent en tas près des usines. Il a emporté son propre bonheur avec lui, et était égocentrique et autosuffisant : pour un être sociable, le plus autonome que j'aie jamais connu ; je ne connais personne d'une telle vitalité qui soit aussi indépendant des autres ; il pouvait jouer seul au golf, jouer seul au billard, marcher seul, tirer seul, pêcher seul, faire tout seul ; et pourtant il dépendait à la fois de ma mère et de ma belle-mère et aimait en toutes occasions de simples camarades de jeu. ... Quelqu'un avec qui porter ses gourdins ou se promener dans le jardin le rendait parfaitement heureux. C'était dans ces moments-là, je crois, que mon père était le plus doux. Calme comme un ciel après les averses, il discutait de tous les sujets avec tendresse et intérêt et paraissait inébranlable ; il avait une jeunesse éternelle, et n'était pas affecté par le monde financier qui tournait autour de lui toute la journée.

"Ce qui était frappant chez lui, c'était son absence de soupçon. Jeté dès son plus jeune âge parmi des hommes ordinaires et astucieux aux idéaux singulièrement peu spirituels - la plupart d'entre eux non seulement en devenir, mais je pourrais presque dire en bondissant - il a avancé sur ses propres lignes. rapidement et courageusement, pas du tout secrètement — presque avec confiance — et pourtant il était rarement dupe.

"Il connaissait mieux ses semblables dans l'East-end que dans le West-end de Londres et avait un talent pour se faire aimer des hommes; il les entraînait sous l'impulsion de ses propres intentions décidées. Il n'était jamais trop occupé ni trop prospère pour aider ceux qui luttent et a été choqué par la méchanceté ou par une pratique acerbe, aussi réussie soit-elle.

« Il y avait des gens que mon père n'a jamais compris, aussi bon, généreux et noble qu'il était : le fanatique aux yeux tournés vers aucun ordre connu des choses lui donnait une impatience électrique ; il n'aimait pas les prêtres, les poètes ou les philosophes ; tout ce qui ressemblait à l'indécision, au changement de plan, au manque d'ordre, de méthode ou de ponctualité, à l'oubli ou à l'insouciance, même à l'hésitation de la voix et des manières, le rendait fou ; son tempérament était comme une mèche qu'un simple contact exploserait, mais la bombe ne tuait pas. Cela faisait mal aux non-initiés mais cela consommait ses propres étincelles. Mon papa n'avait aucun contrôle sur lui-même, aucune possibilité de l'apprendre : c'était pour lui une science inconnue, comme la géométrie ou l'algèbre, et il avait très peu d'imagination. C'était cette combinaison — manque de maîtrise de soi et manque d'imagination — qui l'empêchaient d'être un penseur.

"Il avait un grand caractère, une observation minutieuse, une belle mémoire et tous ses instincts étaient chargés d'une vitalité presque surhumaine, mais personne ne pouvait discuter avec lui. Si les fondements de son caractère avaient été aussi déraisonnables et peu fiables que son tempérament, il aurait fait ni amis ni argent ; mais il était fondamentalement sain, finalement serein et noble dans le vrai sens du terme. C'était un homme d'esprit, mais pas un homme intellectuel ; il ne savait vraiment rien des grands écrivains ou penseurs. , bien qu'il ait lu des bric-à-brac. C'était essentiellement un homme d'action et un homme de volonté ; c'est pourquoi je l'appelle un homme d'esprit. Il s'est décidé en un éclair, en partie par instinct et en partie par volonté.

"Il avait le courage de vivre et d'entreprendre pour y dépenser sa fortune. Il était gentil et impulsivement généreux, mais trop pressé pour que la maladie l'aborde ou que la mort la retarde. Pour lui, c'étaient des interruptions, pas des chagrins durables.

"Il ne savait rien de la rancune , du remords, du regret; ils lui transmettaient à peu près la même chose que si on lui avait dit de marcher à reculons et n'avait reçu ni sympathie ni courtoisie de sa part.

"C'était un artiste doté du don d'admiration. Il avait un bon œil et ne pouvait pas acheter une chose laide ou même moyennement belle; mais il n'était pas un découvreur d'art. J'ajouterai ici pour être clair que je pense aux hommes. comme le père de Frances Horner, le vieux M. Graham, [Note : Lady Horner, de Mells , Frome .] qui a découvert et promu Burne-Jones et Frederick Walker ; ou Lord Battersea, qui fut le premier à fréquenter Cecil Lawson ; ou ma sœur, Lucy Graham Smith, qui était un excellent juge de chaque tableau et qui reconnaissait et appréciait toutes les écoles de peinture. Le jugement de mon père était faussé par la comparaison constante de ses propres choses avec celles des autres.

« La fierté de posséder et de devenir propriétaire est une fierté commune et humaine, mais le véritable artiste s'approprie tout ce qu'il admire : personne ne peut l'en priver ; il voit de la valeur dans les tableaux non signés et des promesses dans les tableaux inachevés ; non seulement il découvre et interprète, mais crée presque de la beauté par le feu de ses critiques et l'intériorité de sa perception . Papa était trop égocentrique pour cela ; une grande partie de l'art lui était cachée ; tout ce qui est mystérieux, suggestif, archaïque, qu'il soit italien, espagnol. ou Hollandais, l'ennuyait franchement. Ses pieds étaient fermement plantés sur une terre très saine; il aimait que l'art soit une copie de la nature, pas de l'art. L'école moderne de Burne-Jones et Morris, avec ce qu'il considérait comme son artificialité et ses affectations, il ne pouvait pas supporter. Il ne réalisait pas que cela provenait d'une réaction du premier et du milieu du victorienisme. Il a perdu de vue beaucoup de ce qu'il y a de beau en couleur et en fantaisie, ainsi que tout le dessin et le raffinement de cette école, à cause de ses violents préjugés. ... Ses opinions étaient des obsessions. Son originalité n'était pas tant dans ses tableaux que dans les manières noires, l'argenterie, la porcelaine et les objets d'art qu'il collectionnait depuis de nombreuses années.

"Quoi qu'il choisisse, qu'il s'agisse d'un petit hibou, d'un chien, d'un nègre, d'un buste, d'un Cupidon en or, en bronze, en porcelaine ou en émail, il devait avoir une signification humaine, une expression reconnaissable qui le rendait aimable et familier aux yeux de tous. Il n'aimait pas le fantastique, le torturé ou l'ecclésiastique ; les saints, les vierges, les draperies et les crucifix le laissaient froid ; mais un vieux coffre anglais, une grosse petite chaise ou une saine bouteille orientale lui plaisaient tout de suite.

« Personne ne jouissait de ses biens avec plus de naïveté et d'enthousiasme que mon père ; il prenait souvent une bougie et se promenait autour des tableaux en robe de chambre en se rendant au lit, les contemplant avec tendresse, je dirais presque avec émotion.

"Quand j'étais seule avec lui, en train de lire sur un canapé, il m'envoyait à l'étage voir les Sir Joshua : Lady Gertrude Fitz-Patrick, Lady Crosbie ou Miss Ridge.

« Elle est très belle ce soir, disait-il. Cours au salon, Margot, et regarde-la. »

"Il n'était pas seulement fier de ses collections, mais il était également fier de ses enfants ; nous pouvions tous faire des choses mieux que quiconque ! Posie savait chanter, Lucy savait dessiner, Laura pouvait jouer, je pouvais monter à cheval, etc. " Nos louanges étaient enfoncées dans la gorge des nouveaux venus jusqu'à ce que chacun se sente mal à l'aise. Je n'ai pas besoin d'amour pour ajouter à mon chagrin de sa mort, mais je regrette beaucoup mon impatience et mon manque de grâce envers lui.

« Il me présentait parfois avec une fierté émotionnelle le même homme ou la même femme deux ou trois fois dans une soirée :

« Voici ma petite fille – très intelligente, etc., etc. Le colonel Kingscote dit qu'elle traverse le pays plus fort que n'importe qui, etc., etc. »

" Cela m'a exaspéré. S'adressant à ma mère, au milieu des invités qui s'étaient rassemblés un soir chez nous pour entendre un chanteur professionnel, il dit à haute voix pendant que la dame était conduite au piano :

"'Ne vous embêtez pas, ma chère, je pense que tout le monde préférerait entendre
Posie chanter.'

"Je me souviens bien que Laura et moi-même avons été réprimandés par lui à notre retour d'une fête chez Cyril Flowers en 1883, où nous avions été considérablement dirigés par mon cher papa et présentés à deux reprises à Lord Granville. Nous avons montré une telle irritabilité en rentrant chez nous à le coupé que mon père disait :

"'Ce n'est pas un plaisir de vous emmener dehors, les filles.'

"C'est la seule fois où je l'ai entendu me contrarier.

"Il nous disait toujours de ne pas froncer les sourcils et de parler clairement, tout comme ma mère nous grondait de ne pas tenir le coup. Je ne me souviens jamais de l'avoir vu indifférent, paresseux ou oisif dans sa vie. Il était aussi violent quand il mourait que quand il était en train de mourir. il vivait et sans s'apitoyer sur son sort.

"Il détestait les cadeaux, mais il aimait les éloges et était facilement flatté ; il était trop occupé même pour BEAUCOUP de cela, mais il pouvait supporter plus que la plupart d'entre nous. Si c'est un peu simple, il est aussi plutôt généreux de croire au les choses les plus gentilles qu'on puisse vous dire ; et je pense que je préfère trop accepter plutôt que de répudier et de refuser : c'est plus chaleureux et plus enrichissant.

"Mon père n'avait pas la moindre vanité ni la moindre suffisance, mais il avait une petite vanité enfantine. On ne pouvait pas le gâter ni l'améliorer; il restait égoïste, sain, ensoleillé et déraisonnable; violemment impatient, pas du tout complaisant. méprisant l'idée même d'un valet de chambre ou d'un secrétaire, mais absolument volontaire : ce qu'il avait l'intention de faire, de dire ou d'acheter, il le ferait, le dirait ou l'achèterait IMMÉDIATEMENT.

"Il aimait quelques personnes - Mark Napier, [Note de bas de page : l'honorable Mark Napier, d'Ettrick.] Ribblesdale, Lord Haldane, M. Heseltine, Lord Rosebery et Arthur Balfour - et se sentait amical avec tout le monde, mais il ne le faisait pas. AIMEZ beaucoup de gens. Quand nous étions filles , il nous disait que nous devions faire des mariages mondains, mais à la fin il nous a laissé choisir les hommes que nous aimions et nous a donné l'aide matérielle en argent qui nous a permis de les épouser. Je trouve exactement le contraire. plan adopté par la plupart des parents : ils sacrifient leurs enfants à des mariages sans amour tant qu'ils savent qu'ils ont suffisamment d'argent pour qu'aucune exigence ne soit jamais faite à eux-mêmes.

"Je pense que j'ai mieux compris mon père que les autres. J'ai deviné son humeur en un instant et par conséquent je pouvais pousser plus loin et lui dire plus quand il était de bonne humeur . J'ai vécu seul avec lui, ma mère et Eddy pendant neuf ans (après le mariage de ma sœur Laura) et j'ai eu une expérience personnelle plus étroite de lui. Il aimait ma nature aventureuse. La courtoisie et la douceur de Ribblesdale [Note de bas de page : Lord Ribblesdale, de Gisburne .] le ravissaient et ils s'aimaient sincèrement. Il m'a dit une fois de lui :

"'Tommy est l'une des rares personnes au monde à m'avoir témoigné de sa gratitude.'"

Je ne peux pas citer le nom de mon beau-frère ici dans mon journal sans faire allusion à l'effet qu'il a produit sur nous lors de son arrivée à Glen.

Il était l'homme le plus bel homme que j'aie jamais vu, à l'exception du vieux Lord Wemyss , [Note de bas de page : le comte de Wemyss et March, père du comte actuel.] le regretté Lord Pembroke, M. Wilfrid Blunt et Lord D'Abernon . Il avait été présenté à ma sœur Charty lors d'un bal à Londres, alors qu'il avait vingt et un ans et elle dix-huit. Un de ses frères-officiers de la Rifle Brigade, les voyant valser ensemble, lui demanda si elle était sa sœur, ce à quoi il répondit :

"Non, Dieu merci !"

J'avais douze ans lorsqu'il est arrivé à Glen sous le nom de Thomas Lister : ses belles manières, son sens de l'humour parfait et son apparence pittoresque captivaient tout le monde ; et, qu'on soit d'accord ou non avec lui, il avait un point de vue tout à fait original et était toujours intéressé et suggestif. Il n'a jamais mal compris mon père, mais il l'a vraiment apprécié. …

Suite de mon journal :

"Mon papa était un personnage, et certaines personnes n'ont jamais compris les rôles.

"Aucun de ses enfants ne lui ressemble vraiment ; pourtant il existe des ressemblances intéressantes et qui méritent d'être notées.

" Charty dans l'ensemble lui ressemble le plus. Elle a sa simplicité transparente, sa franchise , son courage sans maîtrise de soi; mais elle est la femme la moins égoïste que je connaisse et la moins égocentrique . Elle est aussi plus intolérante et impitoyable dans son attitude. critiques des autres et a un sens de l'humour plus fin . Papa aimait les choses de bonne réputation et ne croyait jamais le mal de qui que ce soit . Il avait une objection profonde à parler à la légère de la vie des autres ; il n'était pas vraiment respectueux, mais un sentiment de Une citoyenneté bienveillante et décente l'empêchait de penser ou de parler avec mépris des autres.

"Lucy a le côté artistique et généreux de Papa, mais rien de sa confiance en soi ni de son esprit de décision ; tout son courage physique, mais rien de son ambition.

"Eddy a sa silhouette et son comportement, son sens de la justice et sa tendresse émotionnelle, mais rien de sa vitalité, de son impulsion ou de son espoir. Jack a son ambition et son dynamisme, son enthousiasme et sa confiance en lui; mais il n'est pas aussi de bonne humeur dans un match perdant. jeu. Frank a davantage sa langue droite et son appréciation des belles choses, mais aucun de son cerveau.

" Je pense que j'avais plus que les autres l'indignation morale et l'audace de Papa ; et physiquement il y avait de grandes ressemblances entre nous : sinon je ne pense pas que je sois comme lui. J'ai sa démarche, son équilibre et son activité - pouvoir danser, sauter. " et marcher sur une corde - et j'ai hérité de ses cheveux et de son insomnie, de sa nervosité et de son impatience; mais intellectuellement, nous regardons les choses d'un tout autre point de vue. Je suis plus passionné, plus spirituellement perplexe et moins satisfait de moi-même. Je n'en ai pas. de son pouvoir de débâcle. J'aimerais croire que j'ai un peu de sa générosité, de son humanité et de sa bienveillante tolérance, un peu de sa droiture et de son intégrité fondamentales, mais en fin de compte, il restera un homme unique dans la mémoire des gens. "

En écrivant aujourd'hui, quatorze ans plus tard, je ne pense pas pouvoir ajouter grand-chose à cela.

Bien qu'il fût un homme d'affaires, il possédait une grande compréhension et une grande élasticité.

En ce qui concerne les hommes d'affaires, les chiffres stupéfiants publiés dans le Livre blanc officiel de novembre de l'année dernière ont montré que le résultat de leur inclusion dans le gouvernement a été si remarquable que mon mémoire serait incomplet si je n'y faisais pas allusion. Mon père et mon grand-père ont été élevés parmi les citadins et j'en suis fier ; mais il est insensé de supposer que démarrer et développer une grande entreprise équivaut à initier et à mener une grande politique ou à diriger un grand ministère.

Cela a été et restera une énigme sur laquelle les intellectuels tâtonnent perpétuellement, sinon en permanence :

"Comment se fait-il que M. Smith ou M. Brown aient fait une si grande fortune ?"

La réponse n'est pas facile. Gagner de l'argent nécessite du FLAIR, de l'instinct, de la perspicacité ou peu importe comment vous voulez l'appeler, mais les qualités qui font un homme d'affaires sont grotesquement différentes de celles qui font un homme d'État ; et quand on a des prétentions sur les deux, le résultat est la comédie et la confusion actuelles.

J'écris en tant que fille d'un homme d'affaires et épouse d'un homme politique et je sais de quoi je parle, mais, au cas où M. Bonar Law — un pathétique partisan de « l'homme d'affaires » — me ferait l'honneur de lire ces pages. et s'accrochant toujours à ses illusions sur le sujet, je le renvoie aux chiffres publiés dans le Livre blanc du gouvernement de 1919.

Les intellectuels font rarement fortune et les hommes d'affaires sont rarement des intellectuels.

Mon père a fait ses études à Liverpool et a travaillé dans une école du soir ; c'était un bon linguiste, ce qu'il n'aurait jamais été s'il avait eu le malheur d'être éduqué dans l'une de nos grandes écoles publiques.

Je me souviens que quelqu'un m'avait raconté comment mon grand-père avait dit qu'il ne pouvait comprendre qu'un homme sensé élève son fils comme un gentleman. En ce temps-là comme aujourd'hui, on trouvait des gentlemen et on ne les faisait pas, mais l'expression « élever un homme comme un gentleman » signifiait l'élever pour qu'il soit oisif.

Lorsque mon père jouait à la City , il prenait des risques avec son propre argent plutôt qu'avec l'argent des autres. Je l'ai entendu dire à un millionnaire sud-africain :

"Vous n'avez pas gagné votre argent avec les mines, mais avec des gueules comme moi, mon cher !"

Un chapitre entier pourrait être consacré aux récits de ses aventures spéculatives, mais je n'en citerai qu'un. Dans sa jeunesse, mon grand-père l'a placé dans une entreprise à Liverpool et a gagné 30 000 L à la Bourse française avant l'âge de vingt-quatre ans. En apprenant cela, son père a écrit et s'est excusé auprès du chef de l'entreprise, se disant prêt à retirer son fils Charles s'il les avait choqués de quelque manière que ce soit en risquant une perte qu'il n'aurait jamais pu payer. La réponse fut une demande pour que ledit « fils Charles » devienne associé de l'entreprise.

Né un peu plus vite, plus ponctuel et plus vivant que les autres, il ne souffrait pas du tout des imbéciles. Il ne pouvait se modifier en aucune façon ; il était le même homme dans sa crèche, son école et son bureau, le même homme à l'église, dans un club, en ville ou en banlieue.

[Note de bas de page : Ma mère, Emma Winsloe , venait d'une classe assez différente de celle de mon père. Son ancêtre le plus ancien appartenait à Lord Bute, dont le laboureur était Robert Burns, le poète. Son petit-fils était mon grand-père Tennant de St. Rollox . La famille de ma mère était de sang doux. Richard Winsloe (né en 1770, décédé en 1842) était recteur du ministre Forrabury en Cornouailles et de Ruishton , près de Taunton. Il épousa Catherine Walter, fille du fondateur du Times. Leur fils, Richard Winsloe , fut envoyé à Oxford pour étudier pour l'Église. Il s'est enfui avec Charlotte Monkton, âgée de 17 ans. Ils ont été rattrapés à Evesham et ramenés pour se marier le lendemain à Taunton, où vivait l'amiral Monkton. Ils ont eu deux enfants : Emma, notre mère, et Richard, mon oncle.]

Ma mère était plus différente de mon père qu'on ne peut facilement l'imaginer. Elle était aussi timide qu'il était audacieux, aussi contrôlée que spontanée et aussi raffinée, courtoise et sans prétention qu'il était dynamique, pur et aventureux.

Si nous nous aimions l'un l'autre et si nous étions intimes dans toutes mes aventures amoureuses, ma mère ne m'a jamais vraiment compris ; ma vitalité, mon bonheur indépendant et mes énergies physiques la remplissaient de fatigue. Elle n'a jamais connu sa prospérité et a souffert de toute l'appréhension, de l'agitation et de l'amour de l'économie qui devraient de droit appartenir aux pauvres, mais qui, par une curieuse perversion, flétrissent presque toujours les riches.

Ses sermons sur l'économie étaient une source constante d'amusement pour mon père. J'ai décidé très tôt, après avoir écouté ses plaisanteries, que l'argent était la plus surfaite de toutes les angoisses ; et non seulement rien ne s'est produit dans ma longue expérience pour me faire modifier cette opinion, mais tout a tendu à la renforcer.

En parlant de mariage, mon père disait :

« Je suis sûr que j'espère, les filles, que vous n'épouserez pas des hommes sans le sou ; les hommes ne devraient pas se marier du tout s'ils ne peuvent pas garder leur femme », etc.

A cela ma mère rétorquait :

"N'écoutez pas votre père, mes enfants ! Se marier pour de l'argent n'a encore jamais rendu personne heureux ; ce n'est pas une bénédiction."

Maman ne se faisait aucune illusion sur ses enfants ni sur rien d'autre ; ses légères critiques à l'égard de la famille contrebalançaient les obsessions de mon père. Lorsque l'apparence de Charty était louée, elle répondait avec un beau sourire :

"Tant soit peu mouton!"

Elle nous trouvait tous très simples, comme je ne l'ai découvert qu'en entendant la conversation suivante.

J'avais dix-sept ans et, quelques jours après mon retour de Dresde, j'écrivais derrière le paravent du salon de Londres, lorsqu'une vieille dame écossaise vint voir ma mère ; le valet de pied lui a fait entrer dans la pièce et, après s'être serré la main, il a déclaré :

"Quelle belle maison c'est. ..."

MA MÈRE (PAS PERTINENCE) : "Je pense toujours que ta maison est si belle.
Est-ce que ton jardin a bien fonctionné cette année ?"

DAME ÂGÉE : "Oh, je ne suis pas jardinier et nous passons très peu de temps à Auchnagarroch ; j'ai emmené Alison à l'Hydro de Crieff pour changer. C'est juste une fille en pleine croissance, vous savez, et pas du tout intelligente comme la vôtre. "

MA MÈRE : "Mes filles ne grandissent jamais ! Je suis sûre que j'aimerais qu'elles le fassent !"

DAME ÂGÉE : "Mais elles sont si jolies ! Ma Marion a une tête simple !"

MA MÈRE : "Quel âge a-t-elle ?"

DAME ÂGÉE : « Seize. »

MA MÈRE : " L'AGE INGRAT ! Je ne m'inquiéterais pas, si j'étais toi, de son physique ; avec les jeunes, on ne sait jamais ; Margot, par exemple (avec un soupir résigné), a promis il y a quelques années d'être si jolie ; et regarde-la maintenant !"

Quand quelqu'un a suggéré que nous soyons peints, c'était presque plus que ma mère ne pouvait supporter. La pauvreté du sujet et la richesse du prix la choquèrent profondément. Heureusement, mon père, qui avait commencé à acheter de beaux tableaux, était entièrement d'accord avec elle, mais pas pour les mêmes raisons :

"Je suis sûr que je ne sais pas où je pourrais pendre les filles, même si j'étais assez idiot pour les faire peindre !" il dirait.

Je ne me souviens pas d'avoir embrassé ma mère sans qu'elle me tape dans le dos et me dise : « Tiens-toi debout ! ou embrasser mon père sans qu'il dise : « Ne fronce pas les sourcils ! Et je ne cesserai jamais d'en être reconnaissant, comme à l'heure qu'il est je n'ai pas une ligne sur le front et ma silhouette n'a pas changé depuis mon mariage.

L'indifférence – je dirais presque la suspicion – de ma mère à l'égard des autres m'a toujours amusé :

"Je suis sûr que je ne sais pas pourquoi ils devraient venir ici ! à moins que ce soit pour voir le jardin !" Ou : "Je ne peux m'empêcher de me demander ce qu'elle avait en tête."

Quand je suggérais que peut-être la dame à laquelle elle faisait référence n'avait pas d'esprit, ma mère disait : « Je n'aime pas les gens avec ARRIÈRE-PENSEES » ; et a terminé la plupart de ses critiques en disant: "Il me semble qu'elle a une mauvaise circulation."

Ma mère avait un excellent sens de l'humour . Doll Liddell [Note de bas de page : feu AGC Lidell .] a déclaré : « Lucy a une touche de génie léger. » Et c'est exactement ce que ma mère avait.

Les gens la considéraient comme une personne calme, sereine, se contentant de pincer les mouches vertes des plantes et incapable de sentiments profonds, mais le cœur de ma mère avait été brisé par la mort de ses quatre premiers enfants et elle redoutait l'émotion. Toute tentative de ma part de discuter du passé ou de ses propres sensations était résolument découragée. Il y avait beaucoup de plaisir et d'affection mais une intimité tiède entre nous, sauf à propos de mes flirts ; et sur ceux-ci, nous étions d'accord.

Ma mère, qui avait elle-même été une grande coquette, aimait énormément toutes les relations amoureuses et était absolument inébranlable. De petits mots de sagesse sortaient de sa bouche :

MA MÈRE : "Les hommes n'aiment pas qu'on leur coure après..."

MARGOT : "Oh, tu n'y crois pas, maman !"

MA MÈRE : "Vous pouvez faire ce que vous voulez dans la vie si vous savez tenir votre langue, mais le monde est implacable envers les gens qui sont découverts."

Elle a dit à mon père que s'il intervenait dans mes relations amoureuses, je devrais très probablement épouser un marié.

Elle m'a rendu un bon service ici, car, même si je n'aurais pas épousé un palefrenier, j'aurais pu épouser le mauvais homme et, de toute façon, l'interférence m'aurait gêné.

J'ai copié de mon journal ce que j'ai écrit sur ma mère lorsqu'elle est décédée.

"21 janvier 1895.

"Maman est morte. Elle est morte ce matin et Glen n'est plus chez moi : j'ai l'impression qu'à l'avenir je devrais être "reçu" ici, au lieu de trouver ma propre petite mère chérie et tendre, qui voulait s'occuper et s'occuper de moi. pour et pour qui mes bavardages étaient précieux et toutes mes histoires d'amour une confiance. Comme j'aimerais pouvoir dire sincèrement que j'avais compris sa nature et sympathisé avec elle et que je ne me suis jamais senti blessé par tout ce qu'elle pouvait dire et que j'avais montré avec impatience mon amour et j'ai cherché le sien.... Heureusement Lucy ! Elle PEUT dire cela, mais je ne pense pas pouvoir le faire.

"La vie et la mort de Maman m'ont appris plusieurs choses. Sa sincérité, son absence de vanité et de mondanité étaient ses qualités vraiment frappantes. Sa capacité de souffrir passivement, sans laisser entrer personne dans son secret, était portée à l'excès. Nous qui aspirions à partager une partie, si infime soit-elle, du fardeau de son émotion n'y était pas autorisée. Cette réserve jusqu'à la dernière heure de sa vie resta sa règle et son habitude inexorables. Elle naquit du désir d'épargner les autres et de la peur d'elle-même et de son propres sentiments. Épargner les autres était son idéal. Une autre caractéristique était sa pitié pour les obscurs, les ennuyeux et les pauvres. Le facteur en hiver devrait avoir des gants doublés de fourrure; et nous devons envoyer nos lettres et nos colis de Noël avant ou après le jour de Noël. jours chargés. Le cocher de Lord Napier [Note : Lord Napier et Ettrick, père de Mark Napier.] n'avait jamais vu de comète ; elle lui écrivait et lui disait quel jour elle était prophétisée. La boiteuse de la loge doit être récupérée dans le coupé et emmené en promenade, etc....

"Elle méprisait quiconque avait peur de l'infection et était singulièrement ignorant sur les questions de santé; elle connaissait peu ou rien de la médecine et ne croyait jamais aux médecins; elle faisait une exception pour Sir James Simpson, qui était son ami. Elle m'a dit que il avait dit qu'on racontait beaucoup de bêtises sur la santé et l'alimentation :

"'Si le feu est faible, peu importe que vous l'agitiez avec le tisonnier ou la pince.'

« Elle croyait fermement à l'eau froide et pensait que la plupart des maladies provenaient d'une « transpiration contrôlée ».

« Elle aimait les gens heureux – les gens courageux et courageux et ce qu'elle appelait la « nature » – et disait beaucoup de bonnes choses. De Mark Napier : « Il avait tellement de nature, je suis sûre qu'il avait une nourrice napolitaine » (ici elle avait raison). De Charty : "Elle a tellement de courage social." De tante Marion [Note de bas de page : la sœur de mon père, Mme Wallace.] : « Elle est malheureusement inférieure. » Parmi les premiers amis de Lucy : « les filles trompeuses de Lucy ».

"Maman n'était pas du tout spirituelle et n'avait pas beaucoup d'imagination intellectuelle, mais elle croyait fermement en Dieu et était profondément désolée pour ceux qui ne le faisaient pas. Elle était pleine d'admiration pour les personnes religieuses. La prière de Laura contre la bonne humeur lui paraissait si merveilleuse qu'elle elle l'a gardé dans un livre près de son lit.

" Elle m'a raconté qu'elle n'avait jamais eu assez de circulation pour avoir elle-même le moral et que son ancienne nourrice disait souvent :

"'Personne ne devrait jamais être surpris de ce qu'il ressent.'

"Ma maman était issue d'une famille peu intellectuelle et appartenait à une génération où il n'était pas de mode de lire. Elle avait vécu la majeure partie de sa vie dans un petit milieu, sans avoir l'occasion de rencontrer des gens distingués. Elle avait de grands pouvoirs d'observation et une certaine acuité d'expression délicate qui identifiait tout ce qu'elle disait à elle-même.. Elle était fine et pleine d' humour tendre , une femme du monde, mais entièrement dénuée de mondanité.

"Ses douze enfants, qui occupaient tout son temps, représentaient pour certains d'elle une attitude quoi de bon face à la vie, mais elle avait peu ou pas de concentration et un esprit féminin tant dans sa pureté que dans son inconséquence.

"Ma mère n'avait guère d'amie intime et ne permettait jamais à personne de se sentir nécessaire à ses yeux. La plupart des gens la croyaient douce jusqu'à la docilité et pleine de sang-froid. C'est tellement l'impression générale que, sur près d'une centaine de lettres que j'ai reçues , il n'y en a pas une qui ne fasse allusion à sa nature reposante. En fait, maman était l'une des créatures les plus agitées qui aient jamais vécu. Elle se déplaçait de pièce en pièce, de table en table et de sujet en sujet, non, c'est vrai, avec hâte ou agitation, mais sans concentration de pensée ni de but, et je ne l'ai jamais vue se lever de ma vie.

"Son manque de confiance en elle et de maîtrise de la vie l'a empêchée d'avoir l'influence que son expérience du monde et sa vision réelle auraient pu lui donner ; et son manque d'expansion a empêché sa propre génération et découragé la nôtre de l'approcher de près.

"Peu de femmes ont un esprit spéculatif et ne savent pas délibérer : elles ont des instincts, des appréhensions rapides et des capacités d'observation ; mais elles sont rarement imaginatives et ni leur logique ni leur raison ne sont leurs points forts. Maman était en tous points comme le reste d'elle. sexe.

"Elle avait beaucoup d'affection pour ses enfants, mais presque aucune fierté pour elle. Le génie de Laura était pour elle une phrase; et tout éloge de l'apparence de Charty ou des succès de Lucy, elle le considérait comme une simple courtoisie de la part de l'orateur. Je ne me souviens jamais de ses éloges. moi, sauf pour dire que j'avais du courage social, et elle ne m'a jamais encouragé à dessiner, écrire ou jouer du piano.

" Elle a marqué dans une traduction française de " L'Imitation du Christ " que Lucy lui a donnée :

"'Certes au jour du jugement on ne nous demandera point ce que nous avons lu , mais ce que nous avons fait; ni si nous avons bien parlé mais si nous avons bien vecu .

l'être humain le moins égocentrique et le moins auto-scanné, hors du monde et sans se plaindre. Comme le dit Doll Liddell dans son admirable lettre, 'Elle était souvent sage et toujours aimable.'"

CHAPITRE II

GLEN PARMI LES MAURES—L'AVENTURE DE MARGOT AVEC UN CLAGOG—LE BERGER—SOUVENIRS ET ESCAPADES—LAURA ET MARGOT ; PROPOSITIONS DE MARIAGE – NOUVEAUX AMIS HOMMES – LAURA ENGAGÉE ; PROPOSITION AU CRÉPUSCULE – ACCIDENT DE MARGOT DANS LE CHAMP DE CHASSE – PRÉMONITION DE LAURA DE MORT À LA NAISSANCE DE L'ENFANT – TESTAMENT DE LAURA

Mon domicile, Glen, est situé à la frontière du Peeblesshire et du Selkirkshire, à seize milles d'Abbotsford et trente d'Édimbourg. Il a été conçu sur le modèle de Glamis et de Castle Fraser, dans ce qu'on appelle le style baronnial écossais. Je me souviens très bien du premier choc que j'ai eu lorsque quelqu'un a dit : "Je déteste les tourelles et les hommes de fer-blanc au sommet !" Cela m'a déstabilisé pendant des jours. Je n'avais jamais imaginé que quelque chose puisse être plus beau que Glen. Le style classique de Whittingehame — et d'autres beaux endroits du genre — m'a paru mieux adapté aux édifices municipaux ; les poutres et les silex du Cheshire me rappelaient Earl's Court ; et les châteaux que j'avais vus ressemblaient aux images du Rhin sur mon buvard. J'étais assez ignorant et "baronnial écossais" me ravissait.

Ce qui rendait Glen vraiment unique n'était pas son architecture mais sa situation. La route par laquelle on y accédait était une impasse et ne menait qu'à des landes. Ceci – et le fait qu'il se trouve à dix milles d'une gare ferroviaire – lui assurait la sécurité dans sa nature sauvage. De grandes étendues de bruyère descendaient jusqu'aux murs du jardin ; et, quels que soient les hauteurs que vous gravissiez, des landes sur landes s'élevaient devant vous.

Evan Charteris [Note de bas de page : L'hon. Evan Charteris] a dit que mes cheveux étaient une biographie : comme c'est ma seule prétention à la beauté, j'aimerais penser que c'est vrai, mais les collines de Glen sont ma véritable biographie.

La nature inocule ses amoureux de sa propre culture ; la mer, les dunes et les landes produisent un type de personne différent. Les bergers, les pêcheurs et les braconniers ressemblent un peu à ce qu'ils contemplent et, s'il était possible de demander aux villes de nous dire ceux qu'elles trouvent les plus indomptables, je ne doute pas qu'elles diraient ceux qui sont nés dans les landes.

Je me suis marié tard – à l'âge de trente ans – et j'ai passé toute ma jeunesse à Glen. J'étais un enfant de la bruyère et assez indomptable. Après la mort de ma sœur Laura Lyttelton , mon frère Eddy et moi avons vécu seuls avec mes parents pendant neuf ans à Glen.

Lorsqu'il était à l'étranger pour chasser le gros gibier, je passais de longues journées dehors, venant rarement déjeuner. Mon poney et mon hack étaient sellés dès 7 heures du matin, prêts à être montés, tous les jours de ma vie. Je portais des jupes de tweed les plus courtes, des culottes de la même étoffe, des bottines, un manteau et un foulard coloré autour de la tête. J'étais équipé d'un livre, de crayons, de cigarettes et de nourriture. Tous les bergers et braconniers me connaissaient ; et j'ai souvent partagé mon « morceau » avec eux, assis dans la bruyère près des brûlis rouges, ou à l'abri de la pluie dans les tranchées et les carrières de la route.

Après mon premier grand chagrin, la mort de ma sœur Laura, j'étais étouffé dans la maison et je me sentais obligé de rester dehors du matin au soir.

Un jour, j'ai vu un vieux berger appelé Gowanlock s'approcher de moi, tenant mon poney par les rênes. Je n'avais jamais remarqué qu'elle s'était éloignée et, après l'avoir remercié, je l'ai vu me regarder tranquillement - il connaissait un peu la rage et l'angoisse que la mort de Laura avait mises dans mon cœur - et posant sa main sur mon épaule, il a dit : :

"Mon enfant, il n'y a pas de contestation. ... Oui-oui" - secouant sa belle vieille tête - "C'EST AINSI, il n'y a pas de contestation. ..."

Un autre jour, alors qu'il pleuvait, j'ai vu un clochard accroupi sous la digue, tenant un parapluie sur la tête et mangeant son déjeuner. Je suis allé m'asseoir à côté de lui et nous avons entamé une conversation décousue. Il avait un visage grand et sauvage et j'éprouvais une certaine curiosité à son égard ; mais il était taciturne et tout ce qu'il m'a dit, c'est qu'il se dirigeait vers les Gordon Arms, en route vers St. Mary's Loch. Je lui ai posé toutes sortes de questions – d'où il venait, où il allait et ce qu'il voulait faire – mais il a refusé de satisfaire ma curiosité, alors je lui ai donné une de mes cigarettes et une lumière et nous nous sommes assis. fumer paisiblement ensemble en silence. Lorsque la pluie s'est calmée, je me suis tourné vers lui et lui ai dit :

"Vous semblez marcher toute la journée et n'aller nulle part ; quand vous vous réveillez le matin, comment déterminez-vous votre parcours ?"

A quoi il répondit :

"Je tourne toujours le dos au vent."

Les frontaliers sont plus intelligents que ceux nés dans le Sud ; et les habitants de mon lieu de naissance ont encore cent ans d'avance sur les Anglais du Sud.

Quand j'avais quatorze ans, j'ai rencontré un berger qui lisait un livre français. Cela s'appelait « Le Secret de Delphine ». Je lui ai demandé comment il avait appris à connaître le français et il m'a répondu que c'était la matière supplémentaire qu'il avait été autorisé à choisir pour étudier pendant ses vacances ; il marchait dix-huit kilomètres par jour pour se rendre à l'école – neuf aller-retour et neuf aller-retour – en tentant d'être transporté par n'importe quel véhicule qui passait. Je l'ai supplié de me lire à haute voix, mais il avait peur de son accent et ne voulait pas le faire. Les Lowland Scotchs étaient un peuple merveilleux à mon époque.

Je ne me souviens de rien de malheureux dans ma glorieuse jeunesse, si ce n'est la violence de nos querelles de famille. Des vagues imprudentes de bonne et de mauvaise humeur, ajoutées à des colères vives, obligeèrent ma mère à nous séparer pendant quelque temps et à nous interdire de dormir dans la même chambre. Nous étions enragés et en haillons jusqu'aux petites heures du matin, ce qui nous maintenait maigres et la maison éveillée.

Ma mère m'a raconté deux histoires de moi quand j'étais petite :

"Quand on t'a fait descendre, Margot, l'infirmière a ouvert la porte et tu es entrée, généralement seule, en disant : 'Voilà moi ! ...'"

Cette ouverture plutôt optimiste ne semble pas avoir été suffisamment freinée. Elle a poursuivi en disant :

"J'avais terriblement peur que tu sois bouleversé et malade quand je t'ai emmené un jour à l'asile des sourds-muets à Glasgow, car tu ressentais les choses avec une intensité passionnée. Avant de commencer, je t'ai mis sur mes genoux et je t'ai dit : 'Tu sais, chérie, je vais t'emmener voir des pauvres gens qui ne peuvent pas parler. Sur quoi tu as passé tes bras autour de mon cou et tu as dit avec une emphase consolante : "Je vais bientôt les faire parler !"

Le premier événement dont je me souvienne a été l'arrivée du nouveau bébé, mon frère Jack, quand j'avais deux ans. Le Dr Cox gâchait la visite de bonne nuit de ma mère pendant que j'étais en train de me sécher après mon bain. Ma robe de chambre en flanelle rose, avec des boutonnières blanches, pendait au-dessus du garde-boue ; et il discutait à voix basse d'un sujet sérieux. Il se leva et, me pinçant le menton, dit :

"Elle sera très en colère, mais nous lui donnerons son propre bébé", ou des mots dans ce sens.

Le lendemain, une énorme poupée a effacé de mon esprit le nouveau bébé qui était arrivé ce matin-là.

Nous étions très seuls dans notre crèche, tandis que ma mère voyageait de pilier en poste, à la recherche de la santé pour sa fille Pauline. Notre nourrice, Mme Hills, appelée « Missuls » en abrégé, nous a quittés le jour de mon dixième anniversaire pour devenir la femme de chambre de ma sœur, ce qui a levé notre première et dernière restriction.

Nous étions des enfants sauvages et, livrés à nous-mêmes, nous avons passé des moments inoubliables. J'ai monté mon poney dans les escaliers de devant et j'ai essayé d'apprendre à sauter aux chevaux de calèche à grands pas de mon père - en s'écrasant les genoux contre les haies du champ - et j'ai escaladé notre toit incroyablement dangereux, assis sur l'échelle du balayeur au clair de lune en chemise de nuit. . J'avais grimpé sur chaque arbre, marché sur chaque mur et connaissais chaque tourelle de Glen. J'ai couru le long des rebords étroits des ardoises avec des chaussures en caoutchouc à des hauteurs époustouflantes. Cela a tellement alarmé les autres que mon père m'a fait venir un jour le voir dans sa « salle d'affaires » et m'a fait jurer devant Dieu que je renoncerais à marcher sur le toit ; et j'ai abandonné, avec beaucoup de larmes.

Laura et moi aimions jouer et nous habiller. Nous jouions à nous retrouver dans des circonstances dangereuses et aventureuses dans le jardin. Un jour, les garçons tiraient sur des lapins et nous jouions avec la fille du médecin. J'avais gâché la partie en contournant le mur du potager au lieu d'être découvert, comme j'étais censé l'être, coiffé d'un turban turc, fumant au bord du Bosphore . Voyant que ça allait mal et que les autres avaient disparu, je me suis lancé dans les radis. En atterrissant, j'ai observé un homme étrange qui remontait le chemin. Il regarda ma robe vichy déchirée, mes jambes nues, mes chaussures de tennis et mes boucles ébouriffées sous un turban orange ; et je restai immobile et je le regardai.

« C'est un endroit merveilleux », dit-il ; à quoi j'ai répondu :

"Vous l'aimez?"

LUI : "J'aimerais voir la maison. J'ai entendu dire qu'il y avait de belles choses dedans."

MARGOT : "Je crois que les salons sont tous fermés."

LUI : "Comment le savez-vous ? Vous pourriez sûrement réussir à trouver un domestique ou quelqu'un qui me ferait visiter. En connaissez-vous un ?"

Je lui ai demandé s'il parlait de la famille ou des domestiques.

"La famille", dit-il.

MARGOT : "Je les connais très bien, mais je ne vous connais pas."

« Je suis un artiste », dit l'étranger ; "Je m'appelle Peter Graham. Qui es-tu ?"

"Je suis aussi un artiste !" J'ai dit . "Je m'appelle Margot Tennant. Je suppose que vous pensiez que j'étais la fille du jardinier, n'est-ce pas ?"

Il eut un sourire circulant, finissant mon turban, et dit :

« Pour te dire la vérité honnêtement, je n'avais aucune idée de ce que tu étais !

Mon premier chagrin a eu lieu lorsque je volais des pêches dans la véranda et que mon petit chien a été pris dans un piège tendu pour les rats. Il a été grièvement blessé avant que je puisse me faufiler sous les lames de verre pour le sauver. J'ai été trahi par mes appels à l'aide et attrapé dans la pêcherie par le jardinier. J'ai été puni et mis au lit, car les grosses pêches devaient être montrées à Édimbourg et j'en avais mangé cinq.

Nous avions un cours de danse chez le ministre et un cours d'arithmétique dans notre salle de classe. J'étais aussi bon au Manse que j'étais mauvais dans mes calculs ; et le pauvre M. Menzies, le maître d'école de Traquair , dut finalement supplier ma mère de me retirer de la classe, car je les retenais tous. À ma grande joie, j'étais renfermé; et depuis ce jour jusqu'à ce jour, je n'ai jamais ajouté une seule ligne de chiffres.

J'ai fait preuve d'une remarquable maîtrise de la danse et j'ai pu lever mes deux pieds jusqu'au niveau de mes sourcils avec une facilité déconcertante. Mme Wallace, l'épouse du ministre, a été choquée et a déclaré :

"Regardez Margot avec ses airs francisés !"

J'ai réfléchi souvent et longtemps à cette première remarque sur moi-même dont je me souvienne. Quelqu'un m'a dit :

"Est-ce que vos cheveux frisent naturellement ?"

Ce à quoi j'ai répondu :

"Je ne sais pas, mais je vais demander."

Je ne me connaissais pas et je n'avais pas la moindre idée de ce que signifiait « curling naturellement ».

Nous avions deux plus belles robes : une confectionnée à Londres, que nous ne portions que lors des grandes occasions ; l'autre fait par ma nourrice, dans lequel nous descendîmes au dessert. Ces robes m'ont donné ma première impression de la vie civilisée . Tout comme le Président, avant de quitter la Chambre, espionne les étrangers, de même, quand j'ai vu ma jupe de velours noir et mon Garibaldi rose posés sur le lit, j'ai su que quelque chose se passait ! La confection de la chambre d'enfant était en alpaga blanc, passepoilé de rose et n'inspirait pas le même enthousiasme et la même confiance.

Nous avons peu vu notre mère dans notre jeunesse et j'ai demandé un jour à Laura si elle pensait qu'elle faisait ses prières ; Je ne m'en serais pas souvenu si Laura n'avait pas été profondément choquée. La question était tout à fait déplacée et n'avait aucune arrière-pensée, mais je ne me suis jamais souvenu de ma mère ou de quelqu'un d' autre qui nous parlait de la Bible ou nous écoutait nos prières. Néanmoins, nous étions tous profondément religieux, ce qui fait que personne n'a besoin de conclure que nous étions bons. Il y avait un service par semaine, le dimanche, à Traquair Kirk, auquel tout le monde se rendait ; et les chiens de bergers se tenaient près des plaids de leurs maîtres, accrochés aux hauts bancs, tout au long de l'allée. J'ai entendu beaucoup de bons sermons en Écosse, mais notre ministre n'était pas un bon prédicateur ; et nous étions souvent fondus dans le rire, assis sur le banc carré de la famille dans la galerie. Mon père a fermé les yeux tout au long du sermon, appuyant sa tête sur sa main.

Le sabbat écossais était encore en vigueur dans ma jeunesse ; et quand j'ai appris que Ribblesdale et Charty jouaient au tennis sur gazon dimanche après leur mariage, je me suis senti très malheureux. Nous avons eu quelques divertissements du sabbat, mais ils n'étaient pas aussi divertissants que ceux décrits dans le livre de Miss Fowler, dans lequel les hommes païens allaient dans un coin de la pièce et les femmes chrétiennes dans l'autre et, au battement de la porte, un gong, la conversion s'accomplissait par une étreinte étroite. Nos sabbats écossais étaient très différents et je les trouvais plus que mornes. Même si j'aime la musique religieuse et l'architecture et que je peux écouter presque n'importe quel sermon à tout moment et même me lire des sermons, aller à l'église à la campagne reste pour moi un sacrifice. La douloureuse coutume de l'Église anglicane de lire indistinctement et d'une voix assumée a aliéné les gens simples de chaque paroisse ; et la prédication moyenne est douloureuse. Dans mon pays, on peut encore entendre un bon sermon. Lors de mon séjour chez la mère de Lord Haldane, la plus belle, la plus drôle et la plus sainte des vieilles dames, j'ai entendu un excellent sermon à Auchterarder sur ce sujet précis, l'ennui du dimanche. Le ministre a déclaré que, même si le soleil brillait sur les vitraux, personne ne pouvait deviner à quoi ils ressemblaient réellement de l'extérieur ; c'était de l'intérieur seulement qu'il fallait les juger.

Une autre fois, j'ai entendu un homme terminer son sermon en disant :

"Et maintenant, mes amis, faites votre devoir et ne regardez pas le monde avec des yeux jaunis par la religion."

Ma mère ne nous parlait presque jamais de religion et, lorsque le sujet était évoqué par d'autres personnes, elle se limitait à dire d'une voix lasse et avec un soupir résigné que les voies de Dieu étaient mystérieuses. Elle avait souffert bien des chagrins et, en estimant son manque de tempérament, je ne crois pas en avoir assez tenu compte. Aucune vraie femme ne se remet jamais de la perte d'un enfant ; et ses trois aînés étaient morts avant ma naissance.

J'étais le plus vital de la famille et ce que les infirmières décrivaient comme un « enfant aventureux ». La femme de notre cocher m'appelait « un petit Turc ». Obstiné, excessivement passionné, douloureusement véridique, audacieux mais aussi intrépide et toujours à l'encontre des conventions, j'étais sans aucun doute extrêmement difficile à élever.

Ma mère n'a pas eu de chance avec ses gouvernantes - nous en avions deux à la fois et de toutes nationalités, françaises, allemandes, suisses, italiennes et grecques - mais, que ce soit par ma faute ou par celle de nos gouvernantes, je n'ai jamais réussi à en faire une. m'aime vraiment. Mary Morison, [Note en bas de page : Miss Morison, une cousine de M. William Archer.] qui tenait un lycée pour jeunes filles à Innerleithen, a été la première personne qui m'a influencé, moi et ma sœur Laura. Elle est en vie maintenant et c'est une femme d'une intelligence et d'un caractère rares. Elle aimait davantage Laura que moi, mais la plupart des gens aussi.

Ici, je voudrais dire quelque chose sur ma sœur et Alfred Lyttelton , qu'elle a épousés en 1885.

Beaucoup de bêtises ont été écrites et racontées à propos de Laura. Il y a deux récits imprimés d'elle qui sont vrais : l'un a été écrit par l'actuelle Mme Alfred Lyttelton , dans des passages généreux et tendres de la vie de son mari, et l'autre par AGC Liddell ; mais même ceux-là ne reflètent pas tout à fait la Laura brillante et spirituelle de mon cœur. Je vais citer ce que ma chère amie Doll Liddell a écrit à son sujet dans ses Notes de la vie d'un mortel ordinaire :

Ma connaissance de Miss Tennant, qui m'a conduit à une étroite intimité avec elle-même, puis avec sa famille, fut un événement d'une telle importance dans ma vie que je sens que je devrais tenter de la décrire. Ce n'est pas une tâche facile, car il n'y a jamais eu de personne plus indescriptible, car personne ne pourrait se faire une idée correcte de ce qu'elle était s'il n'avait pas eu l'occasion de ressentir son charme personnel. Son apparence n'était certainement pas frappante à première vue, même si pour la plupart des personnes qui la connaissaient depuis quelques semaines, elle paraissait souvent presque belle. Décrire ses traits ne donnerait aucune idée de l'éclat et de la vivacité de son expression, ni de ce mélange d'innocence et de malice, mi-enfant, mi-Kelpie, qui la distinguait. Sa silhouette était très petite mais bien faite, et elle était toujours joliment et délicatement habillée. Si la femme extérieure est difficile à décrire, que dire de son caractère ?

Pour commencer par son côté plus léger, elle avait réduit la fascination à un art dans un style qui lui était entièrement propre. Je ne lui ai jamais vu rencontrer un homme, et presque aucune femme, qu'elle ne pût subjuguer en quelques jours. Il est aussi difficile de donner une idée de ses méthodes que de décrire une danse dont la musique est inaudible. On peut peut-être dire que sa particularité était la manière dont elle combinait la gaieté d'un enfant avec le tact et l'aplomb d'une femme adulte. ... Ses victimes, après leur période d'enchantement, devenaient généralement ses amies dévouées.

Mais cette bagatelle n'était qu'une ondulation superficielle. Au plus profond de sa nature, il y avait un fond de sérieux et de sympathie qui lui permettait de se jeter dans la vie des autres d'une manière tout à fait inhabituelle, et c'était l'un des grands secrets de l'affection générale qu'elle inspirait. Cependant, comme c'est parfois le cas avec de tels sentiments, ils n'étaient pas simplement émotionnels, mais la poussaient à de nombreuses gentillesses et à des efforts constants, bien que peut-être quelque peu impulsifs, pour aider ses semblables de toutes sortes et de toutes conditions.

Sur le plan mental, elle donnait certainement l'impression, de par l'originalité de ses lettres et de ses paroles, et par son appréciation de ce qu'il y avait de meilleur dans la littérature, que ses dons étaient de haut niveau. De plus, elle avait un humour subtil et une bonne volonté, ce qui rendait ses réparties souvent délicieuses et produisait des phrases et des fantaisies d'une délicatesse caractéristique. Mais il y avait quelque chose de plus que tout cela, une dose supplémentaire de vie, qui faisait jaillir en elle une sorte d'électricité partout où elle allait, illuminant tous ceux avec qui elle entrait en contact. Je suis conscient que cette description semblera exagérée et sera imputée au fait que l'écrivain a habité dans son « île égéenne », mais je pense que si elle devait rencontrer les yeux de tous ceux qui l'ont connue au cours de sa courte vie, ils comprendront ce que il tente de transmettre.

C'est bien, mais son poème est encore meilleur ; et il y a une touche prophétique dans la phrase : « Ombré par quelque chose des années futures ».

Un visage tourné vers le ciel de minuit,
Pâle dans la lueur de la pâle lumière des étoiles, Et tout autour la nuit noire et sans limites, Et les voix des vents qui présagent et pleurent. Un visage enfantin, mais grave avec des courbes qui mentent Prêt à respirer des rires ou des larmes, Ombragé de quelque chose des années futures Qui rend triste, je ne sais pourquoi. Ô petit visage immobile, comme un pétale blanc arraché d'une rose sauvage par les vents d'automne et jeté sur quelque ruisseau sombre les vagues précipitées parmi : Par quel destin étrange et où es-tu emporté ?

Laura a reçu de nombreux poèmes de la part de nombreux amants. Le parrain de ma fille Elizabeth Bibesco , Godfrey Webb – un membre éminent des Souls, mort depuis peu – a écrit ceci à son sujet :

"MOITIÉ ENFANT, MOITIÉ FEMME."

Description de Laura par Tennyson en 1883 :

"Moitié enfant, moitié femme" - entièrement à aimer.
Sous l'un ou l'autre nom, elle a trouvé un chemin facile Dans mon cœur,
dont les sentinelles se sont toutes montrées infidèles à leur confiance, le
jour malheureux où elle y est entrée. " Prudence et raison toutes deux ! Ne
l'avez-vous pas interrogée ? Comment se fait-il, je vous prie,
qu'elle vous ait ainsi persuadé ? " "Ni le sommeil ni la paresse", criaient-ils, "
nous ont alors envahis , un ENFANT en train de jouer
est passé devant nous en souriant, puis s'est retourné. Trop tard votre cœur
pour sauver, nous avons trouvé un visage de femme."

Laura n'était pas une sainte en plâtre ; c'était une petite créature de génie
généreuse, réclamante , combative, pleine d' humour , d'imagination, de
tempérament et d'impulsion.

Quelqu'un qui lira ce mémoire dira peut-être :

"Je me demande à quoi ressemblaient vraiment Laura et Margot, quelles
étaient les différences et quelles étaient les ressemblances entre elles."

Les hommes qui pourraient le mieux répondre à cette question seraient Lord
Gladstone, Arthur Balfour, Lord Midleton , Sir Rennell Rodd ou
Lord Curzon (de Kedleston). Je peux seulement dire quelles étaient, à mon
avis, les différences et les ressemblances.

À proprement parler, j'étais plus beau que Laura, mais elle avait des yeux plus
rares et plus beaux. Les cerveaux représentent une si petite partie des gens
que je ne peux pas en juger entre elle et moi ; et, à l'âge de vingt-trois ans,
lorsqu'elle mourut, peu d'entre nous sont au sommet de nos capacités, mais
Laura a fait et laissé sur le monde une impression plus profonde au cours de
sa courte vie que quiconque que j'ai jamais connu. Ce qu'elle possédait
réellement, plus que les autres , c'était une véritable spiritualité, un sentiment
d'intimité avec l'autre monde et un sens de l'amour et de la sagesse de Dieu
et de son plan de vie. Son esprit était informé par la vraie religion ; et son
cœur était réparé. Cela ne l'a pas empêché d'être une très grande drague. La
première fois qu'un homme est venu voir Glen et m'a aimé plus que Laura,
elle a été immensément surprise – pas plus que moi – et sans l'amour
passionné que nous chérissions l'un pour l'autre, il aurait inévitablement dû y
avoir beaucoup de choses. jalousie entre nous.

À plusieurs reprises, le même homme nous a proposé à tous les deux, et nous
avons dû nous renseigner l'un de l'autre sur nos intentions.

Je me souviens seulement d'avoir été blessé par Laura une seule fois et cela s'est produit de cette façon. Nous étions toujours habillés de la même manière, et comme nous avions la même taille ; "M" et "L" devaient être écrits sur nos vêtements à mesure que nous grandissions.

Un jour, à l'époque dont j'écris, j'avais treize ans ; J'ai sorti une lettre de la poche de ce que je pensais être ma jupe et je l'ai lue ; c'était de Laura à ma sœur aînée Posie et, même si je ne me souviens pas de tout, une phrase m'est restée gravée :

" Cela ne semble-t-il pas extraordinaire que Margot donne un cours le dimanche ? "

Je me demandais pourquoi quelqu'un devrait trouver cela extraordinaire ! Je montais et pleurais dans un petit placard noir, où je disparaissais généralement lorsque la vie me paraissait trop difficile.

Le cours du dimanche que j'ai donné n'a dû déranger personne, car j'ai le regret de raconter qu'après une leçon frappante sur la naissance du Christ, lorsque je demandais à mes élèves qui était la Vierge, l'une des plus prometteuses me dit :

"La reine victoria!"

L'idée s'était évidemment répandue que j'étais un personnage frivole ; cela m'a fait mal et m'a surpris. La méchanceté et la frivolité sont différentes, et j'ai toujours été profondément sérieux.

Laura était plus douce que moi ; et sa bonté se résout en une plus grande activité.

Elle et moi appartenions à un cours de lecture. Je lisais plus qu'elle et plus vite, mais nous étions tous lecteurs et bénéficiions d'un climat qui nous gardait à l'intérieur et d'une belle bibliothèque. La classe nous obligeait à lire une heure par jour, ce qui ne pouvait pas être qualifié d'excessif, mais le véritable test consistait à faire la même chose en même temps. J'aurais préféré trois ou quatre heures de lecture les jours de pluie et aucune par beau temps. Mais ce n'est pas le cas de notre tuteur d'Edimbourg.

Laura a fondé la Girls' Friendly Society dans le village, célèbre à l'époque pour son ivresse et son immoralité. Nous nous rendions aux réunions dans une haute charrette à deux roues derrière un trotteur rapide, revenant tard dans l'obscurité totale sur des routes verglacées. Ces voyages à Innerleithen et nos discussions au clair de lune comptent parmi mes souvenirs les plus précieux.

Lors des réunions, après avoir lu à haute voix aux filles pendant qu'elles cousaient et tricotaient, Laura s'adressait à elles. Elle donnait une sorte de leçon morale, sociale et religieuse, et tous l'adoraient. Plus remarquable à son âge que de parler aux filles du moulin étaient ses cours du dimanche à Glen, dans la chambre de la gouvernante. Je ne connais pas une seule fille de quelque âge que ce soit – Laura n'avait que seize ans – qui puisse parler de sujets religieux avec profit au majordome, à la gouvernante et aux servantes, ou à n'importe quelle personne adulte, un dimanche après-midi.

Comparée à ce que les jeunes gens ont écrit et publié pendant cette guerre, la promesse littéraire de Laura n'était pas grande ; sa prose et sa poésie étaient moins remarquables que sa conversation.

Elle n'était pas aussi bonne juge de caractère que moi et prenait bien des oies pour des cygnes, mais, en conséquence, elle rendait les gens des deux sexes, et même de tous âges, deux fois plus bons, plus intelligents et plus charmants qu'ils le feraient. autrement l'auraient été.

Je n'ai jamais réussi à rendre quelqu'un le moins différent de ce qu'il est et, dans mes efforts pour y parvenir, j'ai perdu toutes les amies que j'ai jamais eues (à l'exception de quatre). C'était la vraie différence entre nous. Je n'ai jamais influencé personne à part mes deux enfants, Elizabeth et Anthony, mais Laura a eu un effet si étonnant sur les hommes et les femmes que pendant des années après sa mort , ils m'ont dit qu'elle avait à la fois changé et façonné leur vie. C'est un dicton formidable. Quand je mourrai, des gens peuvent apparaître et essayer de faire croire au monde que je les ai influencés et des femmes peuvent se manifester que j'ai adoré et qui se sont disputées avec moi et prétendre qu'elles m'ont toujours aimé, mais je souhaite que cela soit enregistré. qu'ils ne l'ont pas fait, ou, s'ils l'ont fait, leur amour n'est pas mon genre d'amour et je n'en ai aucune utilité.

Le fait est que je ne suis pas moi-même susceptible ou impénitent et que j'oublie que les autres peuvent l'être et que je dis aux gens la vérité sur eux-mêmes, tandis que Laura le leur fait ressentir. Je ne pense pas que cela me dérangerait d'entendre de qui que ce soit la pure vérité sur moi-même ; et les rares fois où cela m'est arrivé, je n'ai pas été le moins du monde offensé. Mon principal reproche est que si peu de gens aiment suffisamment quelqu'un, à mesure qu'il vieillit, pour dire ce qu'il pense réellement ; néanmoins , j'ai souvent souhaité être né avec l'habileté et le tact de Laura dans mes relations avec les hommes et les femmes. Au cours de sa courte vie, elle a influencé plus de gens que moi en deux fois plus d'années. Je n'ai jamais suffisamment influencé les gens pour leur faire changer de bas ! Et je n'ai jamais réussi à persuader les jeunes dont j'ai la charge – à l'exception de mes deux propres enfants – de dire qu'ils avaient tort ou qu'ils s'excusaient, et je ne m'attends pas non plus à le faire à cette époque de ma vie.

Il y avait une autre différence entre Laura et moi : elle se sentait triste lorsqu'elle refusait les hommes qui lui faisaient sa demande en mariage ; Je n'avais pitié d'aucun homme qui m'aimait. J'ai dit à Laura que ses amants et les miens avaient de très bonnes chances de s'en remettre, car ils se déclaraient invariablement trop tôt. Nous n'étions ni l'un ni l'autre friands très susceptibles. C'était la coutume de la maison que les hommes soient amoureux de nous, mais je peux vraiment dire que nous avons donné autant que nous avons reçu.

J'ai dit à Rowley Leigh [Note de bas de page : L'hon. Rowland Leigh, de l'abbaye de Stoneleigh.] — un ami de mon frère Eddy et l'un des premiers gentlemen à être venu à Glen — lorsqu'il m'a supplié d'aller faire une promenade avec lui :

"Certainement, si tu ne me demandes pas de t'épouser."

Ce à quoi il a répondu :

"Je n'y avais jamais pensé !"

"C'est d'accord!" dis-je en passant mon bras sous le sien avec confiance et gratitude.

Il m'a dit par la suite qu'il avait pris une décision et l'avait changée depuis des jours quant à la manière dont il devait proposer.

Sir David Tennant, ancien Speaker du Cap et cousin le plus éloigné, est venu séjourner à Glen avec son fils, un jeune homme de vingt ans. Au bout de quelques jours, le jeune homme m'a emmené dans l'un des conservatoires et m'a demandé de l'épouser. Je lui ai fait remarquer que je le connaissais à peine de vue et qu'« il courait des lièvres ». Il l'a extrêmement bien pris et, très heureux, je suis retourné à la maison pour le dire à Laura. Je l'ai trouvée en larmes ; elle m'a dit que Sir David Tennant lui avait demandé de l'épouser et qu'elle avait été obligée de refuser. Je lui ai remonté le moral en lui faisant remarquer qu'il aurait été gênant que nous acceptions tous les deux, car, tout en restant ma sœur, elle serait devenue ma belle-mère et la belle-mère de mon mari.

Nous n'étions pas populaires dans le Peeblesshire, en partie parce que nous n'avions aucun lien avec le comté, mais surtout parce que nous étions libéraux. Mon père avait remplacé le conservateur en exercice, Sir Graham Montgomery, de Stobo, et était député des deux comtés de Peeblesshire et de Selkirkshire. Comme Sir Graham représentait les comtés depuis trente ans, cela a été mécontent de la famille Montgomery, qui a procédé à notre suppression. Laura était très inquiète à ce sujet, mais j'étais amusé. J'ai dit que l'amour des Maxwell Stuart, des Maxwell Scott, des Wolfe Murray et de Sir Thomas – maintenant Lord – Carmichael me suffisait amplement et que si elle le voulait, elle pourrait enrouler Sir Graham Montgomery autour de son petit doigt ; en fait, ni Sir Graham ni ses fils ne nous détestaient. J'ai rencontré Basil Montgomery à Traquair House plusieurs années après l'élection de mon père, où nous avons été reçus par Herbert Maxwell, le propriétaire de l'une des maisons les plus romantiques d'Écosse et notre voisin le plus courtois et le plus affectueux . Ne sachant pas qui il était, je fus indigné lorsqu'il me dit qu'il trouvait Peeblesshire ennuyeux ; Je lui ai dit que l'endroit où nous vivions était loin d'être ennuyeux et je lui ai demandé s'il connaissait beaucoup de gens dans le comté. A quoi il répondit :

"Principalement le lot Stobo."

Je lui témoignai alors la plus vive sympathie et l'invitai à venir à Glen. Grâce à cette visite, il m'a dit des années après que sa fortune avait été faite. Mon père s'est pris d'affection pour lui et, à ma demande, l'a engagé à la Bourse.

Laura et moi avons partagé la garderie de nuit jusqu'à son mariage ; et, malgré des propositions mitigées, nous étions des amis dévoués. Nous lisions tard au lit, parfois jusqu'à trois heures du matin, et nous nous disions nos prières à voix haute tous les soirs. Un soir, nous discutions d'imagination et comparions Hawthorne, De Quincey, Poe et d'autres, à la suite d'une dispute née d'un de nos jeux de crayons ; et nous nous sommes disputés jusqu'à ce que la femme de ménage vienne avec l'eau chaude à huit heures du matin.

Je vais faire une parenthèse ici pour expliquer nos jeux d'après-dîner. Il y en avait plusieurs, mais le meilleur était ce que Laura et moi avons inventé : l'un s'appelait « Styles », un autre « Touffes » – plus connu sous le nom d' « Animal, Végétal ou Minéral » – un troisième, « Épigrammes » et le plus dangereux de tous « Croquis de personnages." Nous n'avions aucune limite de temps, mais nous restions assis fiévreusement silencieux dans différents coins de la pièce, écrivant aussi fort que possible. Lorsqu'il fut convenu que nous avions tous suffisamment écrit, les manuscrits furent remis à notre arbitre, qui les lisait à haute voix. Des votes ont ensuite eu lieu quant à la paternité, ce qui a donné lieu à une conversation générale de premier ordre sur les livres, les personnages et la manière d'écrire. Nous avons de nombreux arbitres intéressants, à commencer par Bret Harte et Laurence Oliphant, puis par Arthur Balfour, George Curzon, George Wyndham, Lionel Tennyson, [Note de bas de page : frère de l'actuel Lord Tennyson.] Harry Cust et Doll Liddell : tous de bons écrivains eux-mêmes. .

Certains de nos invités ont préféré faire des caricatures plutôt que de concourir dans le domaine littéraire le plus ambitieux. J'ai fait un dessin de la comtesse douairière d'Aylesbury, mieux connue sous le nom de « Lady A. » ; Le colonel Saunderson, un orangiste célèbre, a fait pour moi un croquis de Gladstone ; tandis qu'Alma Tadema m'en a donné une de la reine Victoria, réalisée en quatre lignes.

Ces jeux étaient bons pour notre humeur et pour un bel entraînement ; toute vanité, toute jalousie ou tout esprit de compétition excessif étaient sûrs de se manifester ; et ceux qui retiraient les boutons des fleurets au cours du duel de disputes – dont j'ai souvent vu dans ma vie – furent immédiatement découverts. Nous avons joué tous nos jeux avec beaucoup plus de précision et de soin qu'ils ne le sont aujourd'hui et, grâce à l'entraînement, nous sommes devenus extrêmement bons dans ces domaines. Je n'ai jamais vu de cartes à jouer à Glen avant mon mariage, cependant - lorsque nous étions obligés de dîner en bas pour éviter que la société ne soit treize au dîner - je me souviens vaguement d'une vue de dos de mon grand-père à la table de cartes jouant au whist.

Laura avait un an et demi de plus que moi et est sortie en 1881, alors que j'étais à Dresde. La première fête à laquelle elle et moi sommes allés ensemble était un coup de cœur politique donné par Sir William et Lady Harcourt. J'ai été présenté à Spencer Lyttleton et peu de temps après, Laura a rencontré son frère Alfred.

Un jour, alors qu'elle et moi quittions la cathédrale Saint-Paul, elle me montra du doigt un jeune homme et me dit :

"Va demander à Alfred Lyttelton de venir à Glen à tout moment cet automne", ce que je fis promptement.

L'avènement d'Alfred dans notre famille a coïncidé avec celui de plusieurs nouveaux hommes, les Charterises , les Balfour , George Curzon, George Wyndham, Harry Cust, les Crawley , Jack Pease, "Harry" Paulton, Lord Houghton, Mark Napier, Doll Liddell et d'autres. . Mon père avait nourri de grands espoirs que certains de ces jeunes hommes pourraient nous épouser, mais après l'accueil que nous avons réservé à Lord Lymington – qui, pour lui rendre justice, ne nous a jamais proposé en mariage que dans l'imagination paternelle – son courage s'est retrouvé. brisé et nous avons été livrés à nous-mêmes.

Quelques semaines avant l'arrivée d'Alfred, Laura avait été très troublée en apprenant que nous étions considérés comme « rapides » ; elle m'a dit que recevoir des hommes à minuit dans notre chambre choquait les gens et qu'il faudrait peut-être y renoncer. J'ai écouté attentivement ce qu'elle avait à dire et j'ai remarqué à la fin que cela me paraissait tout à fait absurde. Godfrey Webb était d'accord avec moi et disait que les gens qui étaient facilement choqués étaient comme les femmes qui vendent des pâtisseries rassis dans les villes cathédrales ; et il nous conseilla de ne prêter aucune attention à ce que l'on disait. Nous connaissions à peine le sens du mot « jeûner » et, comme ma mère se couchait ponctuellement à onze heures, il était impensable que des amis, hommes et femmes, ne soient pas autorisés à nous rejoindre. J'avais transformé notre chambre à coucher de la chambre d'enfant en un salon. Les volets furent enlevés et des bibliothèques mises à leur place, idée copiée ensuite par mes amis. Le tapis et les chintz Morris que j'avais découverts moi-même et choisis à Londres ; et mes murs étaient ornés d'objets curieux, allant des caricatures et crucifix aux gravures de combats de prix, de chasses au renard, de Vierges et de Wagner. Dans l'une des tourelles, j'ai accroché mes vêtements ; dans l'autre j'ai mis un autel sur lequel je gardais mes livres de prières et un crâne qui m'a été donné par le fils du berger et qui est maintenant sur ma bibliothèque ; nous portions de charmantes vestes de chambre et nous asseyions sur notre lit avec des coussins colorés derrière le dos, tandis que les frères et leurs amis étaient assis par terre ou sur des chaises confortables autour de la pièce. À ces occasions, on baissait le gaz, on allumait un feu brillant et un invité ou l'un de nous lisait à la lueur d'une seule bougie, racontait des histoires de fantômes ou discutait de l'actualité : politique, gens et livres. Non seulement les jeunes, mais aussi les vieillards venaient à nos réunions. Je me souviens que Jowett nous lisait à haute voix les sermons laïcs de Thomas Hill Green ; et quand il eut fini , je lui demandai combien il avait aimé Green, ce à quoi il répondit :

"Je ne l'aimais pas du tout."

Que ces réunions de minuit choquaient tout le monde paraissait fantastique ; et comme la plupart des gens de la maison étaient d'accord avec moi, ils continuèrent.

Ce n'était pas cela seul qui dérangeait Laura ; elle voulait épouser un homme sérieux et viril, mais comme elle était une grande coquette, d'autres types plus brillants obscurcissaient cette vision et elle était devenue profondément indécise sur ses propres amours ; ils avaient tellement travaillé sur ses nerfs que lorsque M. Lyttelton est arrivé à Glen, elle était au lit avec une névralgie aiguë et ne pouvait pas le voir.

Mon père accueillit Alfred chaleureusement car, outre sa charmante personnalité, il était le neveu de Gladstone et avait été élevé dans la croyance libérale.

Le soir de son arrivée, nous sommes tous sortis après le dîner. Il y avait eu un terrible vent qui avait détruit la moitié d'un bois sur une colline devant les fenêtres de la bibliothèque et nous voulions voir les racines des arbres détruites par la dynamite. C'était une nuit au clair de lune, mais la lune est toujours plus brillante dans les romans que dans la vie et il faisait noir. Alfred et moi, marchant bras dessus bras dessous, nous parlions gaiement tandis que nous trébuchions sur les broussailles brisées à côté du brûlage de Quair . Alors que nous approchions du bois, un bouleau blanc gisait sur l'eau à un angle oblique et je n'ai pas pu m'empêcher de quitter le côté d'Alfred pour le traverser. Mais c'était trop glissant pour moi et je suis tombé. Alfred s'est plongé dans la brûlure et m'en a fait sortir. J'ai atterri sur mes pieds et, à part des bas trempés, aucun mal n'a été fait. Notre groupe s'était dispersé dans l'obscurité et, comme il était minuit passé, nous sommes rentrés seuls à la maison. À notre retour, nous avons constaté que tout le monde était parti dans sa chambre et Alfred a suggéré de me porter jusqu'au lit. Comme je pesais moins de huit pierres, il m'a soulevé comme un jouet et m'a déposé sur mon lit. A genoux, il m'a embrassé la main et m'a dit bonne nuit.

Deux jours plus tard, mon frère Eddy et moi avons voyagé vers le nord pour la réunion des Highlands. Laura, qui se remettait peu à peu, se sentait assez bien pour quitter sa chambre ce jour-là ; et je n'ai pas besoin de dire que cela eut pour effet immédiat de prolonger la visite d'Alfred.

À mon retour à Glen dix jours plus tard, elle m'a dit qu'elle avait décidé d'épouser Alfred Lyttleton.

Après ce que Mme Lyttelton a écrit de son mari, il n'y a pas grand-chose à ajouter, mais je dois dire un mot de mon beau-frère tel qu'il m'est apparu dans ces premiers jours.

Alfred Lyttelton était un jeune homme dynamique et splendide, d'une nature fervente, encore plus gâté que nous. Il était aussi cool et fondamentalement insensible que réactif et émotif. Tout le monde l'adorait ; il combinait les prouesses sportives d'un athlète grec avec une droiture morale de haut niveau. Il n'était ni un joueur ni un artiste. Il respectait la discipline, mais détestait l'ascétisme.

Ce qui m'intéressait le plus chez lui, ce n'était pas son esprit – qui manquait d'élasticité – mais sa religion, son obéissance inconditionnelle à la volonté de Dieu et sa parfaite liberté de propos . Sa mentalité était fragile et il était aussi colérique dans les disputes qu'il était ensoleillé et serein dans les jeux. Il y a des gens qui pensaient qu'Alfred était un homme aux fortes passions physiques, luttant contre la tentation jusqu'à ce qu'il ait atteint une maîtrise complète de lui-même, mais rien n'était plus éloigné de la vérité. On retrouve chez lui une nature ardente, un tempérament froid et un caractère intellectuel poivré. Alfred aurait eu raison de prendre un brevet en tant qu'Anglais, garanti comme une teinture de ne jamais perdre sa couleur . Pour lui, la plupart des étrangers étaient des grenouilles. Dans l'admirable monographie d'Edward Lyttelton sur son frère, vous lirez qu'un jour, alors qu'Alfred était dans le train en train de sucer une orange, « un petit Italien crasseux, appuyé sur sa canne, fumant un cheroot à la gare », fut considéré, non seulement par Alfred mais par son biographe, comme un « défi irrésistible de jeter le fragment juteux, mais substantiel, plein sur la joue de l'étranger sans méfiance ». A cela, on nous dit qu'« Alfred s'est effondré dans de nobles convulsions de rire ». Je cite cet incident, car il illustre la différence entre le sens de l'humour de Tennant et de Lyttelton . Leur rire était une tornade ou une convulsion à laquelle ils succombaient ; et même le hagley de Hagley, bien que, selon le livre d'Edward Lyttelton , il ait été fait uniquement avec des serviettes, semble assez formidable. Laura et Alfred aimaient beaucoup de choses ensemble – les livres, la musique et aller à l'église – mais ils ne riaient pas des mêmes choses. Je me souviens qu'elle m'a dit un jour d'une voix abattue :

"N'auriez-vous pas pensé qu'en riant aussi fort que les Lyttelton , ils auraient adoré Lear ? Alfred dit qu'aucun d'entre eux ne le trouvait un peu drôle et il était assez irritable quand je lui ai dit que sa famille était la seule au monde à l'aimer. 't."

C'est sa virilité, sa spiritualité et son absence de mesquinerie qui ont attiré Alfred vers Laura ; il avait aussi un charme infini. On aurait pu dire de lui ce que la douairière Lady Grey écrivait de son mari à Henry en le remerciant de sa sympathie :

"Il a allumé tellement de feux dans les chambres froides."

Après la mort d'Alfred, mon mari a dit ceci à la Chambre des communes :

Ce ne serait pas, je pense, rendre justice aux sentiments qui sont les plus élevés dans beaucoup de nos cœurs, si nous passions aux affaires du jour sans nous rendre compte de la nouvelle brèche qui a été creusée dans nos rangs par le décès prématuré de M. Alfred Lyttelton . C'est une perte dont j'ai peine à me permettre de parler ; car, outre les liens de parenté, il subsistait entre nous depuis trente-trois ans une amitié et une affection étroites qu'aucune différence politique ne devait jamais desserrer, ni même d'affecter. Je ne pourrais pas non plus mieux le décrire qu'en disant que lui, peut-être, de tous les hommes de cette génération, s'est rapproché le plus du moule et de l'idéal de virilité auxquels tout père anglais aimerait voir son fils aspirer et, si possible, atteindre. La générosité de la nature, enrichie et développée non seulement par une éducation précoce, mais par une discipline personnelle constante tout au long de la vie, mêla en lui des dons et des grâces qui, pris isolément, sont rares, et dans une union aussi attrayante le sont encore plus. Le corps, l'esprit et le caractère, la salle de classe, le terrain de cricket, le barreau, la Chambre des communes, chacun a apporté sa contribution distincte au corps professoral et à l'expérience d'un tout aux multiples facettes et harmonieux. Mais ce qu'il était, il l'a donné – avec une telle aisance et une telle exubérance que je pense qu'on peut dire sans exagération que partout où il se déplaçait, il semblait rayonner de vitalité et de charme. Il était, comme nous le savons, un combattant acharné. Il n'a laissé derrière lui aucun ressentiment ni aucune inimitié ; rien d'autre que le souvenir gracieux d'une personnalité virile et gagnante, le souvenir de celui qui a servi avec un dévouement sans faille sa génération et son pays. Il a été emporté par ce que nous pensions être le plein courant d'une vie pleine d'entrain, encore pleine de promesses et d'espoir. Que dire de plus ? Nous ne pouvons que nous incliner une fois de plus devant les décrets de la Sagesse Suprême. Ceux qui l'aimèrent – et ils sont nombreux, dans toutes les écoles d'opinion, dans tous les rangs et dans toutes les conditions – lorsqu'ils penseront à lui, se diront :

C'est le guerrier heureux, c'est celui
que tout homme en armes devrait souhaiter être.

A l'occasion de la deuxième visite d'Alfred Lyttelton à Glen, je citerai mon journal :

"Laura est entrée dans ma chambre. Elle était en peignoir et m'a demandé ce qu'elle devait porter pour le dîner. J'ai dit :

« Votre mousseline blanche, et dépêchez-vous. M. Lyttelton gratte dans le Doo'cot et vous feriez mieux d'aller le divertir, le pauvre garçon, car il part pour Londres ce soir. »

"Elle attacha un ruban bleu dans ses cheveux, enfonça en hâte sa broche de diamants dans son fichu et puis, les yeux très grands et les cheveux bas et droits sur le front, elle entra dans notre salon (nous l'appelions le Doo ' lit , parce que nous nous sommes tous disputés là-bas). Se sentant un peu petite, mais mi-timide, mi-audacieuse, elle ferma la porte et, appuyée contre elle, regarda Alfred gratter. Il se tourna et regarda la petite silhouette si près de lui, si délicate dans sa robe blanche.

"Le silence fut rompu par Alfred lui demandant si un homme avait déjà quitté Glen sans lui dire qu'il l'aimait ; mais soudain, toute conversation s'arrêta et elle se retrouva dans ses bras, cachant son petit visage contre son manteau dur. Il n'y avait personne pour enregistrer. ce qui suivit ; seulement la nuit se levant avec des yeux passionnés :

"La nuit qui se cache et reçoit qui ne parle pas."

« Ils se sont mariés le 10 mai 1885. « En avril 1886, le bébé de Laura était attendu d'un jour à l'autre ; et ma mère craignait que je ne sois pas près d'elle lorsque l'événement aurait lieu. Les Lyttelton vivaient dans Upper Brook Street ; et, Grosvenor Square étant proche, on pensait que toute souffrance de sa part pourrait me faire une impression durable et douloureuse, alors j'ai été envoyé à Easton Gray pour rester avec Lucy et chasser dans le pays du badminton. Avant de partir, je suis allé dire au revoir à Laura et je l'ai trouvée d'une humeur étrange .

"LAURA : 'Je suis sûre que je mourrai avec mon bébé.'

" MARGOT : 'Comment peux-tu dire des bêtises pareilles ? Tout le monde pense   ça.
Regarde maman ! Elle a eu douze enfants sans douleur !'

"LAURA : 'Je sais qu'elle l'a fait ; mais je suis sûre que je vais mourir.'

« MARGOT : 'Je risque tout autant d'être tuée en chassant que toi de mourir, chérie ! Cela me rend malheureux de t'entendre parler comme ça.'

"LAURA : 'Si je meurs, Margot, je veux que tu lises mon testament aux parents et aux personnes qui seront dans ma chambre. Il est dans ce tiroir. Promets-moi que tu n'oublieras pas.'

" MARGOT : 'Très bien, chérie, je le ferai ; mais agenouillons-nous et prions pour que, que ce soit moi ou toi qui meurs en premier, si c'est la volonté de Dieu, l'un de nous puisse venir vers l'autre ici et nous dire la vérité sur le monde à venir et consolez-nous autant que possible !'"

Nous nous sommes agenouillés et avons prié et, même si j'étais plus éloigné du monde et d' humeur à la fois à voir et à entendre ce qui n'était pas important, dans mon chagrin suite à la mort de Laura, survenue dix jours plus tard, je n'ai jamais eu de nouvelles d'elle ou d'elle depuis ce jour jusqu'à aujourd'hui.

Mme Lyttelton a raconté l'histoire du premier mariage de son mari avec tant de perfection que j'hésite à revenir sur le même sujet, mais, comme la mort de ma sœur Laura a eu plus d'effet sur moi que n'importe quel événement de ma vie, à l'exception de mon propre mariage. et la naissance de mes enfants, je dois en recopier un bref récit écrit à cette époque :

« Le samedi 17 avril 1886, je descendais une pente verte dans le Gloucestershire tandis que les chiens de Beaufort étaient dispersés en contrebas, essayant en vain de repérer l'odeur ; ils étaient sur une ligne obsolète et le résultat avait été une confusion générale. C'était une journée chaude et les bois étaient pleins d'enfants et de primevères.

"L'air bourdonnait d'oiseaux et d'insectes, la nature avait un regard attentif et toutes les haies scintillaient des paillettes du printemps. Il y avait une brèche épineuse sous un arbre qui me séparait de mes compagnons. Je suis descendu pour le sauter. , mais, que ce soit par habitude, par paresse ou par humeur, mon cheval s'est retourné et a refusé de bouger. J'ai retiré mon pied de l'étrier et lui ai donné un léger coup de pied. Après cela, je ne me souviens de rien jusqu'à ce que je me réveille dans une chaumière avec un énorme bruit. On disait que la branche était trop basse, ou que le cheval avait sauté trop haut et qu'une branche desséchée m'avait frappé au visage. En conséquence, j'ai eu une commotion cérébrale et mon nez et ma lèvre supérieure ont été gravement déchirés. J'ai été choisi " " par mon premier fiancé . Il a attaché ma lèvre à mes cheveux - alors qu'elle reposait sur mon menton - et m'a ramené à la maison dans un chariot. Le médecin a été appelé, mais il n'a pas eu le temps de me donner du chloroforme. Je suis resté assis très immobile. par vanité tandis qu'on me faisait trois points de suture à la partie la plus sensible de mon nez. Quand tout fut fini, je me regardai dans le miroir et fondis en larmes. Je n'avais jamais été très jolie (« pire que cela », comme disait le marquis de Soveral [Note : feu ministre portugais.]) mais j'avais le nez droit et l'air intelligent ; et maintenant mon visage serait marqué à vie comme celui d'un étudiant allemand.

" Le lendemain, un télégramme est arrivé disant : " " Laura confinée, un garçon, tous les deux vont bien. "

"Nous avons renvoyé un message disant : "'Hourra et bénédiction !'

Dimanche, nous avons reçu une lettre de Charty disant que Laura était très malade et une autre lundi nous disant d'aller à Londres. J'étais dans un état d' anxiété aiguë et j'ai dit au médecin que je devais aller voir Laura immédiatement, mais il ne voulait pas en entendre parler :

"'Impossible ! Vous attraperez l'érysipèle et mourrez. Le plus dangereux est de bouger avec un visage comme celui-là", a-t-il déclaré.

"Lors de sa prochaine visite, j'étais habillé et je marchais de long en large dans la pièce dans une bouffée d'excitation nerveuse, car allez-y, je le ferais. Laura était en train de mourir (je ne pensais pas vraiment qu'elle l'était, mais je voulais être près d'elle). J'ai insisté pour qu'il me retire les points de suture du visage et finalement il a dû céder. A 18 heures, j'étais dans le train pour Londres, regardant les postes télégraphiques passer devant moi.

"Mon esprit envisageait toutes les possibilités. J'étais assise près de son lit avec le bébé sur mon bras, discutant de projets, arrangeant des peignoirs, riant des anecdotes de l'infirmière, parlant et chuchotant sur les mille choses féminines dont je savais qu'elle désirerait. entendre. … Ou peut-être qu'elle était en train de mourir… me demandant et se demandant pourquoi je ne venais pas… pensant que je chassais au lieu d'être avec elle. Oh, combien de fois le train s'arrêtait ! Est-ce que quelqu'un vivait vraiment dans ces gares ? Personne Je suis sorti ; ils ne ressemblaient pas à des endroits réels ; pourquoi le train devrait-il s'arrêter ? Dois-je leur dire que Laura était mourante ?… Nous avions prié si souvent pour mourir le même jour.… Elle n'allait sûrement pas mourir… ce n'était pas possible … sa vitalité était trop belle, sa jeunesse trop grande… Dieu ne permettrait pas cela… Comme mon visage était raide avec ses bandages ; et si je pleurais , ils s'enlèveraient tous !

" A Swindon, j'ai dû me changer. Je suis descendu et je me suis assis dans la vaste salle à manger, avec son atmosphère de soupe et d'essence. Une foule de gens parlaient d'un accident de chasse : c'était le mien. Puis une femme est entrée et a mis son sac posé. Un ecclésiastique lui serra la main, il dit que quelqu'un était mort. Je m'éloignai.

"'Monde ! Trewth ! Le Globe ! Du papier, mademoiselle ? Du papier ? …'

"'Non, merci.'

"'Le train de Londres!' » a été crié et je suis monté à bord. Je savais au grand bruit du galop que nous allions entre des maisons hautes et à chaque galop les roues semblaient dire : « Trop tard, trop tard ! Après une succession de cris rauques, nous nous précipitâmes vers Paddington.

" Il était minuit. J'ai vu un visage pâle et grave et j'ai reconnu Evan Charteris, qui était venu à ma rencontre dans le coupé de Lady Wemyss . J'ai dit :

« « Est-elle morte ? » » Ce à quoi il répondit : « « Non, mais très, très malade. » "Nous avons roulé en silence jusqu'au 4 Upper Brook Street.

Papa, Jack et Godfrey Webb se tenaient dans le couloir. Ils m'ont arrêté au passage et m'ont dit : « Elle n'est pas pire » ; mais je ne pouvais pas écouter. J'ai
vu Arthur Balfour et Spencer Lyttelton debout près de la porte de la chambre d'Alfred. Ils ont dit : « Vous avez l'air malade. Avez-vous fait une chute ? »

"J'ai expliqué le plâtre sur mon visage enflé et j'ai demandé si je pouvais monter voir Laura; et ils ont dit qu'ils pensaient que je pourrais le faire. Quand je suis arrivé au palier supérieur, je me tenais devant la porte ouverte du boudoir. Un homme était assis dans un fauteuil près d'une table avec une bougie dessus. C'était Alfred et moi sommes passés. J'ai vu la silhouette d'une femme à travers la porte ouverte de la chambre de Laura; c'était Charty . Nous nous sommes serrés l'un contre l'autre sur notre cœur… son visage était brûlant et ses yeux étaient lourds.

"'Ne la regarde pas ce soir, ma chérie. Elle est inconsciente', dit-elle.

"Je n'ai pas compris cela et j'ai demandé à pouvoir lui dire un mot. … J'ai dit :

"'Je sais qu'elle aimerait me voir, chérie, ne serait-ce que pour me faire un signe de tête, et je te promets que je m'en irai vite. En effet, en effet, je ne la fatiguerais pas ! J'ai envie de lui dire que le train était en retard et que Le docteur ne m'a pas laissé monter hier. Juste une seconde, S'IL VOUS PLAIT, Charty ! …'

"'Mais, mon cœur chéri, elle est inconsciente. Elle n'a jamais été consciente de toute la journée. Elle ne te connaîtrait pas !'

"Je tombai abasourdi sur l'escalier. Quelqu'un me toucha l'épaule :

"'Tu ferais mieux d'aller te coucher, il est plus d'une heure. Non, tu ne peux pas dormir ici : il n'y a pas de lit. Tu dois t'allonger; un canapé ne fera pas l'affaire , tu es trop malade. Eh bien, alors, tu Vous n'êtes pas malade, mais vous le serez demain si vous ne vous couchez pas.

"Je me suis retrouvé dans la rue, Arthur Balfour tenant un de mes bras et Spencer Lyttelton l'autre. Ils m'ont emmené au 40 Grosvenor Square. Je me suis couché et tôt le lendemain matin, j'ai traversé Upper Brook Street. Le domestique avait l'air heureux :

"'Elle va mieux, mademoiselle, et elle est consciente.'

"J'ai pris l'avion et Charty m'a rencontré dans sa robe de chambre. Elle était calme et compétente comme toujours, mais un nouveau regard, moins interrogateur et plus intense, était apparu sur son visage. Elle a déclaré :

"'Vous pouvez entrer maintenant.'

"J'ai ressenti un mouvement de mon âme et un empressement excessif qui m'ont à moitié arrêté lorsque j'ai ouvert la porte et que je me suis tenu au pied du lit en bois et que j'ai regardé ce qui restait de Laura.

"Son visage avait rétréci à la taille d'un enfant; ses cils formaient un mur noir sur la joue la plus blanche; ses cheveux pendaient, tirés de son front carré en lourds plis sur l'oreiller. Sa bouche était bien fermée et un sang sombre - une tache marquait son menton. Après un long silence, elle bougea et marmonna et ouvrit les yeux. Elle les fixa sur moi, et mon cœur s'arrêta. J'étendis mes mains vers elle et dis : "Laura !"... Mais le son Elle est morte, elle ne m'a pas connu, j'ai su après cela qu'elle ne pourrait pas vivre.

"Les gens sont partis pour les vacances de Pâques : Papa à North Berwick, Arthur Balfour à Westward Ho ! et chaque jour, Godfrey Webb montait en torchis patient jusqu'à la porte d'entrée pour entendre qu'elle n'allait pas mieux. J'étais assis dans les escaliers en écoutant le rugissement de Londres et l'horloge de la bibliothèque. Le médecin – Matthews Duncan – me tapotait la tête chaque fois qu'il me croisait dans l'escalier et disait, avec son doux accent écossais :

"'Pauvre petite fille ! Pauvre, pauvre petite fille !'

"J'étais heureux qu'il n'ait pas dit que 'tant qu'il y avait de la vie, il y avait de l'espoir', ni aucune des platitudes médicales, sinon j'aurais répondu qu'il avait MENTI. Il n'y avait aucun espoir, aucun ! ...

"Un après-midi, je suis allé avec Lucy à St. George's, Hanover Square. Le vieil homme balayait l'église, et nous nous sommes agenouillés et avons prié. Laura et moi nous sommes souvent agenouillés côte à côte devant cet autel et je ne me sens jamais seul quand je suis devant le mystérieux tableau du Christ, avec ses barres de violettes et ses grappes de raisin.

"À mon retour, je suis monté à l'étage et je me suis allongé sur le sol de la chambre de Laura, regardant Alfred agenouillé à ses côtés, les bras au-dessus de la tête. Charty était assise, les mains jointes; une seule bougie derrière sa tête transfigurait ses jolis cheveux en un halo. Soudain, Laura ouvrit les yeux et, les tournant lentement vers Charty , dit :

"'Vous êtes CÉLESTE ! . . .'

" Une longue pause, puis tandis que nous nous approchions tous les trois de son lit , nous l'entendîmes dire :

"'Je pense que Dieu m'a oublié.'

« Le feu dessinait des motifs au plafond ; chaque ombre semblait regarder avec pitié le silence de cette pièce, le long silence qui n'a jamais été rompu.

"Je ne suis pas rentré chez moi ce soir-là, mais j'ai dormi chez Alfred. Lucie était allée à la première communion, mais je ne l'avais pas accompagnée, car j'étais fatigué de prier. J'ai dû tomber dans un profond sommeil, quand soudain je me suis senti quelqu'un touchait mon lit. Je me suis réveillé en sursaut et j'ai vu une infirmière debout à côté de moi. Elle a dit d'une voix calme :

"'Ma chérie, tu dois venir. Ne ressemble pas à ça, tu ne pourras pas marcher.'

" Capable de marcher ! Bien sûr que je l'étais ! J'étais en robe de chambre et je suis descendu en un éclair jusqu'au lit. La pièce était pleine de monde. Je m'étendais avec mon bras sous Laura, comme je le faisais dans le vieux Glen. des jours où, après nos disputes, nous nous glissions dans le lit l'un de l'autre pour « nous réconcilier ». Alfred tenait une de ses mains contre son front et Charty était agenouillée à ses pieds.

"Elle avait à peu près la même apparence, mais une ombre plus profonde courait sous son front et sa bouche semblait plus fermée. J'ai posé ma joue contre son épaule et j'ai senti la netteté de sa colonne vertébrale. Pendant une minute, nous sommes restés proches l'un de l'autre, tandis que le soleil, frais de l'aube, jouait sur les stores des fenêtres... Puis sa respiration s'arrêta, elle frissonna et mourut... Le silence fut si grand que j'entendis l'envol de la Mort et le matin saluer son âme.

" Je suis descendu, j'ai sorti son testament du tiroir où elle l'avait mis et j'ai dit à Alfred ce qu'elle m'avait demandé de faire. La pièce était sombre et pleine de monde ; et un homme de grande taille, décharné et fervent, se levait en disant une prière. Quand il eut fini , je lus le testament en entier :

Mon testament [Note de bas de page : La seule partie du testament que j'ai omis est constituée de quelques noms avec des espaces vides qu'elle avait l'intention de remplir.], rédigé par moi, Laura Mary Octavia Lyttelton , février 1886.

"Je n'ai pas grand-chose à laisser derrière moi, si je meurs le mois prochain, ayant mon trésor au plus profond de mon cœur, là où personne ne peut l'atteindre et où même la mort ne peut entrer. Mais il y a certaines choses qui sont restées longtemps aux portes de ma maison de joie qui, dans une certaine mesure, porte en elle la couleur de ma vie et qui, par droit d'amour, appartiendrait à ceux qui y sont entrés. J'aimerais qu'Alfred donne ces choses à mes amis, non pas parce que mes amis s'en soucieraient. tant pis pour eux, mais parce qu'ils préféreront être là où j'ai aimé être.

"Je veux, tout d'abord, dire à Alfred que tout ce que j'ai au monde et tout ce que je suis et serai toujours, lui appartient, et à lui plus qu'à quiconque, de sorte que si je laisse loin de lui tout ce qui parle à lui d'une joie qui m'est inconnue, ou qui lui est chère pour quelque raison, sage ou imprudente, c'est la sienne, et mes chers amis lui pardonneront ainsi qu'à moi.

" Si peu de femmes ont été aussi heureuses que moi à chaque heure depuis mon mariage - si peu ont eu un ciel d'amour si merveilleux pour leur atmosphère commune, que cela me semblera peut-être étrange lorsque j'écrirai que la tristesse de la mort et de la séparation est grandement atténué pour moi par le fait que j'ai conscience de l'unité éternelle et indivisible d'Alfred et de moi. Je sens que tant qu'il est ici, je dois être ici, silencieusement, secrètement, assis à côté de lui comme je le fais tous les soirs maintenant, cependant beaucoup mon âme est de l'autre côté, et que si Alfred mourait, nous serions comme nous l'étions sur terre, l'amour comme nous l'avons fait cette année, seulement plus plein, plus rapide, plus profond que jamais, avec une passion plus pure et un culte plus sage. Seulement en attendant, pendant que mon corps lui est caché et que mes yeux ne peuvent pas le voir, que mes jouets insignifiants soient les siens jusqu'au matin où rien n'aura d'importance car tout est esprit.

"Si mon bébé vit , j'aimerais qu'il ait mes perles. Je n'aime pas mon collier de diamants, donc je ne le laisserai à personne .

"Je voudrais qu'Alfred ait ma Bible. Cela l'a toujours un peu inquiété de la tenir parce qu'elle est si pleine de choses; mais si je sais que je vais mourir, je la nettoierai, parce que, je suppose, il n'aimera pas Je pense que je l'aime davantage — non pas, je veux dire, parce que c'est la Bible — mais parce que c'est un tel ami, et qu'il a toujours été avec moi, principalement sous mon oreiller, depuis que je l'ai eu — que de tout ce que je connais. Je le possède, et je le lisais beaucoup quand j'étais bien meilleur qu'aujourd'hui, je l'aime beaucoup, alors, Alfred, tu dois le garder pour moi.

"Ensuite, le livre de prières que Francie [Note de bas de page : Lady Horner, de Mells .] m'a donné est ce que j'aime ensuite, et je l'aime tellement que j'ai l'impression que j'aimerais l'emporter avec moi. Margot veut un livre de prières, alors je pars Il fait si sale dehors, mais ce serait peut-être dommage de le lui attacher. Margot aura aussi mon petit Daily Light chéri.

"Alors Charty aura mon collier en pâte qu'elle aime, et les deux estampes qu'elle tient à avoir, et ma petite broche en diamant trefeuille - oh ! et l'Espoir qu'elle a peint pour moi. Je l'aime beaucoup, ainsi que mes perles d'améthyste.

"La petite Barbara doit avoir ma montre bleue et Tommy ma montre - il n'y a pas de chaîne.

"Alors Lucy doit avoir ma ceinture Frances, car il y a longtemps, les jours les plus heureux de mon enfance étaient lorsque nous avons fait la connaissance de Francie, et elle portait cette ceinture dans les jours bleus à Saint-Moritz lorsque nous l'avons rencontrée à l'église et Je suis devenu son amant et je veux que Lucy ait mes deux Blake et le cher petit Martin Schongaun Madonna and Baby, cher petit bébé ventru, tétant son petit pouce sacré dans un jardin avec un beau mur et une petite tourelle de pigeonnier. je l'ai acheté moi-même, et je pense plutôt que c'était intelligent de ma part – le tout pour une livre.

"Et Posie doit avoir mes petites couronnes de diamants, et elle doit les laisser à Joan, [Note de bas de page : ma nièce, Mme Jamie Lindsay.] et elle doit aussi avoir mes grenats, parce qu'elle les aimait bien, et mon imitation. et Marc Aurèle.

"Je laisse à Eddy mon petit collier de diamants pour sa femme, et il doit choisir un livre.

"Et Frank va justement se marier, alors j'aimerais qu'il ait un peu de mes meubles, et que sa femme ait ma petite horloge en argent.

"Je laisse à Jack la petite bague turquoise que Graham m'a donnée. Il doit en faire un clou.

"Alors je veux que Lavinia [Note de bas de page : Lavinia Talbot est l'épouse de l'actuel évêque de Winchester] prenne mon sac plein d'articles de toilette en argent que Papa m'a donnés, ainsi que le petit bracelet en diamants et saphirs que j'aime tant ; et lui dise quel la joie que cela a été de la connaître, et que la petite fenêtre ouverte a laissé entrer bien des levers de soleil sur ma vie conjugale. Elle comprendra.

"Alors je veux que la vieille Lucy [Note de bas de page : Lady Frederick Cavendish, dont le mari a été assassiné en Irlande] ait mon édition du "Pilgrim's Progress", cette chère vieille, et ma photographie dans le cadre argenté d'Alfred, si mon bébé meurt. aussi, sinon c'est lui (ou elle) lui appartenir. Lucy était la petite mère par procuration d'Alfred, et elle le mérite. Il m'a envoyé la photo la première semaine de nos fiançailles, et je la porte depuis lors. Je ne le trouve pas très bon. Cela m'a toujours fait un peu peur ; c'est si sévère et si juste, et « l'homme juste » n'a jamais été un de mes héros.

J'aime Alfred quand il est ce qu'il est pour moi, et je je ne pense pas que ce soit juste, mais généreux.

"Ensuite, je veux qu'Edward [Note de bas de page : le défunt directeur d'Eton]   ait
les "Jours de la création", et que Charles [Note de bas de page : L'actuel Lord Cobham , le frère aîné d'Alfred] ait mes premières éditions de Shelley, et Arthur [Note de bas de page : Feu l'honorable Arthur Temple Lyttelton , évêque de Southampton] ma première édition de Beaumont et Fletcher ; et Kathleen [Note de bas de page : feu l'honorable Mme Arthur Lyttelton .] doit avoir mon petit crucifix en argent qui s'ouvre, et Alfred doit y mettre un peu de mes cheveux, et Kathleen doit les garder pour moi – je l'ai aimée dès le début.

"Je veux qu'Alfred donne à ma filleule, Cicely Horner, [Note de bas de page : l'actuelle honorable Mme George Lambton.], la broche-oiseau conçue par Burne Jones et le Sintram Arthur [Note de bas de page : Le très honorable Arthur Balfour.], m'a donné. Je laisse à ma meilleure amie, Frances, mon bracelet en émail gris et diamants, ma première édition de Wilhelm Meister, avec la musique pliée dedans, et mes dessins de « dépression » de Burne Jones . Dites-lui que je laisse beaucoup de ma vie avec elle, et que je ne pourrai jamais cesser d'être très près d'elle.

"Je laisse Mary Elcho [Note de bas de page : l'actuelle comtesse de Wemyss .] mon berceau Chippendale. Elle ne doit pas penser que cela porte malheur. Je suppose que quelqu'un d' autre l'a possédé une fois, et, après tout, ce n'est pas comme si je mourais en Elle m'a offert ces jolies tentures, et je pense qu'elle les aimera un peu pour moi, car j'ai toujours aimé les berceaux et toutes les choses qui portent des berceaux ; et je lui laisse mon croissant en diamant et émail rouge qu'Arthur m'a offert. Elle doit le porter parce que deux de ses chers amis y sont pour ainsi dire. Et j'aimerais qu'elle ait, oh ! une vie si bénie, parce que je pense que son caractère est si plein de choses et de symboles bénis. …

"Je quitte Arthur Balfour, Alfred et mon cher ami profondément aimé, qui m'a offert tant d'heures de bonheur depuis mon mariage, et dont la sympathie, la compréhension et la compagnie au sens profond du terme ne m'ont jamais été refusées lorsque je Je l'ai cherché, ce qui n'a pas été rare cette année de ma bienheureuse Vita Nuova - je lui laisse mon Johnson. Il m'a appris à aimer le plus sage des hommes - et j'ai de nombreuses raisons de lui en être reconnaissant. Je le quitte aussi, ma petite laide Shelley, très lue, mais pas du tout belle ; s'il se marie , j'aimerais qu'il donne à sa femme ma petite harpe en émail rouge ; je ne la verrai jamais si je meurs maintenant, mais je l'ai si souvent créée dans les îles de mon imagination - et en tant que reine, elle y a régné, de sorte que je sens dans l'esprit que nous sommes dans une certaine mesure liés par un lien mystique.

Parmi les nombreuses lettres qu'Alfred a reçues, celle-ci est celle que j'ai préférée :

CHÂTEAU DE HAWARDEN,

27 avril 1886. MON CHER ALFRED,

C'est une chose audacieuse et peut-être égoïste de vous parler à un moment où votre esprit et votre cœur sont un sanctuaire dans lequel Dieu vous parle sur des tons encore plus pénétrants et solennels que d'habitude. Il est certain qu'il appartient à peu de personnes d'être choisies pour recevoir les leçons qui vous sont enseignées. Si les merveilleuses épreuves des Apôtres, des Saints et des Martyrs ont toutes signifié un amour tout aussi merveilleux, alors, à cette première période de votre vie, votre sort a quelque chose en commun avec le leur, et vous porterez sur vous des marques d'amour qui dureront toute votre vie. une dispensation grande et particulière qui peut et doit vous élever très haut. Il est certain que vous deux, qui ne faites toujours qu'un, étiez les personnes que, dans tout le vaste circuit de la vie londonienne, vos proches auraient désignées comme démontrant plus que toute autre la promesse et le profit des DEUX mondes. L'appel à l'action de grâce qui vous a été adressé semblait plus grand que quiconque ; vous ne le jugerez pas diminué maintenant. Comme il est éminemment vrai qu'en vivant peu de temps, elle a accompli longtemps. Si la vie est mesurée par l'intensité, sa vie a été très longue — et pourtant, avec ce riche développement de dons mentaux, la pureté et la célibat ont fait d'elle l'un des petits enfants dont et à qui ressemble le Royaume des Cieux. Il serait audacieux de dire qu'un tel être est mort prématurément. Tout au long de votre vie, quelle que soit sa durée, quel bien précieux elle sera pour vous. Mais en la livrant à vos yeux corporels et en l'enlevant, le Tout-Puissant a spécialement mis son sceau sur vous. À la paix et à la miséricorde de Dieu, félicitons-la de tout cœur, oui, avec joie. Allez-vous faire savoir à Sir Charles et Lady Tennant et à tout son peuple ce que nous ressentons avec et pour eux ?

Toujours votre affection .

NOUS GLADSTONE.

Matthew Arnold m'a envoyé ce poème parce que Jowett lui a dit que j'avais dit qu'il aurait pu être écrit pour Laura :

DEMANDECAT

Parsemez-lui des roses, des roses,
Et jamais une branche d'if ! En silence, elle se repose ; Ah, si je le faisais
aussi !

Sa gaieté que le monde exigeait ;
Elle l'a baigné de sourires de joie. Mais son cœur était fatigué, fatigué, Et
maintenant ils la laissaient tranquille.

Sa vie tournait, tournait,
Dans des dédales de chaleur et de son, Mais son âme aspirait à la paix, Et
maintenant la paix l'entoure.

Sa cabine , son esprit ample,
   Il flottait et manquait de souffle.
Ce soir, il hérite de la vaste salle de la mort.

CHAPITRE III

SLUMMING À LONDRES ; AVENTURE À WHITECHAPEL ; bagarre dans un saloon ; SORTIES AVEC DES FILLES OUVRIÈRES – MARGOT RENCONTRE LA PRINCESSE DE GALLES – COMMUTAGES SUR L'AMITIÉ AVEC LE PRINCE DE GALLES – LE BAL DE LADY RANDOLPH CHURCHILL – LA PREMIÈRE CHASSE DE MARGOT ; DUC EXCENTRIQUE DE BEAUFORT ; TOMBE AMOUREUX À DIX-SEPT; COMMANDANTS UN CHEVAL

Après la mort de Laura, j'ai passé la plupart de mon temps dans l'East End de Londres. Un jour, alors que je me promenais dans les bidonvilles de Whitechapel, j'ai vu une grande usine et des filles de tous âges y entraient et en sortaient. Voyant le nom « Cliffords » sur la porte, je suis entré et j'ai demandé à un ouvrier de me montrer la chambre privée de son employeur. Il m'a indiqué du doigt où il se trouvait, j'ai frappé et je suis entré. M. Cliffords , le propriétaire de l'usine, avait un grand visage rouge et était assis dans une pièce nue et sordide, sur une chaise dure, devant son écrit. -tableau. Il m'a jeté un coup d'œil alors que je fermais la porte, mais n'a pas arrêté d'écrire. Je lui ai demandé si je pouvais visiter son usine une ou deux fois par semaine et parler aux ouvrières. Là-dessus, il posa sa plume et dit :

"Maintenant, mademoiselle, à quoi pensez-vous que vous ferez ici avec mes filles ?"

MARGOT : "Ce n'est pas exactement CELA. Je ne suis pas sûre de pouvoir faire du bien à qui que ce soit , mais pensez-vous que je pourrais faire du mal à vos filles ?"

CLIFFORDS : "Très certainement, vous le pourriez et, qui plus est, vous le ferez"

MARGOT : "Comment ?"

CLIFFORDS : "Eh bien, bénis mon âme ! Vous allez les garder tous bouche bée et les mettre en retard pour leur travail ! Dans l'état actuel des choses, ils n'en font pas trop. Pensez-vous que mes filles sont méchantes et que vous allez les faire bons et heureux et les sauver et tout ce genre de choses ?

MARGOT : "Pas du tout, je ne pensais pas à eux, *je* suis tellement malheureuse moi-même."

CLIFFORDS (Plutôt ému et me regardant avec curiosité) : "Oh, c'est une tout autre affaire ! Si vous êtes venu ici pour me demander une faveur , je pourrais y réfléchir."

MARGOT (HUMBLE) : "C'est justement pour ça que je suis venue. Je jure que je ne serais avec tes filles que pendant l'intervalle du dîner, mais si par accident j'arrive au mauvais moment je veillerai à ce qu'elles n'arrêtent pas leur travail. Il est bien plus probable qu'ils ne m'écouteront pas du tout plutôt qu'ils arrêteront de travailler pour entendre ce que j'ai à dire. »

CLIFFORDS : "Peut-être !"

Donc ça a été réparé. Il m'a serré la main, ne m'a jamais demandé mon nom et j'ai visité son usine trois jours par semaine pendant huit ans lorsque j'étais à Londres (jusqu'à mon mariage, en 1894).

L'East End de Londres n'était pas une expérience nouvelle pour moi. Laura et moi avions ouvert une crèche à Wapping l'année de ma sortie ; et en suivant les cas de mendiants méritants, j'avais découvert divers bidonvilles. J'ai retiré autant d'intérêt et plus de bénéfice à rendre visite aux pauvres qu'aux riches et je m'entends mieux avec eux. Ce qui était nouveau pour moi à Whitechapel, c'était le chef de l'usine.

M. Cliffords était ce que les domestiques décrivent comme « un homme qui reste seul », bourru, dur, droit et intelligent. Il détestait toutes ses filles et personne n'aurait supposé, s'ils nous avaient vus ensemble, qu'il m'aimait bien ; mais, après l'avoir vu bloquer la lumière dans l'embrasure de la porte de la pièce pendant que je parlais, j'ai su que je devais m'entendre avec lui.

Le premier jour où je suis entré dans la grange d'un endroit où étaient fabriqués les cartons, j'ai été accueilli par une odeur de colle et de transpiration et un rugissement de roues sur les pavés de la cour. Quarante ou cinquante femmes, âgées de seize à soixante ans, mesuraient, découpaient et collaient ensemble du carton et du papier ; aucun d'entre eux n'a levé les yeux de son travail lorsque j' suis entré.

J'ai grimpé sur une palissade et, m'agenouillant, j'ai épinglé une photo de Laura sur un espace du mur. Cela attira l'attention d'une femme âgée qui se tourna vers ses compagnons et dit :

"Venez voir ça, les filles ! eh bien, c'est à la vie !"

Voyant certaines filles quitter leur travail et me souvenant de ma promesse faite à Cliffords , je me levai d'un bond et leur dis que dans dix minutes elles dîneraient et qu'ensuite j'aimerais leur parler, mais que d'ici là elles ne devaient pas arrêter leur travail. J'étais très soulagé de les voir m'obéir. Certains d'entre eux gardaient leurs sandwichs dans des sacs en papier sale qu'ils déposaient par terre avec leurs chapeaux, mais une fois les dix minutes écoulées, j'ai été déçu de les voir presque tous disparaître. J'ai demandé où ils étaient allés et on m'a répondu qu'ils rejoignaient les hommes emballeurs ou qu'ils allaient au pub au coin de la rue.

Les filles qui apportaient des sandwichs et restaient sur place aimaient mes visites et devinrent peu à peu mes amies. L'une d'elles – Phoebe Whitman de son nom – était belle et avait plus de charme que les autres pour moi ; Je lui ai demandé un jour si elle m'emmènerait avec elle au pub où elle déjeunait toujours, car j'avais apporté ma nourriture avec moi dans un sac et je ne pensais pas que les gens du pub seraient gênés que je la mange là-bas avec un verre de bière. Cette demande de ma part a affligé les filles qui étaient mes amies. Ils trouvèrent que c'était une idée terrible que j'aille parmi les ivrognes, mais je leur dis que j'avais apporté avec moi un livre qu'ils pourraient regarder et lire à haute voix pendant mon absence - ce à quoi ils hochèrent gravement la tête - et je partis. avec mon beau cockney.

Le "Peggy Bedford" se trouvait dans le quartier le plus bas de Whitechapel et était quotidiennement rempli de gens maussades et tristes. Il faisait chaud, il y avait une odeur nauséabonde et il y avait des courants d'air. Quand nous sommes entrés, j'ai remarqué que Phoebe était une favorite ; elle agitait gaiement la main ici et là et se commandait un verre d'amer. Les hommes qui traînaient dehors et dans différents coins de la pièce se sont joints au comptoir à son arrivée et j'ai entendu beaucoup de paillettes pendant qu'elle secouait sa jolie tête et cueillait des crevettes en pot. La salle était trop remplie pour que quiconque me remarque ; et je me suis assis tranquillement dans un coin, mangeant mes sandwichs et fumant ma cigarette. Les doubles portes en verre dépoli allaient et venaient et les voix aiguës des enfants demandant à boire et les emportant dans leurs chopes me rendaient profondément malheureux. J'ai suivi une petite fille à travers les portes dans la rue et je l'ai vue donner la tasse à un chauffeur de taxi et s'enfuir ravie de son pourboire. Quand je revins, j'étais assourdi par un bruit de voix ; il y avait une dispute : un des hommes, ivre mais de bonne humeur, essayait d'arracher la fleur du chapeau de Phoebe. Provoqué par cela, un jeune homme se mit à le bousculer, ce à quoi tous les autres se pressèrent ; le barman leur a crié en vain d'arrêter ; ils l'ont simplement maudit et ont dit qu'ils soutenaient Phoebe. Une femme, plus ivre que les autres, a juré d'être dérangée et a dit que Phoebe était une foutue chose que je ne comprenais pas. Soudain, je l'ai vue frapper comme un boxeur ; et les hommes formèrent un cercle autour d'eux. J'ai bondi, j'ai saisi un être sous-alimenté et aux yeux larmoyants qui était le plus proche de moi et je l'ai jeté hors de mon chemin. La rage et le dégoût m'inspiraient une grande force physique ; mais j'ai été empêché de percer l'anneau par un homme qui m'a saisi le bras et m'a dit :

"Laisse tomber ou son homme va te donner une foutue raclée !"

Ne sachant pas à laquelle des femmes il faisait allusion, je me suis plongé et, esquivant la foule, j'ai franchi le ring et me suis jeté sur Phoebe ; ma seule crainte était qu'elle arrive trop tard pour son travail et que la promesse que j'avais faite à Cliffords ne soit pas tenue.

Les femmes se battent très maladroitement et j'ai été battu entre les deux. Je me retournai et maudis les hommes qui se tenaient autour de moi parce qu'ils riaient et ne faisaient rien et, avant de pouvoir séparer les combattants, j'avais donné et reçu de violents coups ; mais une aide inattendue est venue d'un emballeur de Cliffords qui s'est présenté par hasard. Nous nous sommes dégagés du mieux que nous avons pu et avons couru vers l'usine. J'ai demandé à Phoebe de s'excuser auprès du chef pour son retard et, me sentant raide partout, je suis rentré chez moi à Grosvenor Square.

Cliffords , qui était un boxeur expert, m'a invité dans sa chambre lors de ma prochaine visite pour lui raconter toute l'histoire et mes actions ont augmenté.

Fin juillet, toutes les filles – environ cinquante-deux – restaient avec moi après leur travail et aucune d'entre elles n'allait au « Peggy Bedford ».

Les meurtres de Whitechapel ont eu lieu à cette époque près de l'usine, et les filles et moi avons visité ce que les journalistes appellent « la scène de la tragédie ». C'était étrange de voir des foules de gens se rassembler quotidiennement pour ne voir rien d'autre qu'une arcade.

J'emmenais mes filles faire un cadeau annuel à la campagne chaque été, en commençant à huit heures du matin et en rentrant à Londres à minuit. Nous roulions dans trois grandes wagonnettes derrière quatre chevaux, accompagnées d'une fanfare. Un jour, on m'a demandé si la journée pouvait être passée à Caterham , car il y avait là une caserne. J'ai trouvé cet endroit morne et je me suis éloigné seul, mais Phoebe et ses amis aimaient coller leur nez aux rails et regarder les soldats s'entraîner. Je ne sais pas comment la controverse est née, mais lorsque je les ai rejoints , j'ai entendu Phoebe crier à travers les grilles que quelqu'un était un « foutu poisson ! Je l'ai prévenue que je devrais quitter Cliffords pour toujours , si elle continuait à provoquer des querelles et à utiliser un langage aussi violent, et que cette menace la bouleversait ; pendant une courte période , elle s'est comportée de la meilleure manière possible , mais j'avoue que je trouve les pauvres tout aussi influençables et ingrats que les riches, et je me demande souvent ce qu'est devenue Phoebe Whitman.

Fin juillet , j'ai dit aux filles que je devais les quitter, car je rentrais chez moi en Écosse.

PHOEBE : "Vous ne savez pas, madame, à quel point nous ressentons tous à l'idée que vous deviez vivre à la campagne. Eh bien, quand vous nous avez fait remarquer le jour du pique-nique, cette sorte de tour-endroit, avec ses murs et des arbres sombres, et j'ai dit que cela vous rappelait votre maison, nous nous sommes simplement regardés ! "Eh bien, je n'ai jamais!" dis-je ; et nous avons tous frémi ! »

Aucune des filles ne savait quel était mon nom ni où j'habitais jusqu'à ce qu'elles lisent mon histoire dans les journaux illustrés, huit ans plus tard, au moment de mon mariage.

Quand je n'étais pas dans l'East End de Londres, j'errais en regardant les vitrines des magasins de l'Ouest. Un jour, j'admirais une photo de ma sœur Charty dans la vitrine du Macmichael's , lorsqu'un valet de pied toucha son chapeau et me demanda si je voulais parler à « sa Grâce » dans la voiture. Je me suis retourné et j'ai vu la duchesse de Manchester [Note : plus tard, feu la duchesse de Devonshire] ; comme je ne lui avais jamais parlé de ma vie, je me demandais pourquoi elle pouvait bien me vouloir. Après s'être serré la main, elle dit :

"Montez, cher enfant ! Je ne supporte pas de vous voir si triste. Montez à bord et je vous emmènerai faire un tour en voiture et vous pourrez revenir prendre le thé avec moi."

Je suis monté dans la voiture et nous avons fait le tour de Hyde Park, après quoi je l'ai suivie à l'étage jusqu'à son boudoir dans Great Stanhope Street. Au milieu du thé, la reine Alexandra, alors princesse de Galles, est venue voir la duchesse. Elle accourut à l'improviste et embrassa son hôtesse.

Mon cœur battait quand je la regardais. Elle avait plus de vraie beauté, tant dans ses lignes que dans son expression, et plus de dignité que toutes celles que j'avais jamais vues ; et je ne pourrai jamais oublier cette première rencontre.

C'était l'époque des grandes beautés. Londres adorait la beauté comme les Grecs. Des photographies de la princesse de Galles, de Mme Langtry, de Mme Cornwallis West, de Mme Wheeler et de Lady Dudley [Note : Georgiana, comtesse de Dudley.] rassemblaient les foules devant les vitrines des magasins. J'ai vu des dames grandes et conventionnelles comme la vieille Lady Cadogan et d'autres debout sur des chaises de fer dans le parc pour voir passer Mme Langtry ; et partout où Georgiana Lady Dudley conduisait, il y avait des foules autour de sa voiture quand elle s'arrêtait, pour voir cette vision de la beauté, tenant un grand parapluie hollandais au-dessus de la tête de son mari sans vie.

Des groupes de beautés comme les Moncrieffe , les Graham, les Conyngham , les de Moleyns , Lady Mary Mills, Lady Randolph Churchill, Mme Arthur Sassoon, Lady Dalhousie, Lady March, Lady Londonderry et Lady de Grey étaient présents dans les salons des années quatre-vingt. . Il n'y a rien de tel à

Londres aujourd'hui et je doute qu'il y ait quelqu'un maintenant avec assez de beauté ou de tempérament pour provoquer une bagarre à Rotten Row entre gentlemen de la haute société : un incident de ma jeunesse dont j'ai eu le privilège d'être témoin. et qui fit une profonde sensation.

La reine Alexandra avait un visage plus parfait que tous ceux que j'ai mentionnés ; on le voit encore aujourd'hui, car l'ovale est toujours là, les sourcils sans froncement, le port et surtout la grâce du mouvement et du geste qui ont fait d'elle l'idole de son peuple.

La société londonienne n'est ni meilleure ni pire qu'elle ne l'était dans les années 80 ; il y a moins de talent, moins d'ambition intellectuelle et beaucoup moins de religion ; mais où est passée toute la beauté, je ne peux pas penser !

Lorsque la princesse de Galles est entrée dans le boudoir de la duchesse de Manchester cet après-midi-là, je me suis levé pour partir, mais la duchesse me lui a présenté et ils m'ont demandé de rester et de prendre le thé, ce que j'ai été ravi de faire. Je m'assis à la regarder, ma tasse de thé à la main, ravi d'admiration.

L'absence totale d'égoïsme de la reine Alexandra et la chaleur de ses manières, motivées non par la considération mais par la sincérité, sa gaieté de cœur et son raffinement, rarement vus chez les gens royaux, m'ont inspiré un amour pour elle ce jour-là dont je suis jamais parti.

J'avais été présenté au prince de Galles, avant de rencontrer la princesse, par lady Dalhousie, dans l'enclos d'Ascot. Il m'a demandé si je soutiendrais mon envie des Wokingham Stakes et si je pariais un peu avec lui sur la course. Nous avons marché jusqu'aux rails et avons regardé les chevaux galoper. L'un d'eux est tombé en grande forme ; Je l'ai vérifié par ses couleurs et j'ai découvert qu'il s'appelait Wokingham. J'ai dit au prince qu'il était un vainqueur assuré ; mais parmi tant d'entrées, personne n'a été plus surpris que moi lorsque mon cheval est entré en trombe. On m'a donné un étui à cigarettes en or et je suis rentré chez moi très content.

Le roi Édouard avait beaucoup de charme, de personnalité et un énorme prestige ; il était plus susceptible que le roi George et plus friand de plaisir. Lui et la reine Alexandra, avant de réussir, étaient les dirigeants de la société londonienne ; ils dictaient pratiquement ce que les gens pouvaient et ne pouvaient pas faire ; chaque femme portait une robe nouvelle lorsqu'elle dînait à Marlborough House ; et nous rivalisions pour essayer de lui plaire.

Les opinions diffèrent quant à la fonction précise de la royauté, mais personne ne doute qu'elle constitue un élément précieux et nécessaire de notre Constitution. Tout comme le lord-maire représente le commerce, le Premier ministre le gouvernement et les Communes le peuple, le roi représente la société. Voltaire a déclaré que nous, les Britanniques, avions fait preuve d'un véritable génie en empêchant nos rois, par la loi, de faire autre chose que le bien. Cela semble bien, mais nous savons tous que les lois n'empêchent pas les hommes de faire du mal.

Les deux rois que j'ai connus ont eu un haut degré de courage physique et moral et ont fait preuve d'un sens du devoir sans précédent dans les cours d'Europe ; c'est cela qui leur a donné leur stabilité ; et ajouté à cela leur simplicité de nature leur a valu notre amour durable.

Ils ont eu une chance exceptionnelle en matière de secrétaires privés : Lord Knollys et Lord Stamfordham sont des hommes à l'esprit libéral, dotés du plus grand honneur et de la plus grande discrétion ; et je suis fier de les appeler mes amis.

Avant de connaître le prince et la princesse de Galles, je n'allais pas aux bals à la mode, mais après Ascot, on m'a demandé partout. J'en étais tout à fait inconscient à l'époque, mais on m'a dit par la suite que les gens commençaient à me critiquer ; un ou deux incidents auraient pu m'éclairer si j'avais été plus conscient de moi-même.

Un soir, alors que je dînais en tête-à-tête avec mon ami bien-aimé, Godfrey Webb, dans son appartement de Victoria Street, mon père m'a envoyé le coupé avec un message pour me demander si je l'accompagnerais au souper chez Lord and Lady. Randolph Churchill's, où nous avions été invités à rencontrer le prince de Galles. J'ai dit que je serais ravie si je pouvais garder la robe que je portais, mais comme il était tard et que je devais me lever tôt le lendemain, je ne voulais pas changer de vêtements ; il a dit qu'il pensait que ma robe serait assez élégante, alors nous sommes allés ensemble en voiture jusqu'à la maison des Randolph Churchill.

J'avais souvent voulu connaître Lord Randolph, mais ce n'était que quelques jours avant le souper que j'avais eu la chance de m'asseoir à côté de lui au dîner. Lorsqu'il s'aperçut qu'il avait été placé à côté d'un « raté », il posa fermement son coude gauche sur la table et me tourna le dos pendant plusieurs services. Je ne pouvais qu'admirer la façon dont il semblait tout manger d'une seule main. Je ne sais pas si c'est la dame à sa droite ou ce qui l'a poussé à le faire, mais il s'est finalement retourné et m'a demandé si je connaissais des hommes politiques. Je lui ai dit qu'à l'exception de lui, je les connaissais tous intimement. Cela le surprit, et après avoir parlé de Lord Rosebery, à qui il était dévoué, il dit :

« Connaissez-vous Lord Salisbury ?

Je lui ai dit que j'avais oublié son nom dans ma liste, mais que j'aimerais avant tout le rencontrer ; à quoi il remarqua que j'étais le bienvenu dans toute sa part de lui, ajoutant :

"Pourquoi veux-tu le connaître ?"

MARGOT : "Parce que je trouve qu'il est incroyablement amusant et qu'il est un très bon écrivain."

LORD RANDOLPH (marmonnant quelque chose que je n'ai pas pu comprendre à propos de Salisbury mort à ses pieds) : "Je souhaite à Dieu de ne l'avoir JAMAIS connu !"

MARGOT : "Je crains que vous n'ayez démissionné plus par colère que par conviction, Lord Randolph." A cela, il se retourna complètement et, me regardant, dit :

"Confondre votre culot ! Que savez-vous de moi et de mes convictions ? Je déteste Salisbury ! Il a sauté sur ma démission comme un chien sur un os. Les conservateurs sont des bêtes ingrats et myopes. J'espère que vous êtes un libéral ?"

Je lui ai informé que j'étais et exactement ce que je pensais du parti conservateur ; et nous avons parlé pendant le reste du dîner. Vers la fin de notre conversation , il m'a demandé qui j'étais. Je lui ai dit qu'après ses manières avec moi en début de soirée, il valait peut-être mieux que nous restions étrangers. Cependant, après une petite dispute, nous nous sommes fait des amis et il m'a dit qu'il viendrait me voir à Grosvenor Square.

Le soir du souper, je portais une robe de mousseline blanche à manches de chemise transparentes, un fichu et une jupe longue avec une ceinture de taffetas bleu Nattier. J'avais sorti un bouquet d'œillets roses d'un verre et les avais épinglés dans mon fichu avec trois canards en diamant qui m'avaient été offerts par Lord Carmichael, notre charmant ami et voisin du Peeblesshire
.

À mon arrivée chez les Churchill, j'ai observé toutes les belles dames portant des robes de bal à épaules dénudées et leurs diadèmes. Cela m'a rendu très visible et j'aurais profondément souhaité avoir changé en quelque chose de plus intelligent avant de sortir.

Le prince de Galles n'était pas arrivé et, comme notre hôtesse donnait des ordres à la fanfare hongroise blanche, mon père et moi avons dû entrer seuls dans la pièce.

Je vis plusieurs dames regarder ma toilette, et ayant des oreilles douloureusement fines, j'entendis quelques-unes de leurs remarques :

"Regardez Miss Tennant ! Elle est en chemise de nuit !"

"Je suppose que c'est censé être 'ye olde Englishe photo !' Je m'étonne qu'elle n'ait pas laissé tomber ses cheveux comme les Juliettes aux bals d'Oakham !
»

Un autre, plus charitable, dit :

"Je suppose que personne ne lui a dit que le prince de Galles arrivait. … Pauvre enfant ! Quel dommage !"

Et finalement un homme dit :

"Il n'y a rien de plus étrange que la passion de certaines personnes pour leur propre publicité ; cela ne fait que montrer ce que signifie être intellectuel !"

A ce moment notre hôtesse s'est approchée de nous avec un accueil charmant .

La première fois que j'ai vu Lady Randolph, c'était aux courses de Punchestown, en 1887, où je me rendais avec mes nouveaux amis, Mme Bunbury, Hatfield Harter et Peter Flower. J'étais debout au pas lorsque j'observai à côté de moi une femme vêtue d'une jupe tartan Black Watch, d'un manteau tressé et d'une casquette de hussard en astrachan. Elle avait un front de panthère et de grands yeux sauvages qui vous traversaient ; elle était si saisissante que je la suivis partout jusqu'à ce que je trouve quelqu'un qui puisse me dire qui elle était.

Si Lady Randolph Churchill avait été comme son visage, elle aurait pu gouverner le monde.

Mon père et moi étions très soulagés de son salut ; et pendant que nous parlions, le prince de Galles arriva. Les dames se mirent en position, cessèrent de bavarder et firent des révérences souterraines. Il est venu directement vers moi et m'a dit que je devais m'asseoir de l'autre côté de lui pour le dîner. Je dis en baissant la tête avec une pudeur convenable et d'une voix forte :

"Oh non, Monsieur, je ne suis pas du tout habillé pour le rôle ! Je ferais mieux de m'éclipser, je n'avais aucune idée que cela allait être une fête aussi intelligente… Je suppose que certaines des dames ici pensent que je les ai insultées en venant." dans ma chemise de nuit!"

Je voyais tout le monde s'efforcer d'entendre quelle serait la réponse du prince , mais j'ai pris soin de nous mettre hors de portée de voix. À ce moment-là, Lord Hartington [Note : feu le duc de Devonshire.] est venu et m'a dit que je devais aller souper avec lui. Plus que jamais , j'aurais aimé changer de tenue vestimentaire, car maintenant tout le monde me regardait avec encore plus de curiosité que d'hostilité.

Le souper fut gai et j'eus des entretiens remarquables qui jetèrent les bases de mon amitié tant avec le roi Édouard qu'avec le duc de Devonshire. Le prince m'a raconté qu'il avait eu une jeunesse ennuyeuse, car la reine Victoria ne se remettait pas de la mort du prince consort et entretenait un deuil exagéré. Il a dit qu'il espérait que lorsque je rencontrerais sa mère, je n'aurais pas peur d'elle, ajoutant, avec un charmant sourire, qu'à l'exception de John Brown, tout le monde l'était. Je lui ai assuré avec une parfaite franchise que je n'avais peur de personne. Il fut très amusé lorsque je lui dis qu'avant son arrivée ce soir-là, certaines dames avaient murmuré que j'étais en chemise de nuit et j'espère qu'il ne pensait pas que je manquais de courtoisie parce que je n'avais pas mis de robe de bal. . Il m'a assuré qu'au contraire il admirait beaucoup ma robe et pensait que je ressemblais à un vieux tableau. Cette remarque m'a fait voir des visions inconfortables du ballon d'Oakham et il ne les a pas dissipé en ajoutant :

"Tu es si original ! Tu dois danser le cotillon avec moi."

Je lui ai dit que je ne pouvais pas rester, que cela ennuierait mon père, qui détestait veiller tard ; De plus , je n'étais pas habillé pour danser et je ne savais pas qu'il y aurait un bal. Le souper terminé, je fis ma plus belle révérence et, après avoir présenté mon père au prince , je rentrai me coucher.

Lord Hartington m'a dit au cours de notre conversation au souper que Lady Grosvenor [Note : La Comtesse de Grosvenor.] était de loin la sirène la plus dangereuse de Londres et qu'il ne répondrait pas d'un homme gardant sa tête ou son cœur quand avec elle, ce à quoi j'étais entièrement d'accord.

À la fin de la saison londonienne, nous sommes tous allés à Glen.

Ici, je dois revenir sur mes pas.

Au cours de l'hiver 1880 , je suis allé chez ma sœur, Lucy Graham Smith, dans le Wiltshire.

Je partais à la chasse pour la première fois, n'ayant jamais vu de ma vie un renard, un chien ou une clôture ; mon cœur battait lorsque mes sœurs qui surveillaient ma toilette mettaient la dernière épingle à cheveux dans un nœud de cheveux crépus ; J'ai enfilé mes bottes et, courant vers la porte d'entrée, j'ai trouvé Ribblesdale, qui me montait, attendant de me conduire à la compétition. Les chiens se sont rencontrés à la gare de Christian Malford .

Ne sachant pas que chez les chiens du duc de Beaufort, tout le monde portait du bleu et du chamois, j'étais déçu de l'aspect du terrain. Personne n'a jamais suggéré qu'une touche de bleu marine améliore un paysage ; et, même si je n'étais jamais allé chasser auparavant, j'avais hâte de voir des manteaux écarlates.

Nous nous éloignâmes, nous bousculant comme des sardines, pour attirer la couverture la plus proche. Ma monture paonait dans l'herbe quand soudain nous avons entendu un « Halloa ! et tout le peloton s'est mis à marteler comme John Gilpin sur la grande route difficile.

Plongeant à travers une brèche, je me précipitai en rase campagne. Storm s'est jeté vers les étoiles par-dessus la première clôture et je me suis retrouvé assis sur le sol le plus humide, en colère mais indemne ; tous les retardataires, et plus particulièrement les funkers , agréablement détournés de la poursuite de la chasse, partirent au galop pour attraper mon cheval. J'ai marché jusqu'à un chalet; et près d'une heure après, Storm me fut rendu.

Après ces contretemps, ma monture était plus docile et j'ai décidé que rien ne devait plus me déstabiliser. Ne pas être blessé par une chute procure une sensation d'ivresse et je me sentais prêt à affronter un bras de mer.

Les champs dispersés se déplaçaient sans but, certains cherchant leur deuxième cheval, certains mangeant un sandwich tôt, certains en groupes riant et fumant et personne ne savait rien des chiens ; J'étais un peu à l'écart des autres et je me demandais, comme tous les amateurs, pourquoi nous perdions autant de temps, lorsqu'un beau vieux monsieur sur un énorme cheval s'approcha de moi et me dit avec un doux sourire :

« Est-ce que vous sifflez toujours la chasse ?

MARGOT : "Je ne savais pas que je sifflais… Je n'ai jamais chassé auparavant."

ÉTRANGER : "Est-ce vraiment la première fois que vous sortez avec des chiens ?"

MARGOT : "Oui, ça l'est."

ÉTRANGER : "Comme vous roulez à merveille ! Mais je suis désolé de voir que vous avez pris un coup."

MARGOT : "Je suis tombée au premier obstacle, car même si j'ai couru toute ma vie, je n'ai jamais sauté auparavant."

ÉTRANGER : "Aviez-vous peur lorsque vous êtes tombé ?"

MARGOT : "Non, mon cheval était..."

ÉTRANGER : « Voudriez-vous porter le bleu et le chamois ? »

MARGOT : "C'est joli pour les femmes, mais je ne trouve pas ça sportif pour les hommes, même si je te vois le porter ; mais de toute façon je n'ai pas pu me procurer l'habit bleu."

ÉTRANGER : "Pourquoi pas ?"

MARGOT : "Parce que le vieux duc de Beaufort n'en donne qu'aux femmes qui possèdent des couvertures ; on me dit qu'il déteste les gens qui y vont fort et après aujourd'hui j'ai l'intention de chevaucher comme le diable."

ÉTRANGER : « Oh, et vous ? Mais le « vieux duc », comme vous l'appelez, est-il si sévère ?

MARGOT : "Je n'en ai aucune idée ; je ne l'ai jamais vu ni aucun autre duc !"

ÉTRANGER : "Si je te disais que je pourrais t'offrir l'habit bleu, que dirais-tu ?"

MARGOT (avec un sourire condescendant) : "J'ai peur de dire que tu courais des lièvres !"

L'ÉTRANGER : "Il faudrait que tu portes un haut-de-forme, tu sais, et ça ne te plairait pas ! Mais, si tu veux rouler comme le diable, ça pourrait te sauver la nuque ; et en tout cas ça garderait tes cheveux rangé."

MARGOT (repoussant anxieusement ses boucles éparses) : "Eh bien, mes cheveux sont-ils très en désordre ? C'est la première fois qu'ils sont relevés ; et, quand j'ai été "jetée de mon cheval", comme disent les journaux, tous les les épingles à cheveux se sont détachées.

ÉTRANGER : "Ça n'a pas d'importance avec vos cheveux ; ils sont si jolis que je pense que je vais vous appeler Miss Fluffy ! Au revoir, quel est votre nom ?"

Quand je lui ai dit, il a été très surpris :

"Oh, alors tu es la belle-sœur de l'Ancêtre, n'est-ce pas ?"

C'était la première fois que j'entendais Ribblesdale appelé « l' Ancêtre » ; et comme je ne savais pas ce qu'il voulait dire, je dis :

"Et qui êtes-vous?"

Ce à quoi il a répondu :

"Je suis le duc de Beaufort et je ne cours pas de lièvres cette fois. Je vais vous donner l'habit bleu, mais vous savez que vous devrez porter un haut-de-forme."

MARGOT : "Mon Dieu ! J'espère que je n'ai rien dit qui puisse t'offenser ? Fais-tu toujours ce genre de choses lorsque tu rencontres quelqu'un comme moi pour la première fois ?"

DUC DE BEAUFORT (avec un sourire, levant son chapeau) : "De même que c'est la première fois que vous chassez, c'est aussi la première fois que je rencontre quelqu'un comme vous."

Le troisième jour avec la meute de Beaufort, mon cheval tomba lourdement dans un fossé avec moi et, se relevant, partit au galop. J'ai été récupéré par un bel homme qui m'a emmené chez lui, m'a donné du thé et m'a reconduit dans son coupé à Easton Grey ; Je suis tombée passionnément amoureuse de lui. Il possédait un cheval appelé Lardy Dardy , sur lequel il me montait.

Charty et les autres m'ont beaucoup plaisanté à propos de mon nouvel ami, disant que mon père n'approuverait jamais un conservateur et que c'était une chance qu'il soit marié.

Je répondis, très agacé, que je ne voulais épouser personne et que, bien qu'il fût conservateur, il n'était pas du tout stupide et entrerait probablement au Cabinet.

Ce fut ma première prophétie politique astucieuse, car il fait maintenant partie du Cabinet.

Je ne peux pas le regarder sans me rappeler qu'il a été le premier homme dont j'ai jamais été amoureux et que, à l'âge de dix-sept ans, j'ai dit qu'il serait membre du Cabinet malgré son statut de conservateur.

Pour un pur bonheur sans mélange, ces jours à Easton Gray ont été sans aucun doute les plus parfaits de ma vie. La douceur de Lucy pour moi, la beauté des lieux, l'excitation folle de franchir les barrières et la parfaite certitude que j'avais de rouler mieux que personne au monde me donnaient une confiance insolente qu'aucun tremblement de terre n'aurait pu ébranler.

De temps en temps, j'éprouvais des scrupules face à mon manque d'éducation ; et quand je tombais dans un sommeil heureux, rêvant que je dominais des chiens, des échos de « Priez, maman » de Mme Markham, ou les premières punitions de poèmes inachevés jouaient dans mon lit.

Un jour, à Easton Grey, incapable de dormir par amour de la vie, je me suis penché par la fenêtre dans le noir pour voir s'il commençait à dégeler. C'était une belle nuit, chaude et humide, et j'ai complètement oublié mon éducation.

Le lendemain, n'ayant pas de monture, j'avais acheté un mercenaire chez un fermier voisin , mais à mon grand malheur le cheval ne se présenta pas au rendez-vous ; M. Golightly, le charmant curé de la paroisse, m'a dit que je pouvais me déplacer dans sa calèche basse et noire, appelée à l'époque un doryphore, mais que chasser sur roues n'était pas un rôle pour moi et que je n'avais pas envie de poursuivre le terrain.

Mon cœur se serra lorsque je vis la compagnie me dépasser gaiement sur la route, précédée par les chiens, trottant d'un pas saccadé et le nez en l'air.

Juste au moment où je me retournais pour rentrer chez moi, un palefrenier est passé en mufti, conduisant un cheval libre avec une selle de dame dessus. L'animal fit une embardée maladroite ; et l'homme, le secouant violemment par la tête, le heurta contre mon phaéton. J'ai vu ma chance.

MARGOT : "Bonjour, mec !... C'est mon cheval ! De qui es-tu le palefrenier ?"

L'HOMME (plutôt effrayé d'être surpris en train de branler le cheval de sa dame dans la gueule) : "Je suis le palefrenier de Mme Chaplin, mademoiselle."

MARGOT : "Saute ; tu es exactement l'homme que je cherchais ; dis-moi, est-ce que Mme Chaplin monte ce cheval pour tout ?"

L'HOMME (sans méfiance et décongelé par ma douceur et mon autorité) : "Béni soit votre âme ! Mme Chaplin ne s'occupe pas de ce cheval ! C'est celui du major ! Elle l'a seulement accusé de réception."

MARGOT (avec appréhension et le cœur serré) : "Mais il sait sauter ? ... On ne le chasse pas ?"

L'HOMME (baissant ma jupe d'habit) : "C'est un ors qui peut presque sauter n'importe quoi , devrais-je dire, mais le major dit qu'il secoue toutes les dents de ses gencives et elle dit que c'est une tête de cochon ."

Il ne m'a pas fallu longtemps pour monter et en un instant j'avais laissé l'homme à des kilomètres derrière moi. Préparé au pire, mais avec une grande joie, j'ai commencé à regarder autour de moi : aucun signe de chasse ! Seuls d'étranges restes de la rencontre, des piétons épars, des terriers tendus sur une sangle tenue par des coureurs ivres - certains en vieux manteaux Beaufort, d'autres en velours côtelé - des shays à un cheval de toutes sortes sur les bords de la route et des filles négligées avec un bâton. et des tammies debout dans les interstices des clôtures, tendant les yeux à travers les champs pour voir les chiens.

Mon cheval, les rênes lâches, trottait sans but sur la route quand, entendant un « Halloa ! Je me suis arrêté et j'ai vu les chiens affluer vers moi tous ensemble, si près qu'on aurait pu les couvrir d'un mouchoir.

Quel parfum ! Quelle meute ! Ai-je dirigé le renard ? Vont-ils traverser la route ? Non! Ils se détournent de moi ! C'est le moment !!

J'ai fait le tour du cheval Chaplin avec une grande résolution et j'ai trotté jusqu'à un mur au bord de la route ; il sauta dessus comme un cerf ; nous avons survolé l'herbe et la clôture suivante ; et, après une petite bousculade, je me suis retrouvé dans le même champ avec des chiens. Le cheval était aussi rude que le garçon le disait, mais c'était un merveilleux chasseur ; il ne pouvait pas se tromper ; nous avons fait un grand galop par-dessus les murs, que seuls quelques hommes du champ ont vu.

Lorsque les chiens ont vérifié, j'étais désespéré ; toutes sortes de dames et d'hommes se dirigeaient vers moi et je me demandais douloureusement lequel d'entre eux serait M. et quelle Mme Chaplin. Que devais-je faire ? Me rappelant soudain mon nouvel ami et patron, je cherchai le duc ; Quand je le trouvai et lui racontai les circonstances embarrassantes dans lesquelles je m'étais placé, il fut tellement amusé qu'il fit la paix avec les Chaplin , qui me prièrent de continuer à monter leur cheval. Ils n'étaient pas moins sensibles aux ducs que les autres et d'ailleurs personne n'était à l'abri du vieux duc de Beaufort. À la fin de la journée , on me donna la brosse — mode désormais complètement abandonnée dans le domaine de la chasse — et je rentrai chez moi heureux et fatigué.

CHAPITRE IV

MARGOT DANS UNE ÉCOLE DE FILLES—QUI A VERSÉ L' ENCRE ?—LE FLIRT ERREUR DU CONDUCTEUR DE MOTEUR—MARGOT QUITTE L'ÉCOLE AVEC DÉGOUT—DÉCIDE D'ALLER EN ALLEMAGNE POUR ÉTUDIER

Même si je n'ai pas beaucoup réfléchi à mon éducation, d'autres l'ont fait pour moi.

J'avais été bien ancrée par une série de gouvernantes de courte durée dans les Druides et pastel, dans Alfred et les gâteaux, Romulus et Remus et Bruce et l'araignée. Je parlais bien français et un peu allemand ; et je connaissais beaucoup de littérature de toutes sortes, depuis Tristram Shandy et The Antiquary jusqu'à Under Two Flags et The Grammarian's Funeral ; mais les gouvernantes avaient échoué et, lorsque Lucy s'est mariée, ma mère a décidé que Laura et moi devrions aller à l'école.

Mademoiselle de Mennecy — une Française de mauvaise humeur et d'esprit vif — avait ouvert un séminaire hyper raffiné à Gloucester Crescent, où elle entreprenait d'« achever » douze jeunes filles. Mon père avait horreur des écoles de filles (et s'il pouvait « s'en sortir » – pour reprendre l'expression orthodoxe des effrayants – il trouverait toutes ses opinions sur ce sujet plus que justifiées par les manières, la morale et l'érudition des jeunes.) mesdames d'aujourd'hui), mais comme il ne s'agissait que de quelques mois, il renonça à son objection.

Le numéro 7 de Gloucester Crescent surplombait le Great Western Railway ; les meuglements des vaches, les bêlements des moutons, les sifflements soudains et autres bruits étranges m'empêchaient de dormir, et mon lit se balançait et tremblait tandis que les trains vigoureux passaient à intervalles incertains tout au long de la nuit. Ceci, combiné à la nourriture collante, était plus que ce que Laura pouvait supporter et elle n'a eu aucune difficulté à convaincre mon papa que si elle restait plus d'une semaine, sa santé en souffrirait certainement. J'ai été très bouleversé lorsqu'elle m'a quitté, mais légèrement consolé en recevant la permission de monter dans le Row trois fois par semaine ; Mlle. de Mennecy pensait que mon beau hack donnait du prestige à sa porte d'entrée et ne soulevait aucune objection.

Être assise seule dans la salle de classe en crin, avec une Bible française en cuir verni à la main, entourée de onze jeunes filles, m'a fait serrer le cœur. « Et le roi David deplut à l' Eternel », entendis-je avec un large accent écossais ; et pour la première fois j'ai regardé attentivement mes compagnons d'écurie.

Mlle. de Mennecy ne permettait à personne de discuter avec elle ; et notre premier petit contact a eu lieu après qu'elle m'ait informé de ce fait.

" Mais dans ce cas, mademoiselle, dis-je, comment pouvons-nous apprendre quelque chose ? Je ne sais pas ce que les autres savent, mais je ne sais rien que ce que j'ai lu ; donc, à moins que je ne pose des questions , comment vais-je apprendre ? »

MLLE. DE MENNECY : "Je ne vous ai jamais défendu de me questionner ; vous n'écoutez pas, mademoiselle. I have dit qu'il ne fallait pas discuter avec moi ."

MARGOT (vivement) : "Mais, mademoiselle, la discussion est le seul moyen de rendre les leçons intéressantes."

MLLE. DE MENNECY (avec violence) : " Voulez-vous vous aire ?"

Parler ainsi à une fille de près de dix-sept ans était si inintelligent que j'ai décidé de ne perdre ni temps ni affection avec elle.

Aucune des filles n'était particulièrement intelligente, mais nous nous aimions toutes et pour la première fois − et je peux dire sans risquer la dernière − j'étais considérée comme une sorte d'héroïne. Cela s'est passé ainsi : Mlle. de Mennecy ne s'est jamais trompé. Pour citer l'admirable parole de Miss Fowler à propos de son père : "Elle nous a toujours laissé faire ce qu'elle voulait." Si la bouteille d'encre était renversée ou si le dos d'un livre éclatait, elle n'attendait pas pour savoir qui avait fait cela, mais dans un torrent de mots s'écrasait sur la première fille qu'elle soupçonnait, son visage devenant d'un mauve idiot et son buste débordant de passion. Cela m'a tellement indigné qu'un jour où l'encre s'est répandue et que Mlle. De Mennecy, comme d'habitude, grondait la mauvaise fille, j'ai décidé de ne plus le supporter. Rencontrant au passage la victime du caractère colérique de Mademoiselle, je lui dis :

"Mais pourquoi tu n'as pas dit que tu ne l'avais pas fait, connard !"

LA FILLE (reprenant ses sanglots) : "A quoi bon ! Elle n'écoute jamais ; et j'aurais seulement eu à lui dire qui a vraiment fait couler l'encre."

Cela m'a semblé un peu gênant, alors je lui ai dit :

" Cela n'aurait jamais été possible ! Très bien, alors, je vais aller arranger les choses pour vous, mais dites aux filles qu'elles doivent me soutenir. C'est une femme insensée et je ne comprends pas pourquoi vous avez tous si peur d'elle. " ".

FILLE : "Tout va très bien pour vous ! Madmozell est un snob hurlant, vous auriez dû l'entendre parler de vous avant de venir ! Elle a dit que votre père deviendrait très probablement pair et que votre sœur Laura épouserait Sir

Charles Dilke ." (L'idée de cet homme surfait épousant Laura était presque plus que je ne pouvais supporter, mais la curiosité m'a gardé silencieux et elle a continué.) "Vous voyez, elle est bien plus gentille avec vous qu'avec nous, parce qu'elle a peur que vous la quittiez. ".

N'y ayant pas pensé auparavant, j'ai dit :

"Est-ce vraiment vrai ? Quelle femme horrible ! Eh bien, je ferais mieux d'y aller et de mettre les choses au clair ; mais me soutiendrez-vous tous ? Maintenant, ne vous inquiétez pas et ne vous rendez pas malheureux."

FILLE : "Ça ne me dérange pas vraiment ce que vous appelez ses réprimandes de flux de bouche, mais, quand elle s'est précipitée hors de la pièce, elle a dit que je ne devais pas rentrer à la maison ce samedi."

MARGOT : "Oh, tout ira bien. Partez." (Sortie, la fille, en s'essuyant les yeux.)

Il ne m'était jamais venu à l'esprit que Mlle. de Mennecy était snob : ce savoir était une grande arme entre mes mains et je décidai de mon plan d'action. J'ai fouillé dans ma chambre jusqu'à ce que je trouve une de mes salopettes en lin, fortement tachée de teintures pour chariots. Après l'avoir mis, j'allai frapper chez Mlle. La porte de Mennecy et l'ouvrant dit :

" Mademoiselle, j'ai peur que vous soyez très en colère, mais c'est moi qui ai renversé l'encre et brisé le dos de votre dictionnaire. J'aurais dû vous le dire tout de suite, je sais, mais je n'ai jamais pensé qu'une fille serait une image telle qu'elle vous laisse la gronder sans vous dire qu'elle ne l'a pas fait. Voyant un air soupçonneux sur son visage sans soleil, j'ajoutai nonchalamment : "Bien sûr, si vous pensez que ma conduite donne le mauvais exemple à votre école, je peux facilement y aller !"

J'ai observé ses paupières scintiller et j'ai dit :

"Je pense qu'avant de gronder Sarah, tu as peut-être entendu ce qu'elle avait à dire."

MLLE. DE MENNECY : "Ce que vous dis moi choque profondément ; il m'est difficile de croire que vous j'ai fait une pareille lachette , mademoiselle!"

MARGOT (protestant avec indignation) : " A peine lachete , Mademoiselle ! J'ai su il y a quelques instants seulement que vous aviez été si étonnamment injuste. Dès que je l'ai entendu, je suis venu vers vous ; mais comme je l'ai déjà dit, je suis tout à fait prêt à partir. ".

MLLE. DE MENNECY (tâtonnant pour changer de face) : "Sarah s'est conduite si héroïquement que pour le moment je n'insiste plus. Je vous félicite , mademoiselle, sur votre franchise ; vous je peux rejoindre vos camarades ."

Le Seigneur l'avait livrée entre mes mains.

Un après-midi, alors que notre institutrice était allée entendre la princesse Christian ouvrir un bazar, je fumais une cigarette sur le balcon de la classe qui donnait sur la voie ferrée.

C'était une belle soirée et une vague de dépression m'a envahi. Notre plus jolie élève, Ethel Brydson , m'a dit :

"Le temps est écoulé ! Nous ferions mieux d'entrer et de faire nos préparatifs. Ce serait le diable à payer si vous étiez pris avec cette cigarette."

Je me suis penché par-dessus le balcon, soufflant de la fumée dans l'air dans une vaine tentative de faire des anneaux, mais, sans succès, j'ai embrassé ma main vers le ciel et, avec un geste d'adieu, j'ai maudit l'école et exprimé un vif désir de rentrer chez moi et de quitter Gloucester Crescent pour toujours. .

ETHEL (tirant ma robe) : " Bon Dieu, Margot ! Arrête de te baiser la main ! Tu ne vois pas cet homme ? "

J'ai baissé les yeux et, à mon grand amusement, j'ai vu un conducteur de machine penché sur le côté de son offre, me baisant la main. Je me suis penché sur le balcon et lui ai rendu mes baisers, après quoi je suis retourné à la salle de classe.

Notre piano a été placé dans la fenêtre et, le lendemain matin, pendant qu'Ethel arrangeait sa musique préparatoire à la répétition , il est apparu que mon ami le conducteur de machine avait commencé à lui baiser la main. Il était huit heures et Mlle. Mme de Mennecy épinglait ses torsades à la fenêtre.

J'avais fini ma toilette et j'étais assis dans la salle de lecture, apprenant le passage choisi par notre maître d'élocution pour le concours final de récitation.

Mes doigts étaient dans mes oreilles et je murmurais sur un ton dramatique :

"Amis, Romains, compatriotes, prêtez-moi vos oreilles, je viens pour enterrer César, pas pour le louer. ..."

Les filles entraient et sortaient, mais je ne les remarquais pas ; et quand la cloche du petit-déjeuner a sonné, j'ai poussé le livre dans mon bureau et j'ai couru en bas pour prendre le petit-déjeuner. J'ai remarqué que la place d'Ethel était vide ; aucune des filles ne me regardait, mais mâchait son pain et sirotait son thé tiède pendant que Mademoiselle faisait quelques remarques générales glaciales et, après avoir dit une grâce française, quittait la pièce.

« Eh bien, dis-je, quel est le problème ? »

Silence.

MARGOT (regardant face à face) : "Ah ! Le mot d'ordre c'est que tu ne me parles pas. C'est ça l'idée ?"

Silence.

MARGOT (avec véhémence, avec amertume) : "C'est exactement ce que je pensais qu'il se passerait dans une école de filles : que je me retrouve boycottée et trahie."

PREMIÈRE FILLE (éclatant) : "Oh, Margot, ce n'est pas du tout ça ! C'est parce qu'Ethel ne te trahira pas que nous sommes tous punis aujourd'hui !"

MARGOT : " Quoi ! Une punition collective ? Et moi seule à m'en tirer ? Comme c'est inestimable ! Eh bien, je dois dire que c'est le premier acte de justice de Mlle de Mennecy . J'ai été si souvent punie pour vous tous que je " Je suis sûr que ça ne te dérangera pas de me supporter cette petite sortie ! Où est Ethel ? Pourquoi ne réponds-tu pas ? (Très lentement) Oh, d'accord ! J'en ai fini avec toi ! Et je partirai aujourd'hui même, alors aide-moi. moi mon Dieu!"

En apprenant que Mlle. de Mennecy avait congédié Ethel sur-le-champ parce que le mécanicien lui avait baisé la main, j'allai aussitôt lui raconter toute l'histoire ; tout ce qu'elle a répondu, c'est que j'étais un tel menteur qu'elle ne croyait pas un mot de ce que je disais.

Je lui ai assuré que j'étais douloureusement véridique par nature, mais ses punitions circulaires et insensées avaient tellement effrayé les filles que mentir était devenu la coutume du lieu et je me sentais par honneur obligé de prendre mon tour dans les mensonges et les punitions. Après quoi j'ai quitté la pièce et l'école.

À mon arrivée à Grosvenor Square , j'ai dit à mes parents que je devais rentrer chez moi à Glen, car je me sentais étouffé par la mesquinerie et le caractère conventionnel de mon expérience tardive. L'enseignement modéré et l'atmosphère générale de Gloucester Crescent m'avaient déprimé, et Londres semble sans air quand on est à bout de souffle : de toute façon, elle ne peut jamais être tout à fait un foyer pour quelqu'un qui est né en Écosse.

Le seul endroit que je considère comme ma maison et qui ne m'appartient pas est Archerfield [Note : Archerfield appartenait à Mme Hamilton Ogilvie, de Beale.] — une maison près de North Berwick, dans laquelle nous avons vécu sept ans. Après Glen et mon cottage dans le Berkshire, Archerfield est l'endroit que j'aime le plus au monde. J'y étais à la fois plus heureux et plus malheureux que je ne l'ai jamais été dans ma vie. Tout comme William James a écrit sur les diverses expériences religieuses, je pourrais écrire sur les variétés de mes expériences morales et domestiques dans cet endroit merveilleux. Si jamais je devais à nouveau être aussi malheureux que là-bas, je m'enfuirais à l'abri de ces bois de Rackham, chercherais l'isolement sur ces côtes courbes où les mouettes crient et plongent et serais finalement guéri par la beauté des mers ancrées qui portent leurs îles comme l'Enfant Jésus sur leurs seins.

Malheureusement pour moi, mon père avait des affaires qui le retenaient à Londres. Il était en traité avec Lord Gérard pour acheter sa maison sans intérêt sur une place sans intérêt. La seule chose qui m'a plu à Grosvenor Square était le portail en fer. Lorsque je ne trouvais pas la clé de la place et que je voulais m'asseoir avec mes admirateurs, après avoir quitté un bal tôt, j'avais l'habitude de franchir ces portes dans ma robe de tulle. C'était un exploit qui comportait plus d'un risque : si vous ne faisiez pas un bond proéminent hors de l'espace étroit depuis le haut du portail, vous seriez très probablement rattrapé par la fontaine de tulle de votre robe, auquel cas vous pourriez facilement perdre la vie ; ou, si vous ne surveilliez pas l'heure, vous seriez très probablement surpris par une des premières femmes de ménage, auquel cas vous pourriez facilement perdre votre réputation. Personne n'est bon juge de sa propre réputation, mais j'aime penser que ces grilles de fer étaient les témoins silencieux de mes manières plus douces.

Mon père, cependant, aimait Grosvenor Square et, désireux que Laura et moi sortions ensemble, acheta la maison en 1881.

Aucun enfant prodigue n'a jamais été accueilli plus chaleureusement que moi lorsque j'ai quitté la région du Great Western Railway ; mais le problème de savoir comment terminer mes études restait et j'étais déterminé à ne pas faire mes débuts avant l'âge de dix-huit ans. Entre lire, chasser et tomber amoureux à Easton Grey, je n'étais pas du tout heureux et je voulais être seul.

Je ne connaissais aucune fille et je n'avais d'amies que mes sœurs et je n'avais pas envie de leur parler de mes affaires ; Je n'ai jamais pu, à aucun moment, me consacrer entièrement à des discussions qui dégénèrent en ragots. Je n'avais pas pris la dangereuse habitude d'écrire de bonnes lettres sur moi-même, en dramatisant le rôle principal. J'hésitais alors, comme aujourd'hui, à exposer les secrets et les sensations de la vie. La réticence doit protéger l'âme et seuls ceux qui ont de la compassion doivent être admis au sanctuaire. Lorsque je regarde parmi mes morts ou que j'examine mes amis vivants, je ne vois presque personne possédant cette qualité. Pour le moment, ma cousine Nan Tennant, Mme Arthur Sassoon, Mme James Rothschild, Antoine Bibesco , ainsi que mon fils et mon mari sont les seules personnes auxquelles je pense qui le possèdent.

John Morley a gravé en lettres de pierre sur sa cheminée les belles paroles de Bacon : « Plus une âme est noble, plus elle a d'objets de compassion.

Quand je les ai lus pour la première fois, je me suis demandé où je pourrais rencontrer ces âmes et je me demande depuis. Pour avoir de la compassion, il faut du courage, il faut lutter pour les objets de sa pitié et il faut ressentir et exprimer de la tendresse envers tous les hommes. Vous ne rencontrerez pas d'émotion désintéressée, même si vous la recherchez toute votre vie, et vous trouverez rarement assez de pitié pour le pathos de la vie.

Mon mari est un homme aux émotions désintéressées. Un matin, alors que lui et moi étions à Paris, où nous étions allés en vacances, je le trouvai assis, la tête dans les mains et le journal sur les genoux. Je vis qu'il était profondément ému et, plein d'appréhension, je l'entourai de mes bras et lui demandai s'il avait eu de mauvaises nouvelles. Il m'a montré un paragraphe dans le journal et j'ai lu que certains des garçons d'Eton avaient dû briser les barreaux de leurs fenêtres pour échapper au feu et que d'autres avaient été brûlés vifs. Nous ne connaissions ni garçon ni parent d'aucun garçon à Eton à cette époque, mais les yeux d'Henry étaient pleins de larmes et il ne pouvait pas parler.

J'ai vécu la même expérience avec lui lors de l'épave du Titanic. Quand nous avons entendu parler de ce navire luxueux et exigeant aux abois dans les champs de glace et du capitaine envoyant ses signaux sans réponse aux étoiles, nous n'avons pas pu rester assis pendant le dîner.

Je n'ai connu personne de ce genre de sympathie dans ma jeunesse, et mon père était trop occupé et ma mère trop détachée pour que je leur aie dit quoi que ce soit. Je voulais être seul et je voulais apprendre. Après d'interminables discussions, il fut décidé que j'irais en Allemagne pendant quatre ou cinq mois et réglerais ainsi le problème d'une éducation non commencée mais achevée.

En repensant à cette décision, je pense qu'elle était remarquable. J'avais une passion pour la danse et mon père voulait que j'aille aux bals ; J'avais un génie pour les chevaux et j'adorais la chasse ; J'avais un hack si merveilleux que tout le monde se rassemblait aux rails du parc quand ils me voyaient entrer dans le Row ; mais tout cela ne m'a pas détourné de mon but et je suis allé seul à Dresde avec une femme de chambre stupide à une époque où, sinon en Angleterre, du moins en Allemagne, j'aurais pu passer pour une beauté modérée.

CHAPITRE V

UNE MAISON D'HÔTEL À DRESDE – AVENTURE DE MINUIT AVEC UN OFFICIER APRÈS L'OPÉRA – UN ÂGÉ ADMITEUR AMÉRICAIN – DES ROSES JAUNES, GRAF VON – VON – ET DES MOTIFS DE WAGNER

Frau von Mach possédait un hôtel de couleur roux dans les hauteurs de la Luttichau-strasse . C'était une femme cultivée et raffinée; sa mère était anglaise et son mari, devenu fou pendant la guerre franco-prussienne, l'avait laissée sans le sou avec trois enfants. Elle devait travailler pour gagner sa vie et elle cuisinait et nettoyait sans penser à elle-même, du matin au soir.

Il y avait treize pianos à notre étage et deux ou trois locataires permanents. Le reste des gens allaient et venaient – hommes, femmes et garçons de toutes nationalités, professionnels et amateurs – mais j'étais trop occupé pour me soucier ou remarquer qui partait ou qui venait.

Bien que ma mère ait eu l'audace et la raison de me laisser partir célibataire à Dresde, je n'aurais pas pu le faire moi-même. Plus tard, comme tout le monde , j'ai envoyé ma belle-fille et ma fille faire leurs études en Allemagne pour une courte période, mais elles étaient accompagnées par une femme de valeur et de caractère, qui ne les a jamais quittées : ma gouvernante allemande, venue à moi quand Elizabeth avait quatre ans.

Entre parenthèses, je peux mentionner que, dans les premiers jours terribles de la guerre, notre presse réfléchie, désireuse de tirer profit de l'hystérie publique, a eu la brillante idée de transformer cette femme simple et dévouée en espionne. Il n'y avait pas un seul journaliste qui n'en riait sous ses yeux et n'en faisait ouvertement un coup d'éclat, mais cela avait son utilité politique ; et, après que tout le monde en Angleterre ait vu les Russes avec de la neige sur leurs bottes, les messieurs de la presse ont calculé que presque tout serait cru si cela pouvait être répété assez souvent. Et ils avaient raison : les méchants et les idiots répandaient de porte en porte des mensonges sur notre gouvernante avec le genre de venin qui appartient en proportion égale aux crédules, aux lâches et aux excentriques. Les novices y croyaient et les funkers , qui voyaient une abondance d'espions dans chaque buisson, n'eurent aucune difficulté à mobiliser leurs terreurs, de ma gouvernante – qui languissait déjà dans la Tour de Londres – à moi-même, qui devenais soudain champion de tennis et champion de tennis. habitué des camps d'officiers allemands !

La Dresde de mon époque était différente de la Dresde de vingt ans plus tard. Je n'ai jamais vu un Anglais pendant tout mon séjour là-bas. Après m'être installé dans ma nouvelle chambre, j'ai rédigé moi-même un plan de Stunden sévère que j'ai épinglé au-dessus de ma tête à côté de mon réveil. Chaque matin, à 6 heures, je me réveillais et me précipitais dans la cuisine pour prendre un café avec l'esclave solitaire ; après cela, j'ai pratiqué le violon ou le piano jusqu'à 8 heures 30, heure à laquelle nous avons pris le petit-déjeuner à la pension ; et le reste de la journée était consacré à la littérature, au dessin et à d'autres cours. J'allais seul à des concerts ou à l'opéra tous les soirs.

Un jour, Mme von Mach est venue me voir très déshabillée par une lettre qu'elle avait reçue de ma mère la suppliant de n'héberger aucun homme pendant que j'étais à la pension, car certains de ses amis en Angleterre lui avaient dit que je pourrais m'enfuir avec un étranger. A cette heure je ne sais pas si ma mère était sérieuse ; mais je lui ai écrit et lui ai dit que la vie de Mme von Mach dépendait de ses locataires, qu'il n'y avait qu'un seul locataire permanent — un vieil Américain appelé Loring, qui ne me parlait jamais — et que je n'avais pas le temps de m'enfuir. Les efforts pour me faire rentrer chez moi furent nombreux et vains ; mais, bien que j'écrivais régulièrement à l'Angleterre, je n'ai jamais fait allusion à aucun d'entre eux, car ils me paraissaient puérils.

Je me suis lié d'amitié avec Mme von Mach et, pendant mes moments de détente, je m'asseyais sur la table de sa cuisine, fumant des cigarettes et mangeant des cerises noires ; nous avons discuté de Shakespeare, Wagner, Brahms, Middlemarch, Bach et Hegel, et le temps a passé très vite.

Un soir, je suis arrivé tôt à l'Opéra et je regardais autour de moi pendant que les violons s'accordaient. Je portais mes perles et une robe en crêpe de Chine écarlate et une cape en tissu noir avec une capuche que j'enfilais par-dessus ma tête quand je rentrais chez moi sous la pluie. J'étais en train de regarder franchement le public, lorsque j'aperçus juste en face de moi un officier en uniforme blanc. Comme les soldats saxons portaient du bleu pâle, je me demandais à quelle armée il pouvait appartenir.

C'était un beau jeune homme, avec des épaules faites sur mesure, une taille fine et un ceinturon argenté et noir. Lorsqu'il se tourna vers la scène, je le regardai à travers mes jumelles d'opéra. En y regardant de plus près, il était encore plus beau que je ne le pensais. Une dame le rejoignit dans la loge et il ôta son manteau, tandis qu'elle se levait, regardant les étals, remontant ses longs gants noirs. Elle portait une rangée d'énormes perles qui tombaient sous sa taille et une robe décolletée de jais noir . Peu de gens portaient des robes basses à l'opéra et j'ai vu la moitié du public la fixer avec leurs lunettes. Elle était évidemment célèbre. Ses cheveux étaient roux et épinglés de chaque côté de ses tempes par des peignes espagnols d'or et de perles ; elle surveillait les étals avec des yeux caverneux enchâssés dans un visage blanc comme neige ; et dans sa main elle tenait un bouquet d'orchidées lilas. C'était la plus belle femme que j'ai vue tout le temps que j'étais en Allemagne et je ne pouvais pas la quitter des yeux. L'officier blanc commença à parcourir l'opéra lorsque ma robe rouge attira son attention. Il a remonté ses lunettes et j'ai immédiatement posé les miennes. Bien que les lumières fussent baissées pour l'ouverture, je le vis me regarder pendant un moment.

J'avais l'habitude de me promener dans les entr'actes et, lorsque le rideau tomba à la fin du premier acte, je quittai la loge. Il ne m'a pas fallu longtemps pour identifier l'officier blanc. Il n'était pas accompagné de sa dame, mais se tenait adossé au mur, fumant un cigare et parlant à un homme ; en le dépassant , je dus m'arrêter un instant, de peur de marcher sur ses orteils tendus. Il s'est redressé pour s'écarter de mon chemin ; J'ai levé les yeux et nos regards se sont croisés ; Je ne pense pas que je rougis facilement, mais quelque chose dans son regard m'a peut-être fait rougir. J'ai baissé les paupières et j'ai continué.

Le Meistersinger était mon opéra préféré et il semblait donc être celui des Dresdens ; Wagner, s'étant brouillé avec les autorités, refusa que le Ring soit joué à l'Opéra de Dresde ; et tout le monde était fatigué des cygnes et des colombes de Lohengrin et de Tannhauser.

Il y avait beaucoup de monde ce soir-là et, comme il pleuvait lorsque nous sommes sortis, j'ai traîné dans l'espoir de trouver un taxi ; J'ai vu mon officier blanc avec sa dame, mais il ne m'a pas vu ; Je l'ai entendu, avant de monter dans le coupé, donner des ordres élaborés au cocher pour qu'il le dépose dans un club.

Après avoir attendu un certain temps, comme aucun taxi n'arrivait, j'ai mis la capuche de mon manteau sur ma tête et j'ai commencé à rentrer chez moi à pied ; quand la foule s'est dispersée, je me suis retrouvé seul et j'ai tourné dans une petite rue qui menait à la Luttichau-strasse . Soudain, j'ai pris conscience que j'étais suivi ; J'entendais les pas réguliers et le claquement des éperons de quelqu'un qui marchait derrière moi ; Je n'aurais pas dû m'en apercevoir si je ne m'étais pas arrêté sous une lampe pour enfiler ma capuche que le vent avait emportée. Quand je me suis arrêté, les marches se sont également arrêtées. J'ai continué mon chemin, me demandant si c'était mon imagination, et j'ai de nouveau entendu le cliquetis des éperons qui se rapprochaient. La rue étant déserte, je n'en pouvais plus ; Je me suis retourné et il y avait l'officier. Son manteau noir qui pendait librement sur ses épaules me montrait l'uniforme blanc et la ceinture argentée. Il m'a salué et m'a demandé dans un curieux français belge s'il pouvait m'accompagner chez moi. J'ai dit:

"Oh, certainement ! Mais je ne suis pas du tout nerveux dans le noir."

OFFICIER (s'arrêtant sous la lampe pour allumer une cigarette) : "Vous aimez
Wagner ? Vous le connaissez bien ? J'avoue que je le trouve long et bruyant."

MARGOT : "Il est un peu long, mais tellement merveilleux !"

OFFICIER : "Vous ne vous sentez pas fatigué ? (Avec emphase) *OUI* !"

MARGOT : "Non, je ne suis pas du tout fatiguée."

OFFICIER : "Vous n'aimeriez pas aller dîner avec moi dans une chambre privée d'un hôtel, n'est-ce pas ?"

MARGOT : "Vous êtes bien gentil, mais je n'aime pas souper ; d'ailleurs, il est tard. (Le sortant pour regarder le numéro sur la porte) J'ai peur que nous devions nous séparer ici."

OFFICIER (respirant longuement) : "Mais tu as dit que je pourrais te ramener à la maison !!"

MARGOT (avec un lent sourire) : "Je sais que je l'ai fait, mais c'est ma maison."

Il avait l'air déçu et surpris, mais prenant ma main, il l'embrassa, puis reculant, il me salua et dit :

" Pardonnez-moi , mademoiselle. "

Ma deuxième aventure s'est produite sur le chemin du retour en Angleterre. Après une petite correspondance, ma mère m'autorisa à emmener Frau von Mach avec moi à Berlin pour entendre le Ring der Nibelungen. Elle et moi étions très excités par cette petite sortie, en l'honneur de laquelle je lui avais commandé une nouvelle robe de satin noir. Le goût allemand est comme les personnages allemands, épais et maladroits, et mon cher vieil ami ressemblait à un fourre-tout dans mon cadeau.

Quand nous sommes arrivés à Berlin, j'ai trouvé ma chambre d'hôtel pleine de toutes sortes de fleurs ; et sur l'un des bouquets était placée la carte de notre locataire permanent, M. Loring. J'ai appelé Mme von Mach, qui était en train de déballer :

"Viens ici, ma chérie, et regarde mes merveilleuses roses ! Tu ne devineras jamais de qui elles viennent !"

FRAU VON MACH (l'air plutôt coupable) : "Je pense que je peux deviner."

MARGOT : "Je vois, tu sais ! Mais qui aurait imaginé qu'une vieille fille comme Loring aurait pensé à une telle galanterie ?"

FRAU VON MACH : "Mais sûrement, chère enfant, tu savais qu'il t'admirait ?"

MARGOT : "Tu m'admirais ! Tu dois être craquelée ! Je ne me souviens pas qu'il m'ait dit un mot poli tout le temps que j'étais à Dresde. Pauvre maman ! Si elle était ici maintenant, elle sentirait que sa lettre sur le danger de mon la fugue était amplement justifiée ! »

Frau von Mach et moi étions assises côte à côte à l'opéra ; et à ma gauche se trouvait un officier allemand. Devant nous, il y avait une dame avec de beaux cheveux et des sauterelles en diamant ; ses deux filles étaient assises de chaque côté d'elle.

Tout s'est déroulé dans l'obscurité et il était évident que l'auditoire était plongé dans une vive émotion, car lorsque j'ai chuchoté à Mme von Mach, l'officier à ma gauche a dit : « Chut ! ce que j'ai trouvé extrêmement grossier. Plusieurs hommes dans les étals, assis sur la nuque, s'étaient couverts le visage de mouchoirs de poche, que je trouvais infiniment ridicules, pleins de bœuf et de bière. Ma gauche musicale était à peine moins belle que l'officier blanc. Il a gardé un profil rigide vers moi et s'est écrasé dans un coin pour éviter de partager un bras de stand avec moi. Comme nous avons dû nous asseoir côte à côte pendant quatre nuits consécutives, j'ai trouvé cela un peu exagéré.

J'étais en colère contre moi-même d'avoir laissé tomber mon éventail et mon flacon de parfum ; la dame ramassa la bouteille et l'officier l'éventail. La dame m'a rendu ma bouteille et, quand le rideau est tombé, elle a commencé à me parler.

Elle s'était retournée une ou deux fois pendant la scène pour me regarder. Je l'ai trouvée très intelligente ; elle connaissait l'Angleterre et avait entendu Rubinstein et Joachim jouer au Monday Pops. Elle avait été à la Tour de Londres, chez Madame Tussaud et chez Lord.

L'officier gardait mon éventail dans ses mains et, au lieu de sortir dans l'entr'acte, restait et écoutait notre conversation. Lorsque le rideau s'est levé et que les gens sont retournés à leurs places, il tenait toujours mon éventail. Dans l'intervalle suivant, la dame et les filles sont sorties et mon voisin de gauche a engagé la conversation avec moi. Il dit dans un anglais parfait :

"Etes-vous vraiment aussi friands de cette musique que vous en avez l'air ?"

Ce à quoi j'ai répondu :

"Vous insinuez que je plaisante ! Je ne fais jamais semblant de rien ; pourquoi pensez-vous que je le fais ? Je ne me penche pas en arrière en transpirant et je ne me couvre pas le visage avec un mouchoir comme le font vos compatriotes, c'est vrai, mais…"

LUI (l'interrompant) : "J'en suis très content ! Pensez-vous que vous reconnaîtriez un motif si je vous en écrivais un ?"

Me sentant plutôt agacé, je dis :

"Vous devez me considérer comme un parfait gowk si vous pensez que je ne dois reconnaître aucun motif dans aucun opéra de Wagner !"

J'ai dit cela avec un geste autoritaire, mais j'étais loin d'être sûr qu'il ne me surprendrait pas. Il ouvrit son étui à cigarettes, en sortit une carte de visite et écrivit le motif Schlummer au dos avant de me la donner. Après lui avoir expliqué quel était le motif, j'ai regardé son très long nom au dos de la carte : Graf von — .

En me voyant faire cela, il dit avec un léger scintillement :

"Tu ne veux pas m'écrire un motif maintenant ?"

MARGOT : "Hélas ! Je ne peux pas écrire de musique et pour sauver ma vie je ne peux pas faire ce que tu as fait ; es-tu compositeur ?"

GRAF VON— : "Je ne vous dirai pas ce que je suis - d'autant plus que je vous ai donné mon nom - tant que vous ne me direz pas qui vous êtes."

MARGOT : "Je suis une jeune femme en liberté !"

À cela, Frau von Mach m'a donné un coup de coude ; Je pensais qu'elle voulait être présentée, alors j'ai regardé son nom et j'ai dit sérieusement :

"Graf von—, voici mon amie Frau von Mach."

Il se leva aussitôt, baissa la tête et, claquant des talons, lui dit :

"Voulez-vous s'il vous plaît me présenter cette jeune femme ?"

FRAU VON MACH (avec un sourire) : "Certainement. Miss Margot Tennant."

GRAF VON— : "J'espère, mademoiselle, vous me pardonnerez de penser que votre intérêt pour Wagner n'est peut-être pas aussi grand qu'il y paraît, mais cela m'a permis de me présenter à vous."

MARGOT : " Ne vous excusez pas , vous m'avez rendu un bon service, car je vais m'allonger et me couvrir le visage avec un mouchoir tout au long de ce prochain acte pour vous convaincre. "

GRAF VON— : "Ce serait une lourde punition pour moi... et accessoirement pour ce vilain public."

La dernière nuit du Ring, je me donnai un soin infini à ma toilette. Quand nous arrivâmes au théâtre, ni la dame, ni ses filles, ni le Graf n'étaient là. Je trouvai sur mon siège un immense bouquet de roses jaunes avec d'épaisses grappes de violettes autour de la tige, le tout attaché par de larges rubans violets de Parme. C'était un merveilleux bouquet. J'enfouis mon visage dans les roses, me demandant pourquoi le Graf était si en retard, espérant ardemment que la dame et ses filles ne se présenteraient pas : aucun Anglais n'aurait pensé à offrir des fleurs de cette façon, me disais-je. Le rideau! Comme c'est fatigant ! Les portes seraient désormais toutes fermées, car les retardataires n'étaient pas autorisés à perturber le Gotterdammerung. Le lendemain, je devais rentrer chez moi, ce qui me déprimait ; ma vie serait différente à Londres et tous mes cours seraient terminés à jamais ! Qu'aurait-il pu arriver au Graf, à la dame et à ses filles ? Avant que le rideau ne se lève pour le dernier acte, il arriva et, rejetant son manteau, me dit à bout de souffle :

" Vous ne pouvez pas imaginer à quel point je suis furieux ! Ce soir-là, nous avons eu un dîner régimentaire ! J'ai demandé à mon colonel de me laisser partir plus tôt, sinon je ne devrais pas être là maintenant ; j'ai dû dire au revoir à C'est vrai, alors ? Tu es vraiment parti demain ?

MARGOT (pressant le bouquet contre son visage, se penchant légèrement vers lui et le regardant dans les yeux) : " Hélas, oui ! Je t'enverrai quelque chose d'Angleterre pour que tu ne m'oublies pas tout à fait. Je ne me reculerai pas pour te couvrir. ma tête avec un mouchoir ce soir, mais si de temps en temps je cache mon visage dans ces divines roses, vous me pardonnerez et comprendrez.

Il ne dit rien mais parut un peu perplexe. Nous n'avions pas observé le lever de rideau, mais de nombreux "Chut" en colère nous le rappelaient brutalement. Il joignit les mains sous son menton, baissa la tête dessus et saisit les deux bras de la stalle avec ses coudes. Quand je lui ai chuchoté, il n'a pas du tout tourné la tête mais a simplement tendu l'oreille vers moi. Faisait-il semblant d'être plus intéressé par Wagner qu'il ne l'était en réalité ? »

J'ai enfoui mon visage dans mes roses, le rideau est tombé. Tout était fini.

GRAF VON — (se tournant vers moi et me regardant droit dans les yeux) : "S'il est vrai ce que vous dites, que vous ne connaissez personne à Berlin, quel merveilleux compliment vous a fait la dame aux sauterelles de diamant !"

Il prit mon bouquet, sentit les roses et, me le rendant avec un soupir, dit :

"Au revoir."

CHAPITRE VI

MARGOT MONTE À CHEVAL DANS LA MAISON DE LONDRES ET BRISE LES MEUBLES - LE PRÉSIDENT EST INTERDIT À LA MAISON - CONSEILLE À SA PETITE AMIE DE S'ENFUIR ; ENTRETIEN AVEC LE PÈRE DE LA FILLE – DÎNER EN TÊTE-À-TÊTE À PARIS AVEC LE BARON HIRSCH – CONSEIL GAGNANT DE FRED ARCHER, LE JOCKEY

Quand je suis arrivé à Londres, nous n'avions pas d'amis de la mode pour me procurer des invitations à des bals et à des fêtes. Les Walter, qui étaient les riches parents de ma mère, à la suite d'une querelle de famille, n'étaient pas en bons termes avec nous ; et mes perspectives ne semblaient en aucun cas roses.

Un jour, je déjeunais avec un Américain que j'avais rencontré sur le terrain de chasse et je me suis retrouvé assis à côté d'un inconnu. En entendant qu'il s'appelait Arthur Walter, j'ai pensé que ce serait amusant de connaître son opinion sur ma famille et la sienne. Il ne savait pas qui j'étais, alors j'ai décidé d'apprécier ce qui ressemblait à un long repas. Nous avons ouvert de cette manière :

MARGOT : "Je vois que tu détestes Gladstone !"

ARTHUR WALTER : "Pas du tout. Je déteste sa politique."

MARGOT : "Je ne pensais pas que tu détestais cet homme."

ARTHUR WALTER : « J'ai honte de dire que je ne l'ai jamais vu ni entendu parler, mais je suis tout à fait d'accord que le fait que le duc de Westminster ait vendu son portrait de Millais simplement parce qu'il n'approuve pas le Home Rule montre une grande mesquinerie. ! Je n'ai bien sûr jamais vu la photo car elle a été achetée à titre privé."

MARGOT : "Les Tennants l'ont acheté, donc je suppose que vous pourriez facilement le voir."

ARTHUR WALTER : "Je regrette de dire que je ne pourrai jamais voir cette photo."

MARGOT : "Pourquoi pas ?"

ARTHUR WALTER : " Parce que bien que les Tennants soient de mes parents, notre famille s'est disputée . "

MARGOT : "Pourquoi se sont-ils disputés ?"

ARTHUR WALTER : "Oh, c'est une longue histoire ! Peut-être que les relations se disputent parce qu'elles se ressemblent trop."

MARGOT : "Vous n'êtes pas du tout comme les Tennant !"

ARTHUR WALTER : "Qu'est-ce qui vous fait dire ça ? Les connaissez-vous ?"

MARGOT : "Oui, je le fais."

ARTHUR WALTER : "Dans ce cas, vous pourriez peut-être m'emmener voir la photo."

MARGOT : "Oh, certainement ! … Et je connais aussi M. Gladstone !"

ARTHUR WALTER : "Quelle jeune femme chanceuse ! Peut-être pourriez-vous réussir à m'emmener le voir aussi."

MARGOT : "Très bien. Si vous me laissez vous éloigner du déjeuner dans mon phaéton, je vous montrerai la photo de Gladstone."

ARTHUR WALTER : "Es-tu sérieux ? Les connais-tu assez bien ?"

MARGOT (hochant la tête avec assurance) : "Oui, oui, ne t'inquiète pas !"

Après le déjeuner, je l'ai conduit au 40 Grosvenor Square et, lorsque je suis entré avec mon verrou, il a deviné qui j'étais, mais tout intérêt qu'il aurait pu ressentir pour cette découverte a été submergé par ce qui a suivi.

J'ai ouvert la porte de la bibliothèque. M. Gladstone était assis en train de parler à mes parents sous son propre portrait. Après l'introduction, il s'est entretenu avec intérêt et courtoisie avec mon nouveau proche du journal Times, de son fondateur et de son grand rédacteur en chef, Delane .

Ce que j'ai vraiment apprécié le plus à Londres, c'était de rouler dans le Row. Je me suis acheté un beau hack à Tattersalls, 15.2, bai brillant avec des pointes noires et si bien équilibré que si je l'avais monté face contre queue, j'aurais à peine remarqué la différence. Je l'ai appelé Tatts ; il était audacieux comme un lion, vaniteux comme un paon et extrêmement maussade. Un jour, alors que j'étais monté pour monter dans le Row, mon papa m'a fait attendre si longtemps à la porte du 40 Grosvenor Square que j'ai pensé que j'allais monter Tatts dans le hall d'entrée et l'appeler ; il suffisait de monter une marche du trottoir jusqu'au porche et une autre par les doubles portes tenues ouvertes par le valet de pied. Malheureusement, après une approche quelque peu prudente de Tatts jusqu'à la dernière marche de la salle de marbre, il aperçut son reflet dans un miroir. À cela, il se redressa instantanément sur ses pattes arrière, écrasant mon grand chapeau contre le lustre en cristal. Ses quatre jambes ont toutes cédé sur le sol ciré et nous sommes descendus avec un bruit de tonnerre, le poney sur moi, le lustre sur lui et mon père et le valet de pied spectateurs impuissants. Je fus debout et sur la tête de Tatts en un instant, mais pas avant qu'il ait réduit en gelée un beau vieux coffre anglais. Cette mésaventure a bouleversé le caractère de mon père et les nerfs de mon poney, et m'a empêché de danser pendant plusieurs jours.

Ma deuxième égratignure a été plus grave. Je me suis engagé à me marier.

Si une jeune « mademoiselle » lit cette autobiographie et souhaite un petit conseil d'un très vieux monsieur, je lui dirai que lorsqu'un homme menace de se suicider après que vous l'ayez refusé, soyez sûr qu'il est vaniteux, un petit bonhomme ou une grande oie; si vous aviez auparavant des doutes sur votre décision, vous ne devez plus en avoir après et vous ne devez en aucun cas céder. Épouser un homme par pitié est une folie ; et si vous pensez que vous allez influencer le genre de gars qui n'a « jamais eu de chance, pauvre diable », vous vous trompez profondément. On ne peut influencer que les caractères forts de la vie, pas les faibles ; et c'est le comble de la vanité de supposer que vous pouvez faire de n'importe qui un honnête homme . Mon fiancé n'était ni mesquin ni une oie, mais un humoriste ; Je ne pense pas qu'il voulait que je le prenne au sérieux, mais malgré ma bonne humeur, j'étais très sérieux, et il était certainement plus amoureux de moi que quiconque ne l'avait jamais été auparavant. C'était un bon cavalier et il m'a offert une monture avec les chiens de Beaufort.

Quand j'ai annoncé mes fiançailles à ma mère, elle s'est laissée tomber sur un canapé, a mis un mouchoir sur ses yeux et a dit :

« Autant épouser votre fiancé ! »

J'ai eu beaucoup de mal à lui montrer à quel point elle était mondaine. Qui voulait de l'argent ? Qui voulait un poste ? Qui voulait des cerveaux ? En fait, on ne voulait rien, sauf ma volonté !

J'ai été très surpris, quelques jours plus tard, d'apprendre de G., que j'ai rencontré à cheval dans le Row, qu'il avait appelé tous les jours de la semaine mais que le valet de pied m'avait dit que j'étais absent. Le sous-majordome, qui m'était dévoué, me dit tristement, lorsque je me plaignais :

"Je crains, mademoiselle, que votre jeune gentleman se soit vu interdire l'accès à la maison."

Interdit la maison ! Je me suis précipité vers ma sœur Charty et je l'ai trouvée encore plus bouleversée que ma mère. Elle fit remarquer avec une certaine vérité que le mariage de Lucy et l'obstination avec laquelle elle l'avait poursuivi avaient largement contribué à gâcher sa jeunesse ; mais « le châtelain », comme on appelait Graham Smith, bien qu'il fût un personnage, était un homme d'une éducation parfaite et de manières charmantes. Il avait battu tous les garçons à Harrow, gagné une centaine de courses d'obstacles et adorait les livres ; tandis que mon jeune homme ne connaissait guère autre chose que les chevaux et, ajouta-t-elle, ne me serait pas un compagnon lorsque j'étais malade ou vieux.

Je me suis baladé dans la pièce et j'ai dit que lui interdire la maison était grotesque et me rendait ridicule aux yeux des domestiques. J'ai mis fin à une protestation passionnée en lui disant gravement que si je changeais d' avis , il se suiciderait sans aucun doute. Cette terrible nouvelle fut reçue avec une hilarité qui m'agaça.

CHARTY : "J'aurais dû penser que vous aviez trop de sens de l'humour et que Monsieur G. avait trop de bon sens pour que l'un ou l'autre de vous croie cela. Il doit vous trouver très vaniteux. …"

Je ne comprenais pas du tout ce qu'elle voulait dire et je dis avec la plus grande gravité :

" Ce qui est terrible, c'est que je crois lui avoir donné une fausse impression de mes sentiments pour lui ; car, bien que je l'aime beaucoup, je n'aurais jamais promis de l'épouser s'il n'avait pas dit qu'il allait se suicider. " En joignant mes deux mains et très ému, j'ai conclu : "Si je romps maintenant et que quelque chose devrait arriver, ma vie est finie et j'aurai l'impression de l'avoir assassiné."

CHARTY (me regardant avec un tendre sourire) : "Je devrais prendre le risque, chérie."

A propos de vanité, dans l'intérêt de mon éditeur, je dois ici faire une digression et raconter les deux plus grands compliments que je m'ai jamais fait. Bien que je ne puisse pas écouter lire à haute voix, j'ai toujours aimé les sermons et j'allais constamment écouter le chanoine Eyton , un grand prédicateur, qui rassemblait des congrégations nombreuses et attentives dans son église de Sloane Street. J'y allais presque toujours seul, car ma famille préférait écouter Stopford Brooke ou aller à notre banc de St. George's, Hanover Square.

L'un de mes premiers souvenirs est celui de ma mère et de mon père qui m'emmenaient écouter Liddon prêcher ; Je ne me souviens de rien du tout, sinon que j'ai avalé un hameçon pendant l'office : un hommage pas très flatteur au grand divin !

Eyton était un prédicateur remarquable et son église était toujours bondée. J'ai dû rester debout longtemps avant de pouvoir m'asseoir. Un matin, je reçus cette lettre :

CHER Mlle TENNANT,

J'espère que vous excuserez cet écrit par un inconnu. Je vous ai souvent observé écoutant le sermon dans notre église. Ma femme et moi partons à l'étranger, alors nous vous proposons notre banc ; vous semblez admirer la prédication d'Eyton autant que nous ; nous serons très heureux si vous pouvez l'utiliser.

Votre serviteur,

FRANCIS BUXTON.

L'autre compliment était aussi une lettre d'un inconnu. C'était sale et mal orthographié, et renfermait une facture d'un entrepreneur de pompes funèbres ; la facture s'élevait à sept livres et la lettre était ainsi rédigée :

L'honorable mademoiselle père est décédé assez paisiblement samedi dernier, il attachait une grande importance à ses funérailles et nous disait souvent que le balayage d'un passage lui avait été payé assez régulièrement, mais il n'a rien laissé comme on pourrait en parler, et c'est pourquoi nous avons été mis au travail pour le funérailles, comme cela revient à une maison de ne pas enterrer votre père proprement dit, je me souviens de vous et de tout ce qu'il a pensé de vous et a dit aux pompes funèbres d'aller de l'avant car comme vous étiez l'ami de mon père , j'espérais que vous comprendriez et excuseriez moi.

Cela venait du fils de notre balayeur unijambiste, et je n'ai pas besoin de dire que je lui devais bien plus de sept livres. Il avait transporté toutes nos lettres d'amour, cadeaux et messages du matin au soir pendant des années et était un homme qui comprenait parfaitement la vie.

Pour en revenir à mon fiancé , je savais que les choses ne pouvaient pas continuer ainsi ; les scènes m'ennuyaient et j'étais tout à fait incapable de soutenir une campagne de pieux mensonges ; alors je rassurai mes amis et soulageai mes relations en disant au jeune homme que je ne pouvais pas l'épouser. Il m'a donné sa belle jument, Molly Bawn, a vendu tous ses chasseurs et est parti en Australie. À son retour en Angleterre deux ans plus tard, ses cheveux étaient gris. J'ai entendu parler de cet événement, mais je n'en ai eu connaissance que deux fois dans ma vie, une fois à cette occasion et l'autre fois lorsque la chaudière du Thunderer a éclaté lors de son voyage d'essai ; le moteur était la première commande gouvernementale jamais donnée à la société Humphreys & Tennant de mon père et l'accident a fait une grande sensation. Mon père m'a dit que plusieurs hommes avaient été tués et que les cheveux du jeune Humphreys étaient devenus blancs. Je me souviens très bien de cet incident, car lorsque j'ai donné le télégramme à Papa dans la salle de billard de Glen , il s'est couvert le visage avec ses mains et s'est effondré sur le canapé en larmes.

Vers cette époque, Sir William Miller, un ami de la famille, suggéra à mes parents que son fils aîné, un charmant jeune homme mort depuis, m'épouserait. Je doute que le jeune homme me connaisse de vue, mais malgré cela, nous avons été invités à rester à Manderston , pour le plus grand plaisir de mon père.

Le soir de notre arrivée, mon hôte me dit avec son large accent écossais :

" Margy , veux-tu épouser mon fils Jim ? "

"Mon cher Sir William," répondis-je, "votre fils Jim ne m'a jamais parlé de sa vie!"

SIR WILLIAM : "Il est timide."

Je lui ai assuré que ce n'était pas le cas et que je pensais que son fils pourrait être autorisé à choisir lui-même, ajoutant :

"Vous êtes comme mon père, Sir William, et vous pensez que tout le monde veut se marier."

SIR WILLIAM : "Alors ils le font, n'est-ce pas ?" (Avec un regard sournois.) "Je suis sûr qu'ils veulent tous t'épouser."

MARGOT (malicieusement) : "Je me demande !"

SIR WILLIAM : " Margy , préféreriez-vous m'épouser ou vous casser la jambe ?"

MARGOT : Brisez les deux, Sir William. »

Après ces débuts prometteurs, j'ai été présenté au jeune homme. Il était impossible de me prêter moins d'attention que lui.

Sir William avait deux filles, dont l'une désirait épouser un major logé à Édimbourg, mais il s'y opposait avec vigueur et grossièrement, ce qui rendait la jeune fille malheureuse. Elle m'a mis en confiance un après-midi dans leur salle de classe.

Il faisait sombre et la porte était entrouverte, avec une lumière vive dans le couloir ; Miss Miller me disait avec une simple sincérité exactement ce qu'elle ressentait et ce que son père pensait de la major. J'ai soudain observé Sir William écoutant notre conversation derrière les gonds de la porte. Étant un homme énorme, il s'était mis dans une posture exiguë et j'étais curieux de voir combien de temps il tiendrait le coup. Il était indiqué que je devais rapporter à la maison la platitude proverbiale selon laquelle « les auditeurs n'entendent jamais rien de bon sur eux-mêmes ».

Mlle MILLER : « Vous voyez, il n'y a qu'une seule véritable objection à lui faire : il n'est pas riche !

Je lui ai dit que comme elle serait riche un jour , cela n'avait pas d'importance. Pourquoi les riches devraient-ils épouser les riches ? C'était grotesque ! J'avais l'intention d'épouser n'importe quel genre d'homme qui me plaisait et papa trouverait certainement l'argent.

Mlle MILLER (n'écoutant pas) : "Il m'aime tellement ! Et il dit qu'il se suicidera si je l'abandonne maintenant."

MARGOT (avec vigueur) : "Oh, si c'est ce genre d'homme, un type vraiment courageux, vous n'avez qu'une chose à faire tous les deux !"

Mlle MILLER (se penchant en avant, les mains jointes et me regardant sérieusement) : "Oh, dis-moi, dis-moi !"

MARGOT : "Tu es sûre que c'est un homme courageux ? Est-il vraiment étranger et dévoué ? Il n'a pas peur de ce qu'on dit ?"

Mlle MILLER (avec impatience) : "Non, non ! Oui, oui ! Il mourrait pour moi, il le ferait effectivement, et n'a peur de personne !"

MARGOT (l'attirant) : "Je suppose qu'il a très peur de ton père."

Mlle MILLER (hésitant) : "Papa est tellement impoli avec lui."

MARGOT (avec mépris) : "Eh bien, si ton major a peur de ton père, je ne pense pas à lui !" (Léger mouvement derrière la porte.)

Mlle MILLER (impulsivement) : "Il n'a peur de personne ! Mais papa ne lui parle jamais."

MARGOT (très délibérément) : "Eh bien, tu n'as qu'une chose à faire, c'est de t'enfuir !" (Sensation derrière la porte.)

Mlle MILLER (avec détermination, les yeux pétillants) : " S'il le fait, je le ferai ! Mais oh, mon Dieu ! … Que diront les gens ? Comment ils parleront ! "

MARGOT (légèrement) : "Oh, bien sûr, si tu fais attention à ce que disent les gens, tu auras fini toute ta vie !"

Mlle MILLER : "Papa serait furieux, vous savez, et jurait avec peur !"

A cela j'ai répondu :

« Je connais bien ton père et je ne crois pas qu'il s'en soucierait !

Je me levai brusquement, comme pour me diriger vers la porte, à laquelle il y eut un bruit de bagarre dans le couloir.

Mlle MILLER (alarmée et se levant) : "Quel était ce bruit ? Quelqu'un peut-il avez-vous été dans le passage ? Auraient-ils pu nous entendre ? Fermons la porte. »

MARGOT : "Non, ne ferme pas la porte, il fait trop chaud et nous ne pourrons plus parler seuls."

Mlle MILLER (soulagée et s'asseyant) : "Vous êtes très bon. ... Je dois bien réfléchir à ce que vous avez dit."

MARGOT : "Quoi qu'il en soit, dis à ton major que *je* connais ton père, il m'aime beaucoup."

Mlle MILLER : "Oh, oui, je l'ai entendu demander à votre père s'il voulait bien vous échanger contre nous."

MARGOT : " Ce n'est que sa plaisanterie ; il vous est dévoué. Mais ce qu'il aime chez moi, c'est mon élan : rien que votre papa n'admire autant que le courage. Si le major a assez de courage pour vous emmener à Édimbourg, épousez-vous dans un et reviens le jour même le dire à ta famille, il te pardonnera tout, te donnera une glorieuse allocation et tu seras heureux pour toujours ! ... Maintenant, ma chérie, je dois y aller."

Je me levai très lentement et, posant mes mains sur ses épaules, je lui dis :

"Remontez vos chaussettes, Amy !"

Inutile de dire que le passage était désert lorsque j'ouvris la porte. Je suis descendu, j'ai pris l'Écossais et j'ai trouvé Sir William en train d'écrire dans le couloir. Il était grincheux et agité et finalement, posant son stylo, il s'est approché de moi et m'a dit, avec son large accent écossais :

" Margy , veux-tu faire le tour du jardin avec moi ? "

"MARGY": "Oui, si nous pouvons nous asseoir seuls et avoir une bonne conversation."

SIR WILLIAM (ravi) : "Et le pavillon d'été ?"

"MARGY": "Très bien, je vais courir, mettre mon chapeau et te retrouver ici."

Quand nous arrivâmes au pavillon, il dit :

" Margy , ma fille Amy est amoureuse d'un pauvre."

"MARGY": "Qu'importe?"

SIR WILLIAM : "Il n'est pas du tout intelligent."

"MARGY": "Comment le sais-tu?"

SIR WILLIAM : "Que voulez-vous dire ?"

"MARGY": "Aucun d'entre nous n'est un bon juge des personnes que nous n'aimons pas."

SIR WILLIAM (prudemment) : "J'aimerais beaucoup avoir votre avis sur toute cette affaire et je veux que vous parliez avec ma copine Amy et que vous lui disiez ce que vous pensez à ce sujet."

"MARGY": "Je l'ai fait."

SIR WILLIAM : "Que vous a-t-elle dit ?"

« MARGY » : « Vraiment, Sir William, voudriez-vous que je trahisse vos confidences ?

SIR WILLIAM : "Vous pouvez sûrement me dire ce que VOUS avez dit, de toute façon, sans la trahir."

« MARGY » (le regardant fixement) : « Eh bien, que pensez-vous que vous diriez dans ces circonstances ? Si une fille bien élevée vous disait qu'elle est amoureuse d'un homme que ses parents n'aiment pas, un homme qui je n'ai pas pu la garder et sans perspectives... "

SIR WILLIAM (l'interrompant) : "Peu importe ce que je devrais dire ! Qu'avez-vous dit ?"

"MARGY" (évasivement) : "C'est impensable ! De bonnes filles comme la vôtre ne pourraient jamais aller à l'encontre de la volonté de leurs parents ! Les hommes qui ne peuvent pas garder leur femme ne devraient pas se marier du tout. ..."

SIR WILLIAM (avec une grande violence, me saisissant les mains) : " QU'AVEZ-VOUS
DIT ? "

"MARGY" (avec un doux sourire) : "J'ai bien peur, Sir William, que vous changiez d'avis et, au lieu de vous appuyer sur mes conseils, vous commencez à vous en douter."

SIR WILLIAM (très fort et hors de lui de rage) : " QU'AVEZ-VOUS DIT ? "

« MARGY » (froidement, posant sa main sur la sienne) : « Je ne comprends pas pourquoi tu es si excitée ! Si je te disais que j'avais dit : « Abandonne tout, ma chérie, et ne vexe pas ton vieux père, que diriez-vous ? »

SIR WILLIAM (se levant et écartant ma main de lui) : "Hoots ! Vous êtes un menteur !"

"MARGY": "Non, je ne le suis pas, Sir William; mais, quand je vois des gens qui écoutent aux portes, je leur en donne pour leur argent."

J'ai eu une autre proposition indirecte. Un soir, alors que je dînais chez les Bischoffheim , je fus présenté pour la première fois au baron Hirsch, un Autrichien qui vivait à Paris. Il m'a emmené dîner et un jeune homme que j'avais rencontré à la chasse était assis de l'autre côté de moi.

J'écoutais ce dernier d'une manière impressionnante, tenant mon champagne à la main, lorsque le valet de pied, en servant un des plats, heurta mon verre contre ma poitrine et tout son contenu tomba sur le devant de ma robe de bal. Je me sentais glacé jusqu'aux os ; mais, comme j'étais maigre, je priais profondément pour que mon corsage rose n'échappe pas aux marques. J'ai continué dans la même position, tenant mon verre vide à la main comme si de rien n'était, espérant que personne ne m'avait observé et essayant de paraître intéressé par la description du jeune homme des terribles dangers qu'il avait couru en se retrouvant seul avec des chiens. .

Quelques minutes plus tard, le baron Hirsch se tourna vers moi et me dit :

"Tu n'as pas très froid ?"

J'ai dit que je l'étais, mais que cela n'avait pas d'importance ; ce qui me dérangeait vraiment, c'était de gâcher ma robe et, comme je n'étais pas un kangourou, je craignais le pire. Après cela, nous avons entamé une conversation et il m'a raconté entre autres que, lorsqu'il avait été pillé pour un club sportif à Paris, il s'était vengé en achetant le club et le terrain sur lequel il était construit, ce à quoi j'ai observé :

"Tu dois être très riche."

Il m'a demandé où j'avais vécu et a semblé surpris que je n'aie jamais entendu parler de lui.

La prochaine fois que nous nous sommes rencontrés, c'était à Paris. J'ai déjeuné avec lui et sa femme et il m'a donné sa loge d'opéra et m'a monté au Bois de Boulogne.

Un jour, il m'a invité à dîner avec lui en tête-à-tête au Café Anglais et, comme mon père et ma mère étaient absents, j'ai accepté. J'éprouvais une certaine curiosité à propos de cette invitation, car mon hôte dans sa lettre m'avait laissé le choix entre plusieurs autres dates au cas où je serais fiancé ce soir-là. Quand j'arrivai au Café Anglais , le baron Hirsch ôta mon manteau et me conduisit dans un salon particulier. Il m'a rappelé notre première rencontre, m'a dit qu'il avait été très frappé par ma maîtrise de soi devant le champagne glacé et a poursuivi en me demandant si je savais pourquoi il m'avait invité à dîner avec lui. J'ai dit:

"Je n'en ai pas la moindre idée !"

BARON HIRSCH : "Parce que je veux que vous épousiez mon fils, Lucien. Il ne me ressemble pas du tout, il est très respectable et déteste l'argent ; il aime les livres et collectionne les manuscrits et autres choses, et est très instruit."

MARGOT : "Votre fils, c'est l'homme à barbe, qui porte des lunettes et collectionne les pièces, n'est-ce pas ?"

BARON HIRSCH (trouvant ma description plutôt morne) : " C'est vrai ! Vous lui avez parlé l'autre jour chez nous. Mais il a un caractère charmant et a été un bon fils ; et je suis bien sûr que, si vous le vouliez bien, peu d'ennuis, il vous serait dévoué et ferait de vous un excellent mari : il n'aime pas la société, ni les courses, ni aucune des choses qui m'intéressent.

MARGOT : "Pauvre homme ! Je suppose qu'il ne se soucierait même pas beaucoup   de   moi   ! Je déteste les pièces de monnaie !"

BARON HIRSCH : "Oh, mais vous élargiriez ses intérêts ! Il est timide et je veux qu'il fasse un bon mariage ; et surtout qu'il épouse une Anglaise."

MARGOT : "A-t-il déjà été amoureux ?"

BARON HIRSCH : "Non, il n'a jamais été amoureux ; mais beaucoup de femmes se rattrapent et je ne veux pas qu'il soit marié pour son argent par une créatrice."

MARGOT : "Ici, je suppose que ce genre de chose pourrait arriver ; je ne crois pas que cela se produirait en Angleterre."

BARON HIRSCH : « Comment pouvez-vous me dire une chose pareille ? La société londonienne se soucie plus de l'argent que toute autre au monde, comme je le sais à mes dépens ! Vous pouvez me croire qu'un jeune homme qui sera aussi riche que Lucien peut épouser presque toutes les filles qu'il veut."

MARGOT : "J'en doute ! Les Anglaises ne se marient pas pour de l'argent !"

BARON HIRSCH : "C'est absurde, ma chère ! Ils sont comme les autres ; il n'y a que les jeunes qui peuvent se permettre de mépriser l'argent !"

MARGOT : "Alors j'espère que je serai jeune très longtemps."

BARON HIRSCH (souriant) : « Je ne pense pas que vous serez jamais déçu par cet espoir ; mais vous n'aimeriez sûrement pas être la femme d'un homme pauvre et vivre en banlieue ? Pensez à ce que ce serait si vous ne pouviez pas chassez où chevauchez dans le Row dans une belle habitude ou portez de magnifiques robes de Worth ! Vous détesteriez être démodé et obscur ! »

"Cela, répondis-je énergiquement, ne pourrait jamais m'arriver."

BARON HIRSCH : "Pourquoi pas ?"

MARGOT : "Parce que j'ai trop d'amis."

BARON HIRSCH : "Et les ennemis ?"

MARGOT (pensive) : "Peut-être. ...Je n'en sais rien. Je ne remarque jamais si les gens ne m'aiment pas ou non. Après tout, tu as pris goût à moi la première fois que nous nous sommes rencontrés ; pourquoi les autres ne devraient-ils pas faire de même." " Pensez-vous que je ne devrais pas améliorer ma connaissance ? "

BARON HIRSCH : "Comment pouvez-vous en douter, alors que je viens de vous demander en mariage mon fils ?"

MARGOT : « Quelle autre Anglaise voudriez-vous pour belle-fille ?

BARON HIRSCH : "Lady Katie Lambton, [Note de bas de page : l'actuelle duchesse de Leeds.] La sœur de Durham."

MARGOT : "Je ne la connais pas du tout. Est-ce qu'elle est comme moi ?"

BARON HIRSCH : "Pas du tout ; mais vous et elle êtes les seules filles que j'ai rencontrées et avec lesquelles je pourrais souhaiter que mon fils se marie."

J'avais envie de savoir comment était ma rivale, mais tout ce qu'il pouvait me dire, c'était qu'elle était charmante, intelligente et mignonne , ce à quoi j'ai dit :

"Mais elle me ressemble exactement !"

Cela l'a fait rire :

"Je ne crois pas que vous sachiez du tout à quoi vous ressemblez", a-t-il déclaré.

MARGOT : "Tu veux dire que je n'ai aucune idée à quel point je suis simple ? Mais quel homme étrange tu es ! Si je ne sais pas comment je suis, je suis sûr que tu ne peux pas ! Comment sais-tu que je ne le suis pas ? juste le genre d'aventurière que vous redoutez le plus ? Je pourrais épouser votre fils et, loin d'élargir ses intérêts, comme vous le suggérez, l'occuper avec ses pièces de monnaie pendant que j'irais partout, m'amusant et dépensant tout votre argent. quoi que tu dis, un homme pourrait tomber amoureux de moi, tu sais ! Un homme charmant et intelligent. Et alors le bonheur de Lucien serait fini.

BARON HIRSCH : "Je ne crois pas que vous tromperiez jamais votre mari."

MARGOT : "On ne peut jamais le savoir ! Lady Katie Lambton serait-elle prête à gagner de l'argent ?"

BARON HIRSCH : "Pour être tout à fait honnête avec vous, je ne pense pas qu'elle le ferait."

MARGOT : "Voilà ! Je connais des tas de filles qui ne le feraient pas ; de toute façon, *je* ne le ferais jamais !"

BARON HIRSCH : "Vous êtes peut-être amoureux de quelqu'un d'autre, n'est-ce pas ?"

Il se trouve qu'en hiver, j'étais tombé amoureux d'un homme en train de chasser et je comptais les heures jusqu'à ce que je puisse le revoir, alors cette question m'ennuyait ; J'ai trouvé cela vulgaire et j'ai dit, avec une certaine dignité :

"Si c'est le cas, je ne le lui ai jamais dit."

Ma dignité a cependant été perdue pour mon hôte, qui a persisté. Je ne voulais pas me trahir, alors, simulant un ton de plaisanterie légère, j'ai dit :

"Si je ne me suis pas confié à la personne la plus intéressée, pourquoi devrais-je VOUS le dire ?" Ce ne fut pas un de mes efforts les plus heureux, car il répondit aussitôt :

"Alors il s'intéresse à toi, n'est-ce pas ? Est-ce que je le connais ?"

Je me suis senti en colère et lui ai dit que, parce que je ne voulais pas épouser son fils, il ne s'ensuivait pas du tout que mes affections étaient engagées ailleurs ; et j'ai ajouté :

"J'espère seulement que M. Lucien n'est pas aussi curieux que vous, sinon je passerais un très mauvais moment ; il n'y a rien que je détesterais autant qu'un mari jaloux."

BARON HIRSCH : "Je ne vous crois pas ! Si c'est ennuyeux d'avoir un mari jaloux, ça doit être humiliant d'en avoir un qui ne l'est pas."

J'ai vu qu'il essayait de me concilier, alors j'ai changé de sujet pour parler de course. Étant un homme astucieux, il pensait pouvoir découvrir de qui j'étais amoureux et m'a encouragé à continuer. Je lui ai dit que je connaissais bien Fred Archer, car nous avions chassé ensemble dans la vallée de White Horse. Il m'a demandé s'il m'avait déjà donné un conseil de course. Je lui ai raconté l'histoire suivante :

Un jour, à Ascot, quelques-uns de mes amis impécunieux de Melton, ayant entendu une rumeur selon laquelle Archer, qui participait à la course, avait parié sur le résultat, vinrent me prier de lui demander quel cheval allait courir. gagner. Au début, je ne les écoutais pas beaucoup, car je regardais les chevaux, les parasols et les gens, mais mes amis étaient très sérieux et ont commencé à me presser à voix basse d'être aussi rapide que possible, car ils Je pensais qu'Archer était en mouvement. C'était une journée de grillades ; la plupart des hommes avaient des mouchoirs ou des choux sous leur chapeau ; et l'herbe séchée du Paddock était couleur de soupe aux pois. J'ai vu Fred Archer debout, avec sa casquette et sa veste, la tête baissée, parlant à un petit homme bien soigné et de petite taille, tandis que le favori - un grand cheval tranchant et paresseux - se promenait en rond avec l'uniformité de un métronome. Je me suis approché hardiment de lui et lui ai rappelé comment nous avions tiré sur une clôture du VWH. Fred Archer avait un visage en ivoire sculpté, comme le haut d'un parapluie ; il pouvait le transformer en masque ou l'éclairer d'un sourire ; il avait de longues jambes fines, une silhouette parfaite et un charme merveilleux. Il avait un secrétaire, un revolver et deux valets et était un dieu parmi la noblesse et les jockeys. Après avoir fait un léger clin d'œil à l'homme de petite taille, il s'est détourné de lui et, en entendant ce que j'avais à dire, m'a murmuré un nom magique à l'oreille. ...

J'étais une femme populaire ce soir-là à Melton.

Le baron Hirsch revint plus tard à la charge ; et je lui ai dit définitivement que j'étais la dernière fille au monde à convenir à son fils.

Il est juste de dire à la mémoire de Lucien Hirsch qu'il ne s'est jamais soucié de moi. Il mourut peu de temps après et quelqu'un dit au baron :

"Quelle idiote Margot Tennant n'a pas épousé votre fils ! Elle serait une riche veuve maintenant."

A quoi il dit :

"Personne ne mourrait s'il épousait Margot Tennant."

CHAPITRE VII

MEURTRES À PHOENIX PARK — RECOURS POUR L'IRLANDE — TÉLÉPATHIE ET PLANCHETTE — VISITE À BLAVATSKY — LE BAISER DE SIR CHARLES DILKE — VISITES À GLADSTONE — LES PROPHÉTIES POLITIQUES DE DÉCÈS LORD SALISBURY

L'événement politique qui a fait le plus de bruit lorsque j'étais petite fille fut le meurtre de M. Burke et de Lord Frederick Cavendish, le 6 mai 1882. Nous étions alors à Londres ; et la nouvelle est tombée un dimanche. Alfred Lyttelton m'a raconté que le majordome de Lady Frederick Cavendish lui avait dit en se précipitant dans la pièce en disant :

"Ils ont poignardé Sa Seigneurie !"

La nouvelle se répandit d'Ouest en Est et du Nord au Sud ; des groupes de gens discutaient au milieu des rues sans chapeau et chacun sentait que ce terrible outrage allait forcément avoir des conséquences bien au-delà de la punition des criminels.

Ces meurtres à Phoenix Park tendaient à confirmer Gladstone dans sa conviction que les Irlandais étaient un peuple que nous ne comprenions pas et qu'il valait mieux les encourager à se gouverner eux-mêmes. Il espérait convertir ses collègues à une conviction similaire, mais M. Chamberlain et lui n'étaient pas d'accord.

Tout comme je me demande quel aurait été le résultat de la Conférence de Paris si les Britanniques avaient fait de la Société des Nations un véritable premier élément de leur programme au lieu d'un dernier post-scriptum, je me demande ce qui se serait passé si Chamberlain s'en était tenu à Gladstone. à ce moment-là. Gladstone avait toutes les cartes à jouer – comme le président Wilson – et n'était pas susceptible de sous-déclarer sa main, mais il était un homme beaucoup plus âgé et je ne peux m'empêcher de penser que s'ils étaient restés ensemble, Chamberlain n'aurait pas été jeté dans les bras. des Tories et le retour de la Premiership ont dû lui revenir. Il me semble étrange que les dirigeants du grand parti conservateur aient si souvent été des bravos embauchés ou des ménestrels errants avec lesquels il ne peut partager aucune conviction commune. Je ne cesse de me demander pourquoi elle ne peut pas produire un homme de sa propre foi. Il doit y avoir quelque chose d'inhérent dans son credo qui produit la stérilité.

Lorsque M. Gladstone s'est engagé en faveur du Home Rule, la société était déchirée de haut en bas et même les amis les plus dévoués se disputaient à ce sujet. Notre famille était aussi divisée que les autres.

Un jour, alors que Lord Spencer séjournait à Glen, on m'a renvoyé de la chambre au dîner pour avoir dit que Gladstone avait commis une erreur de Balaclava avec son stupide Home Rule ; nous étions tous tellement échauffés par la discussion que j'étais assez heureux d'obéir à mon papa. Quelques minutes plus tard, il sortit plein de pénitence pour voir s'il m'avait blessé ; il m'a trouvé assis sur la table de billard en train de fumer un de ses meilleurs cigares. Je lui ai fait un bon câlin et lui ai dit que je le rejoindrais quand j'aurais fini de fumer ; il se dit trop content que ses cigares soient appréciés et revint à la salle à manger de bonne humeur.

Les événements ont prouvé que j'avais tout à fait tort à propos du Home Rule. Maintenant que nous avons découvert quelles sont les conséquences du refus à l'Irlande de l'autonomie gouvernementale qu'elle réclame depuis des générations, pouvons-nous douter que Gladstone aurait dû être vigoureusement soutenu dans sa tentative d'apaiser la controverse ? Dans l'état actuel des choses, nos folies en Irlande ont maudit la vie politique de ce pays depuis des années. Quelqu'un a dit : " L'Irlande HNE une maladie incurable mais jamais mortelle » ; et, si elle peut survivre au régime actuel, personne ne doutera de la véracité de ce dicton.

En mai, juin et juillet 1914, trois mois après la guerre, tous les ânes de Londres nous coupaient, ou essayaient de nous couper, parce qu'ils voulaient régler cette même question irlandaise. Ma présence dans une salle avec Elizabeth — qui avait dix-sept ans — était considérée non seulement comme une provocation pour les autres, mais aussi comme un danger pour moi-même. Tous les cerveaux de tous les propriétaires fonciers d'Irlande, soutenus par la moitié des cerveaux de la moitié des propriétaires terriens d'Angleterre, s'étaient rangés derrière Sir Edward Carson, son armée et son Covenant. De fervents patriotes irlandais avaient transformé leurs champs en camps et leurs maisons en hôpitaux ; Des femmes aristocratiques fabriquaient des bandages depuis des mois lorsque von Kuhlmann, secrétaire de l'ambassade d'Allemagne à Londres, se rendit pour la première fois en Irlande. A son retour, il m'a dit avec conviction que, d'après tout ce qu'il avait entendu et vu là-bas au cours d'un long voyage, seul un miracle pouvait éviter la guerre civile, ce à quoi j'ai répondu :

"Aussi choquant que cela puisse être, cela ne briserait pas l'Angleterre."

Nos folies en Irlande ont maudit non seulement la vie politique mais aussi la vie sociale de ce pays.

Ce n'est que lorsque les ostracismes politiques liés au Home Rule ont recommencé en 1914 que j'ai réalisé à quel point mes amis et moi étions socialement puissants dans les années quatre-vingt.

M. Balfour m'a dit un jour qu'avant l'apparition de notre groupe d'amis - généralement connu sous le nom des Souls - à Londres, les hommes politiques éminents de partis opposés se rencontraient rarement, voire jamais ; et il ajouta :

"Aucune histoire de notre époque ne sera complète si l'influence des âmes sur la société n'est pas enregistrée avec impartialité et précision."

La même question du Home Rule qui a ramené Londres aux vieux esprits de clocher en 1914 était à son paroxysme en 1886 et 1887 ; mais dans notre maison de Grosvenor Square et plus tard dans celle des Souls, tout le monde se rencontrait : Randolph Churchill, Gladstone, Asquith, Morley, Chamberlain, Balfour, Rosebery, Salisbury, Hartington, Harcourt et, pourrais-je ajouter, les jockeys, les acteurs, le Prince. du Pays de Galles et tous les ambassadeurs à Londres. Nous n'avons jamais expulsé personne – pas même nos amis – ni trouvé amusant ou distingué de mettre les gens mal à l'aise ; et notre décision de ne pas sacrifier l'amitié privée à la politique publique était enviée dans toutes les capitales d'Europe. Cela faisait de Londres le centre de la société la plus intéressante du monde et donnait à des hommes de tempéraments différents et de croyances opposées l'occasion d'en discuter sans chaleur et sans journalistes. Il n'y a parmi nous aucun individu ou groupe assez puissant pour réussir aujourd'hui à avoir un salon de ce genre.

L'audace de ce changement de société ne peut être surestimée. Le regroupement inconscient et accidentel d'amis brillants, sincères et fidèles comme nous a suscité tant de jalousie et de discussions que je consacrerai un chapitre de ce livre aux Âmes.

C'est au n°40 Grosvenor Square que Gladstone rencontra Lord Randolph Churchill. Ce dernier s'était rendu célèbre en attaquant et en maltraitant le Grand Vieil Homme avec une telle virulence que tout le monde pensait impossible qu'ils puissent un jour se retrouver dans l'intimité. Cela ne m'a pas impressionné, mais je les ai invités à un déjeuner ; et ils ont tous deux accepté. Inutile de dire que lorsqu'ils se rencontrèrent, ils parlèrent avec aisance et intérêt, car il était aussi impossible pour Gladstone d'être gauche ou grossier que pour quiconque d'être mal à l'aise avec Randolph Churchill. La nouvelle de leur déjeuner avec nous se répandit dans tout Londres ; et le West End bouillonnait autour de moi de questions : toutes les femmes politiques, y compris la duchesse de Manchester, étaient déchirées par la curiosité de savoir si Randolph allait rejoindre le Parti libéral. Je refusai de satisfaire leur curiosité, mais parvins à donner l'impression générale qu'à tout moment nos rangs, ayant perdu M. Chamberlain, allaient être renforcés par Lord Randolph Churchill.

La duchesse de Manchester (qui devint feu la duchesse de Devonshire) était la dernière grande dame politique de la société londonienne telle que je l'ai connue. Le secret de son pouvoir ne résidait pas seulement dans sa position – beaucoup de gens sont riches et nobles, gais et intelligents et vivent dans de grandes maisons – mais aussi dans son élasticité, ses critiques prudentes, son sens de la justice et de sa discrétion. Elle gardait non seulement ses propres secrets, mais aussi ceux des autres ; et elle ajoutait à une effronterie considérable et un courage intrépide, une vraie bonté de cœur. Je l'ai entendue réprimander et légèrement ridiculiser tous ses invités, tant à Compton Place qu'à Chatsworth, depuis le prince de Galles jusqu'au premier ministre. Je lui ai demandé un jour ce qu'elle pensait d'une certaine dame célèbre, dont l'arrogance et la vulgarité nous avaient tous agacés, ce à quoi elle a répondu :

"Je ne l'aime pas trop pour être un bon juge d'elle."

Un soir, bien des années après l'époque dont j'écris, elle dînait avec nous et nous parlions en tête-à-tête.

« Margot, dit-elle, toi et moi nous ressemblons beaucoup. »

Il était impossible d'imaginer deux êtres plus différents que moi et la duchesse de Devonshire – moralement, physiquement ou intellectuellement – alors je lui ai demandé quelle raison possible elle avait de penser ainsi, ce à quoi elle a répondu :

"Nous avons tous les deux des anges mariés ; quand Hartington mourra , il ira directement au paradis" - pointant son index au-dessus de sa tête - " et quand M. Asquith mourra, il ira directement là-bas aussi ; ce n'est pas le cas de Lord Salisbury, " en la désignant. doigt avec un mouvement de plongée vers le sol.

On se rencontrait tout le monde chez elle, mais elle m'a raconté qu'avant 1886-1887, les opposants politiques ne se voyaient presque jamais et que la société était beaucoup plus ennuyeuse.

Un jour de 1901, mon mari et moi logions à Chatsworth. Il y avait une grande fête à la maison, avec Arthur Balfour et Chamberlain. Avant de descendre dîner, Henry entra dans ma chambre et me dit qu'il avait reçu un télégramme me disant que la reine Victoria était très malade et qu'il craignait le pire ; il a ajouté que c'était un profond secret et que je ne devais le révéler à personne. Après le dîner, les petites-filles de la duchesse, Lady Aldra et Lady Mary Acheson, m'ont demandé de les rejoindre à la planchette, alors, pour leur faire plaisir, j'ai posé la main sur la planche. J'écoutais ce que disait la duchesse et mon esprit était vide. Après que les filles et moi ayons gratté pendant un moment, l'une d'elles a retiré le papier du tableau et a lu à haute voix :

"La Reine est en train de mourir." Elle a ajouté : "Quelle reine cela peut-il être ?"

Nous nous sommes rassemblés autour d'elle et avons tous regardé l'écriture ; et là j'ai lu distinctement parmi beaucoup de hiéroglyphes :

"La Reine est en train de mourir."

Si nous nous étions réunis tous les trois pour essayer d'écrire ceci et avions fouiné toute la nuit, nous n'aurions pas pu le faire.

J'ai eu de nombreuses expériences personnelles intéressantes de communication introuvable et de télépathie et je pense que les gens qui s'opposent à tout cet aspect de la vie sont excessivement stupides ; mais je ne les relie pas plus à la religion qu'à Marconi et je considérerai toujours comme un malheur que les gens puissent être trouvés suffisamment matériels pour se consoler par les bêtises qu'ils écoutent dans le noir lors de séances coûteuses.

À une certaine époque, sous l'influence de M. Percy Wyndham, de Frederic Myers et d'Edmund Gurney (ce dernier étant un ami cher avec qui j'ai correspondu quelques mois avant qu'il ne se suicide), Laura et moi avons traversé une période de « frayeurs ». " Il n'y avait pas de compagnon plus charmant que M. Percy Wyndham ; il nous adorait et, bien que lui-même croyant fermement au monde des esprits, il ne lui en voulait pas si les autres n'étaient pas d'accord avec lui. Nous assistions à toutes sortes de séances et prenions la question très au sérieux.

À l'époque comme aujourd'hui, tout se déroulait dans l'obscurité. Le médium célèbre de cette époque était une juive russe, nommée Madame Blavatsky. On nous a demandé de la rencontrer autour d'un thé, dans la salle à manger d'une maison privée de Brook Street, une affaire non professionnelle, simplement une petite réunion pour entendre ses opinions sur Dieu. À notre arrivée, j'ai bien observé son visage lourd et blanc, aussi profondément marqué par la variole qu'un jeu de solitaire, et je me suis demandé si elle était originaire de Moscou ou de Margate. Elle était étroitement entourée de dames fatigantes et palpitantes et tous les stores étaient relevés. Ne voyant aucun siège libre près d'elle, je m'assis sur une chaise basse et rembourrée près de la fenêtre. Après avoir fait un thé copieux, on la vit donner un frisson sanglotant et convulsif, qui provoqua la plus grande excitation ; la société s'entourait d'elle dans un cercle de sympathie et d'inquiétude. Lorsqu'on lui a demandé pourquoi son buste s'était soulevé et ses paupières ont clignoté, elle a répondu :

"Un meurtrier est passé sous nos fenêtres." Les dames stupéfaites l'ont interrogée avec révérence mais ardemment sur comment elle savait et ce qu'elle ressentait. L'avait-elle visualisé ? Reconnaîtrait -elle le coupable si elle le voyait et, après l'avoir reconnu , le sentirait-elle sur sa conscience si elle ne le livrait pas à la loi ? Une dame proposa que nous allions tous au poste de police le plus proche et ajouta qu'un cas de ce genre, s'il était prouvé, ferait plus pour dissiper les doutes sur les esprits que tous les coups, coups, tours et tables réussis. Étant la seule personne à la fenêtre à ce moment-là, j'ai regardé de haut en bas de Brook Street pour voir le meurtrier, mais il n'y avait aucune créature en vue.

Madame Blavatsky s'est révélée être une escroc audacieuse.

Pour revenir à Chatsworth : notre hôte, le duc de Devonshire, était un homme dont nous ne reverrons plus jamais l'égal ; il était autonome et ne pouvait venir d'aucun autre pays au monde que l'Angleterre. Il avait la silhouette et l'apparence d'un artisan, avec la brièveté d'un paysan, la courtoisie d'un roi et le sens de l'humour bruyant d'un Falstaff. Il poussait un grand rire sifflant à toutes les bonnes choses et possédait une sagesse infinie. Il était parfaitement détaché de lui-même, sans crainte et sans mesquinerie d'aucune sorte.

Bryan, l'homme politique américain, qui est venu ici et a entendu parler tous nos gros canons - Rosebery, Chamberlain, Asquith, etc. - lorsqu'on lui a demandé ce qu'il en pensait, a déclaré qu'un Chamberlain n'était pas inconnu pour eux en Amérique et qu'ils pouvaient produire un Rosebery ou un Asquith, mais qu'un Hartington aucun homme ne pouvait trouver. Son discours était le plus bel exemple de battage de pieux que le monde ait jamais vu.

Après le prince et la princesse de Galles, le duc et son épouse furent les grandes figures sociales et semi-politiques de ma jeunesse. Un jour, ils sont venus nous rendre visite à Cavendish Square, après avoir appris que notre dernier étage avait été détruit par un incendie. Ils firent le tour des murs calcinés du salon, avec le ciel bleu au-dessus de leur tête, et s'arrêtèrent devant une photo d'un cheval de course, offerte le jour de mon mariage par mon couturier, Alexander Scott (un Écossais qui à ma suggestion, avait fabriqué la première jupe d'équitation de sécurité brevetée). Le duc dit :

"Je suis désolé que votre Zoffany et votre Longhi aient été brûlés, mais moi-même, je préférerais de loin avoir le hareng." [Note de bas de page : Un portrait de JF Herring, sénateur. , de Rockingham, vainqueur des St. Leger Stakes, 1833, monté par Sam Darling.]

La duchesse en a ri et m'a demandé si mon bébé avait souffert d'un choc, ajoutant :

"Je serais désolé si ma petite amie Elizabeth a eu peur."

Je lui ai dit que, heureusement, elle n'était pas à Londres au moment de l'incendie. Lorsque la duchesse revint à Devonshire House, elle envoya à Elizabeth deux grandes bougies en cire rouge, avec une note dans laquelle elle disait :

"Quand tu as amené ta petite fille ici, elle voulait les grosses bougies rouges dans mon boudoir et je les lui ai données ; elles ont dû fondre dans le feu, alors je lui envoie ces nouvelles."

Je me promenais seul sur la grande route de Chatsworth un après-midi d'hiver, tandis que la duchesse était à l'intérieur en train de jouer aux cartes, lorsque j'ai aperçu la calèche familiale, un vaste véhicule qui se balançait et se balançait sur des ressorts en C, coincée au milieu d'un champ labouré. , les chevaux se précipitant dans des efforts infructueux pour extraire les roues de la boue. Le cocher était accompagné d'un page, en grandeur nature. Constatant leur dilemme, j'ai dit :

"Bonjour, vous êtes dans une bonne situation ! Qu'est-ce qui vous a poussé à vous lancer dans ce domaine ?"

Le cocher, qui me connaissait bien, m'expliqua qu'ils avaient rencontré un corbillard dans la partie étroite de la route et que, comme l'ordre de Sa Grâce était qu'aucune voiture ne devait dépasser un enterrement si cela pouvait être évité, il s'était tourné vers le champ. où la boue était si profonde et si lourde qu'ils étaient coincés. Il m'a fallu du temps pour obtenir de l'aide ; mais, après avoir détaché les rênes et mobilisé les jougs, le cocher, la voiture et moi sommes rentrés sains et saufs à la maison.

La mort était la seule chose dont j'ai jamais vu la duchesse avoir peur et, lorsque j'ai évoqué l'incident de la voiture et que je l'en ai plaisantée, elle a déclaré :

"Mon cher enfant, veux-tu me dire que ça ne te dérangerait pas de mourir ? Qu'en penses-tu ?"

Je lui répondis, en toute sincérité, que cela me dérangerait plus que tout au monde, mais non pas parce que j'avais peur, et que les corbillards ne m'affectaient en rien.

Elle m'a demandé ce qui m'intéressait le plus après la chasse et j'ai répondu la politique. Je lui ai dit que j'avais toujours prophétisé que j'épouserais un Premier ministre et que je vivrais dans les cercles politiques élevés. Cela l'a amusée et nous avons eu de nombreuses discussions sur la politique et les gens. Elle s'intéressait à ma jeunesse et à mon éducation et me faisait en parler.

Comme je l'ai déjà dit, nous n'étions pas populaires dans le Peeblesshire. Mon papa et sa vitale famille perturbaient les conventions du pays ; et tous les libéraux étaient considérés comme des étrangers par l'aristocratie écossaise de l'époque. Aux périodes électorales, les ouvriers des moulins des deux sexes étaient enfermés par crainte des querelles, mais malgré cela les serrures étaient brisées et les querelles étaient perpétuelles. Lorsque mon père a chassé le conservateur en exercice, Sir Graham Montgomery, en 1880, il y a eu de grandes ennuis à Peebles. J'ai épinglé les couleurs libérales , avec l'adresse d'un pickpocket, sur les pans de manteau de plusieurs propriétaires conservateurs sans méfiance, venus de très loin pour voter. Cela a ravi les électeurs, dont la plupart cousaient des plumes dans High Street, plus habitués à la boisson qu'aux blagues.

Les premiers hommes politiques notables qui sont venus séjourner chez nous quand j'étais petite étaient Chamberlain et Sir Charles Dilke . Tout comme, plus tard, mes amis (les Souls) discutaient pour savoir lequel irait le plus loin, George Curzon, George Wyndham ou Harry Cust, de même, à cette époque, les gens se posaient la même question à propos de Chamberlain et Dilke . À mon avis, il ne fallait pas qu'une sorcière prédise que Chamberlain battrait non seulement Dilke mais d'autres hommes ; et Gladstone a commis une grave erreur en ne faisant pas de lui un secrétaire d'État dans son gouvernement de 1885.

M. Chamberlain ne s'est jamais trompé, ce qui est plus que ce qu'on pourrait dire de certains des hommes politiques célèbres de l'époque. Il possédait également une rare mesure de contrôle intellectuel. La maîtrise de soi était son idiosyncrasie ; cela était particulièrement visible dans son discours ; il encourageait en lui une telle économie de gestes, de mouvements et de couleurs , que, après l'avoir entendu plusieurs fois, je parvins à la conclusion définitive que les adversaires de Chamberlain étaient submergés par sa modération accumulée. Quelles que soient les pulsions natives de Dilke , personne ne pouvait dire qu'il les contrôlait. Outre un sens de l'humour défectueux , il était fondamentalement banal et n'avait aucune clé dans son esprit, ce qui rend tout le monde finalement ennuyeux. Mon père, étant un ardent radical, passionné par tous ceux que Gladstone fréquentait , avait fait des préparatifs minutieux pour la réception de Dilke ; à son arrivée à Glen , il fut chaleureusement accueilli ; et nous nous sommes tous assis pour prendre le thé. Après l'avoir entendu parler sans interruption pendant des heures et avoir observé son visage étouffé et ses yeux lents et saillants, j'ai dit à Laura :

"C'est peut-être un homme très intelligent, mais il n'a pas la moindre once d' humour et presque aucune sensibilité. S'il était un cheval, je ne l'achèterais certainement pas !"

Ce à quoi elle était entièrement d'accord.

Le deuxième soir de sa visite, notre distingué invité rencontra Laura dans le couloir alors qu'elle se rendait au lit ; il lui dit :

"Si tu m'embrasses, je te donnerai une photo signée de moi."

Ce à quoi elle répondit :

"C'est extrêmement gentil de votre part, Sir Charles, mais je préférerais ne pas le faire, car que diable devrais-je faire de la photographie ?"

M. Gladstone était le politicien dominant de l'époque et suscitait plus d'adoration et de haine que quiconque .

Après ma première visite à Hawarden, il m'a envoyé le poème suivant, qu'il avait écrit la veille de mon départ :

MARGOT

Quand le Parlement cesse et que vient la récréation,
Et que nous cherchons à la campagne le repos après la détresse, En règle générale, nous mettons un embargo aux visiteurs, Mais faisons une exception en faveur de Margot.

Car elle apporte un tel trésor de mouvement et de vie,
de plaisir, d'esprit et d'agitation, aux gens fatigués par les conflits. Quoique jeune et belle, qui peut contenir une telle cargaison De toutes les bonnes qualités de Margot ?

    Par monts et par vaux , c'est un nom capital
Pour s'épanouir dans l'amitié, pour scintiller dans la gloire ; Il n'y a qu'une seule objection que l'on puisse faire à Margot : sa ressemblance avec l'argot dans les rimes et non dans le sens.

Qu'à cela ne tienne, tant pis, nous allons lui échapper :
ce n'est pas l'argot, la langue, mais Argo, le navire ; Et par mer ou par terre, je jure que tu peux aller loin avant de pouvoir réussir un doublé pour Margot.

WEG, 17 décembre 1889.

J'ai reçu ceci à Glen par le deuxième courrier le jour de mon arrivée, trop tôt pour que j'imagine que mon hôte l'avait écrit, alors j'ai écrit à notre cher vieil ami, Godfrey Webb - toujours soupçonné de nous faire des blagues - pour lui dire dire qu'il en avait exagéré cette fois, car Gladstone avait une trop belle écriture pour qu'il puisse la caricaturer de manière convaincante. Quand j'ai découvert que j'avais tort, j'ai écrit à mon poète :

19 décembre 1889. TRÈS CHER ET HONORÉ M. GLADSTONE,

Au début , j'ai pensé que votre poème devait être une plaisanterie, écrite par quelqu'un qui connaissait mes sentiments pour vous et ma visite à Hawarden ; mais, quand j'ai vu la signature et le cachet de la poste, j'ai été convaincu que cela ne pouvait venir que de vous. Cela a eu l'effet enivrant de me faire tourner la tête de plaisir ; si je commençais , je ne cesserais jamais de vous remercier. Avoir quatre rimes à mon nom met en valeur votre génie hors du commun, je pense ! Et le navire Argo est une idée assez nouvelle et charmante. J'adore le troisième couplet; que Margot est un nom capital pour s'épanouir dans l'amitié et briller dans la gloire. Vous devez me permettre de dire que vous êtes toujours si cher. Il est impossible de croire que vous aurez quatre-vingts ans demain, mais j'aime y penser, car cela donne à la plupart des gens l'occasion de voir comment la vie devrait être vécue sans être dépensée.

Il n'y a aucune bénédiction, beauté ou réalisation que je ne vous souhaite.

En vérité et sincérité, vôtre,

MARGOT TENNANT

A propos de cela, douze ans plus tard, je reçus la lettre suivante de Lord Morley :

LA MAISON ROUGE, HAWARDEN, CHESTER,

18 juillet 1901.

Je viens de passer un quart d'heure si gai — un paquet de VOS lettres à Monsieur G. Think — ! Je les ai tous lus ! — et ils me rappellent l'écrivain avec une vivacité étrange et tendre. Quel changement de la part des évêques !!! Pourquoi ne m'appelez-vous jamais « Très cher et honoré Monsieur » ? Je n'ai pas encore quatre-vingt-cinq ans, mais je l'aurai bientôt.

Toujours à vous, JOHN MORLEY.

J'ai entendu des gens dire que la famille Gladstone ne lui avait jamais permis de lire un journal contenant quoi que ce soit d'hostile à lui-même ; tout cela n'est que de la plus grande foutaise ; personne n'a gêné sa lecture. Les mêmes bêtises ont été dites à partir d'aujourd'hui sur les grands hommes de cette époque et continueront à être dites ; et les mêmes oies idiotes les croiront. Je n'ai jamais remarqué que Gladstone était plus facilement flatté que les autres hommes. Il ÉTAIT plus flatté et par plus de gens, parce qu'il était un homme plus grand et vivait plus longtemps ; mais il était remarquablement exempt de toute vanité. Il rirait toujours d'une bonne chose, si vous choisissiez le bon moment pour le lui dire ; mais il y avait des humeurs dans lesquelles il n'était pas enclin à s'amuser.

Un jour, alors que lui et moi parlions de Jane Welsh Carlyle, je lui racontai qu'un ami de Carlyle, un vieil homme que j'avais rencontré à Balliol, m'avait raconté que l'une de ses histoires préférées était celle d'un Irlandais qui, lorsqu'on lui demandait où il conduisait son cochon, dit :

"Cark. ..." (Liège.)

"Mais", dit son interlocuteur, "votre tête est tournée vers Mullingar ... ! "

Ce à quoi l'homme répondit :

"Whist ! Il vous entendra !"

Cela ravit M. Gladstone. Je lui ai également raconté l'une des histoires préférées de Jowett , sur George IV. Je suis allé à Portsmouth pour une grande réception et j'ai rencontré un célèbre amiral de l'époque. Il lui donna une tape dans le dos et dit d'une voix forte :

"Eh bien, mon cher amiral, j'ai entendu dire que vous êtes le plus grand canaille   de
Portsmouth !"

Sur quoi l'amiral se redressa, salua le roi et dit :

"J'espère, Monsieur, que VOUS n'êtes pas descendu pour m'enlever ma réputation."

Je trouve dans un vieux journal le récit d'un voyage que j'ai fait avec Gladstone après la mort de ma sœur Laura. Voici ce que j'ai écrit :

"Le samedi 29 mai 1886, M. et Mme Gladstone sont venus nous rendre visite au 40 Grosvenor Square. Papa avait arrangé le salon en vue de leur arrivée et était de bonne humeur. J'avais peur qu'il n'en veuille pas. mon souhait d'emmener M. Gladstone dans ma chambre après le déjeuner et de lui parler seul. Cependant, Tante Pussy - comme nous appelions Mme Gladstone - avec beaucoup de clins d'œil, a emmené papa et a dit à maman :

"'William et Margot vont avoir une petite conversation !'

"Je n'avais pas rencontré ni vu M. Gladstone depuis la mort de Laura.

"Quand il fut monté jusqu'à mon boudoir, il se dirigea vers la fenêtre et admira les arbres de la place, déplorant leur inutilité et se demandant si le réverbère qui traversait l'allée de la place dans le champ de nos yeux était un enfant.

"Je lui ai demandé s'il approuverait que les grilles carrées soient enlevées et que les verres et les arbres soient transformés en un lieu avec des sièges, comme on en voit dans les villes étrangères, non seulement pour la commodité de s'asseoir, mais pour le bonheur des invalides. et les oisifs qui courtisent l'ombre ou le soleil. Cela rencontra son approbation, mais il dit avec une certaine vérité que les seules personnes qui pouvaient faire cela – ou l'empêcher – étaient « l'aristocratie résidente ».

"Il m'a demandé si Laura avait souvent parlé de la mort. J'ai répondu oui et qu'elle avait écrit sur ce sujet d'une manière qui n'était ni morbide ni terrible. Je lui ai montré quelques prières qu'elle avait griffonnées dans un livre, contre la mondanité et la bonne humeur. Il écouté avec respect et intérêt. Je ne crois pas avoir jamais vu son visage porter aussi distinctement l'expression que Millais peignait dans notre tableau que lorsque, fermant le livre, il me dit :

"'Il faut très peu de foi pour croire qu'une créature aussi rare que votre sœur Laura est bénie et auprès de Dieu.'

"Tante Pussy est entrée dans la pièce et la conversation a tourné autour de l'objection de Laurence Oliphant à visiter les tombes de ceux que nous aimons. Ils n'étaient pas d'accord avec cela et il a dit :

"'Je pense, au contraire, qu'il faut s'encourager à trouver une consolation dans les quelques souvenirs tangibles auxquels on peut prétendre ; cela ne doit pas diminuer la foi en son esprit ; et il y a sûrement une leçon silencieuse à tirer de la pierre tombale.'

" Papa et maman sont entrés et nous sommes tous descendus prendre le thé. M. G., soulagé par le changement de scène et de sujet, a commencé à parler et a dit qu'il a regretté toute sa vie d'avoir manqué l'occasion de connaître Sir Walter Scott, Dr. Arnold et Lord Melbourne. Il nous a raconté une de ses histoires préférées . Il a déclaré :

"'Une association de dames m'a écrit et m'a demandé de leur envoyer quelques mots sur cette malheureuse Mary, reine d'Écosse. Dans la pénurie de mes connaissances et dans la confusion née des estimations contradictoires de la pauvre Mary, j'ai pensé écrire à Mgr Stubbs. Tout ce qu'il a répondu, c'est : "Mary lève les yeux."

"Après cela, je l'ai ramené à Downing Street dans mon phaéton, j'ai fait le tour du parc et sur le pont Knights. Je lui ai dit que j'avais du mal à juger le cerveau des gens s'ils étaient très lents.

" M. GLADSTONE : " J'aurais aimé, alors, que vous ayez eu le privilège de connaître M. Cobden ; il était à la fois l'homme le plus lent et l'un des plus intelligents que j'aie jamais rencontré. Personnellement , je trouve qu'il est beaucoup plus facile de juger de l'intelligence que du caractère ; peut-être est-ce parce que, dans mon mode de vie, les motivations sont très difficiles à comprendre, et que l'association constante avec l'intelligence et la culture conduit à une juste tolérance et à une critique de toutes sortes et de toutes conditions d'hommes.

« Il a parlé de Bright, de Chamberlain et de Lord Dalhousie,[Note de bas de page : feu comte de Dalhousie.] qui, disait-il, était l'un des hommes les meilleurs et les plus consciencieux qu'il ait jamais connu. Depuis qu'il était Premier ministre, il avait été personnellement sollicité pour toutes les grandes fonctions de l'État, y compris l'archevêché de Cantorbéry, et ce, non pas par des fous mais par des hommes très respectables, parfois même par ses amis. Il a déclaré que le pouvoir critique de Goschen était solide et subtil. mais qu'il gâchait ses discours par une pointe d'amertume. M. Parnell, disait-il, était un homme de génie, né pour les grandes choses. Il avait du pouvoir, de la décision et de la réserve, il voyait les choses telles qu'elles étaient et avait confiance en lui. (Dix jours après cette campagne, M. Gladstone a prononcé son dernier grand discours sur le Home Rule irlandais.)

« Je l'ai fait sourire en lui racontant comment Lord Kimberley m'avait raconté qu'un jour à Dublin, alors qu'il était vice-roi, il avait reçu une lettre qui commençait :

« Mon Seigneur, demain, nous avons l'intention de vous tuer au coin de Kildare Street ; mais nous aimerions que vous sachiez qu'il n'y a rien de personnel là-dedans ! »

"Il a parlé tout au long de Piccadilly du caractère irlandais, de son esprit, de son charme, de sa grâce et de son intelligence. J'ai failli faire atterrir mon phaéton dans un omnibus dans mon souci de souligner l'ingratitude et le manque de détermination des Irlandais; mais il a dit que Dans la plus noble des races, l'esprit d' autodéfense avait engendré des vices infâmes et génération après génération naissaient en Irlande avec leur sang décoloré par la haine des gouvernements anglais.

« Les conservateurs n'ont aucun espoir, aucune foi », a-t-il poursuivi, « et les meilleurs d'entre eux ont un intérêt de classe et l'esprit de l'antiquité, mais le dernier a été oublié et seul l'intérêt de classe demeure. Disraeli était un grand conservateur. Cela me chagrine de voir des gens croire en Randolph Churchill comme son successeur, car il n'a rien du génie, de la patience ou de la perspicacité que Dizzy avait dans une large mesure.

« M. Gladstone m'a dit qu'il donnait un dîner au parti libéral ce soir-là, et il a ajouté :

"'Si Hartington est de bonne humeur , j'ai l'intention de lui dire : "Ne proposez pas un vote de défiance à mon égard après le dîner, sinon vous l'emporterez très probablement."'

"'Il en a ri et m'a dit quelques jours après que Lord Hartington avait été ravi de cette idée.

"Il m'a fortement conseillé de lire un petit livre d'une certaine Miss Tollet , intitulé Country Conversations, qui avait été imprimé en privé, et a déploré la grande quantité de littérature médiocre qui circulait, "quand un admirable petit volume comme celui-ci ne peut être obtenu par le mes plus fervents admirateurs, maintenant l'auteur est morte.'" (Entre parenthèses, j'aurais souvent aimé pouvoir dire à M. Gladstone que Jowett m'a laissé ce petit livre et son Shakespeare dans son testament.)

"Nous avons traversé Green Park et je me suis arrêté au Horse Guards Parade à la porte du jardin du 10 Downing Street. Il est sorti du phaéton, a déverrouillé la porte et, se retournant, s'est tenu debout avec son chapeau enlevé et ses cheveux gris soufflant sur son front, tenant une cape sombre et tissée sur ses épaules. Il a dit avec beaucoup de grâce qu'il avait énormément apprécié sa conduite, qu'il espérait que cela se reproduirait et que j'avais une façon de dire les choses et un ton de voix. cela lui rappellerait toujours ma sœur Laura. Son cher vieux visage était plissé par le soin et ses contours étaient nets comme un profil. Je lui ai dit au revoir et je suis parti; c'était peut-être la lumière du soleil couchant, ou le vent, ou peut-être autre chose, mais mes yeux étaient pleins de larmes. »

Mon mari, en discutant avec moi du sens de l'humour de Gladstone , m'a raconté l'histoire suivante :

"Pendant la phase de commission du Home Rule Bill lors de la session de 1893, j'étais un soir dans une Chambre très maigre, assis à côté de M. Gladstone sur le banc du Trésor, dont nous étions les seuls occupants. Ses yeux étaient à moitié fermé, et il semblait absorbé par le déroulement d'une morne discussion sur la suprématie du Parlement. Soudain, il se tourna vers moi avec un air de grande animation et me dit, de son ton le plus solennel : « Avez-vous déjà pensé à qui est l'homme le plus laid du parti d'en face ?

"M. ASQUITH : 'Certainement ; c'est sans aucun doute X' (nommant un célèbre
homme d'État anglo-indien).

"M. GLADSTONE : 'Vous avez tort. X est sans aucun doute un homme laid, mais Y est bien plus laid' (nommant un conseil de la reine de l'époque).

"M. ASQUITH : 'Pourquoi devriez-vous lui donner la préférence ?'

"M. GLADSTONE : 'Appliquez un test très simple. Imaginez-les tous les deux agrandis sur une échelle colossale. La laideur de X commencerait alors à paraître digne et même impressionnante, tandis que plus vous agrandissez Y, plus il deviendrait méchant.'"

J'ai connu sept premiers ministres – Gladstone, Salisbury, Rosebery, Campbell-Bannerman, Arthur Balfour, Asquith et Lloyd George – chacun aussi différent que possible des autres. J'ai demandé un jour à Arthur Balfour s'il y avait une grande différence entre lui et son oncle. J'ai dit:

"Lord Salisbury ne se soucie pas fanatiquement de la culture ou de la littérature. Il peut aimer Jane Austen, Scott ou Sainte-Beuve, pour autant que je sache, MAIS IL N'EST PAS UN ÉCOLE ; il ne se soucie pas de Platon, Homère, Virgile ou aucun des autres. grands classiques. Il a un merveilleux sens de l'humour et c'est un bel écrivain, d'un beau style ; mais je dois dire qu'il est avant tout un homme de science et un homme d'Église. Tout cela peut être dit aussi bien de vous.

Ce à quoi il a répondu :

"Il y a une différence. Mon oncle est conservateur… et je suis libéral."

J'ai apprécié feu Lord Salisbury, tant dans ses paroles que dans sa conversation. J'avais une sorte de sentiment qu'il pouvait toujours me marquer avec tant de grâce, de bonne humeur et d'esprit que je ne le découvrirais jamais. Il m'a demandé un jour ce que mon mari pensait des propos de son fils Hugh, ce à quoi j'ai répondu :

« Je ne vous le dirai pas, parce que vous ne savez rien de mon mari et que vous n'apprécieriez pas son opinion. Vous ne savez rien non plus de notre Chambre des Communes, Lord Salisbury ; l'autre jour seulement, vous avez dit en public que vous n'aviez même jamais vu Parnell."

LORD SALISBURY (montrant son gilet) : « Ma silhouette n'est pas adaptée aux sièges étroits de la tribune de vos pairs, mais je peux vous assurer que vous me faites une injustice. J'ai été un des premiers à prédire, tant en privé qu'en privé. en public, que M. Asquith aurait un très grand avenir. Je ne vois personne de sa génération, ni même parmi les hommes plus jeunes, qui soit comparable à lui. Ne satisferez-vous pas ma curiosité en me disant ce qu'il pense de mon fils ? Hugh parle ? »

Heureusement, j'ai pu dire que mon mari considérait Lord Hugh Cecil comme le meilleur orateur à la Chambre des communes et même ailleurs, ce à quoi Lord Salisbury a fait la remarque suivante :

" Pensez-vous qu'il dirait cela s'il l'entendait parler d'autres sujets que l'Église ? "

Je lui ai assuré qu'il l'avait entendu sur le libre-échange et sur de nombreux sujets et que son opinion restait inchangée. Il pensait que s'ils parvenaient à se dénouer et à parcourir plus de terrain, lui et son frère, Bob Cecil, auraient un grand avenir.

J'ai demandé à Lord Salisbury s'il avait déjà entendu Chamberlain parler (Chamberlain était à l'époque secrétaire d'État aux Colonies).

LORD SALISBURY : "C'est curieux que vous me demandiez cela. Je l'ai entendu pour la première fois cet après-midi."

MARGOT : "Où l'as-tu entendu ? Et de quoi parlait-il ?"

LORD SALISBURY : « Je l'ai entendu à Grosvenor House. Laissez-moi voir... de quoi parlait-il ? ... (en réfléchissant) des lavandières australiennes ? Je pense... ou quelque chose du genre. ... »

MARGOT : "Qu'en as-tu pensé ?"

LORD SALISBURY : "Il semble être un bon orateur, soucieux des affaires."

MARGOT : "Je suppose qu'en ce moment, M. Chamberlain est autant détesté que Gladstone ne l'a jamais été ?"

LORD SALISBURY : "Il y a une différence. M. Gladstone était détesté, mais il était très aimé. Quelqu'un aime-t-il M. Chamberlain ?"

Un jour après cette conversation, il est venu me voir, apportant avec lui une photo signée de lui. Nous, du parti libéral, étions très préoccupés par l'ombre de la protection qui nous avait été présentée par M. Ritchie, alors chancelier de l'Échiquier, en imposant un impôt sur le maïs ; et le Parti conservateur, avec M. Balfour comme Premier ministre, ne se portait pas bien. Nous entamâmes la conversation sur son neveu et sur la question fiscale.

J'ai été choqué par son détachement apparent et j'ai dit :

"Mais voulez-vous me dire que vous ne pensez pas qu'il y ait un quelconque danger   que l'Angleterre devienne protectionniste ?"

LORD SALISBURY (avec un doux sourire) : " Pas du tout ! Il y aura toujours un certain nombre d'idiots qui seront protectionnistes, mais ils se laisseront facilement vaincre par les sages. Avez-vous déjà connu un homme de premier ordre ? " intellectuel dans ce pays, qui était protectionniste ? »

MARGOT : "Je n'y ai jamais pensé, mais Lord Milner est le seul auquel je pense pour le moment."

Il était entièrement d'accord avec moi et dit :

"Non, ne vous inquiétez pas. Le libre-échange l'emportera toujours contre le protectionnisme dans ce pays. Ce ne sera pas le problème de l'avenir."

MARGOT : "Alors, que se passera-t-il ?"

LORD SALISBURY : "La Chambre des Lords est la difficulté que je prévois."

J'ai été surpris et incrédule et j'ai dit doucement :

"Cher Lord Salisbury, j'ai entendu parler de la Chambre des Lords toute ma vie ! Mais, aussi stupide qu'elle ait été, personne n'aura jamais le pouvoir de la modifier. Pourquoi prophétisez-vous qu'elle causera des problèmes ?"

LORD SALISBURY : « Vous pouvez me croire vaniteux, Mme Asquith, mais tant que je serai là, rien ne se passera. Je comprends parfaitement mes lords ; mais, quand je partirai, des erreurs seront commises : la Chambre des Lords viendra en conflit avec les Communes. »

MARGOT : "Tu aurais dû lui apprendre de meilleures méthodes ! J'ai bien peur que ce soit de ta faute !"

LORD SALISBURY (souriant) : "Peut-être ; mais selon VOUS, quel sera le prochain sujet de controverse ?"

MARGOT : "Si ce que vous dites est vrai et que la protection EST impossible dans ce pays, je pense que le prochain conflit portera sur l'Église d'Angleterre ; elle est dans un mauvais état."

J'ai ensuite dénoncé la construction constante d'églises alors que le salaire des curés était si cruellement bas. J'ai dit que peu d'hommes de bien pouvaient se permettre d'entrer dans l'Église ; et les voix assumées, tant dans la lecture que dans la prédication, énervaient à tel point tous ceux qui voulaient écouter, que les églises devenaient chaque jour plus ennuyeuses et plus vides.

Il écouta tout cela avec patience puis se leva et dit :

"Maintenant, je dois partir ; je ne vous reverrai plus."

Quelque chose dans sa voix m'a fait le regarder.

"Vous n'êtes pas malade, n'est-ce pas ?" Ai-je demandé avec appréhension.

Ce à quoi il a répondu :

"Je pars à la campagne."

Je ne l'ai jamais revu et, lorsque j'ai appris sa mort, j'ai regretté de ne pas l'avoir vu plus souvent.

CHAPITRE VIII

LA BELLE KATE VAUGHAN—ENTRAÎNÉE PAR COQUELIN À MOLIERE—POPULARITÉ ET ÉLOQUENCE DE ROSEBERY—CAMPBELL-BANNERMAN BON-VIVANT ET BOULEVARDIER— MOT DE BALFOUR; SON CHARME ET SON ESPRIT ; SES GOÛTS ET PRÉFÉRENCES ; SA SPÉCULATION RELIGIEUSE

Le prochain Premier ministre, que je connaissais mieux que M. Gladstone ou Lord Salisbury, était Lord Rosebery.

Quand j'étais petite, ma mère nous emmenait à l'hôtel Thomas, à Berkeley Square, pour suivre des cours de danse auprès du célèbre et à la mode M. d'Egville . Ces cours m'ont mis de bonne humeur, car mon maître m'a dit que je pouvais toujours gagner ma vie sur scène. Ses propos ont été justifiés par une autorité supérieure dix ans plus tard : la belle Kate Vaughan du Gaiety Theatre.

J'ai fait sa connaissance de cette manière : j'étais une bonne actrice amateur et avec l'aide de Miss Annie Schletter , une de mes amies qui est actuellement sur la scène anglaise, j'ai pensé que nous pourrions jouer ensemble les Précieux ridicules de Molière pour une matinée de charité. Coquelin – le meilleur acteur de Molière qui ait jamais existé – se produisait à Londres à ce moment-là et a promis qu'il ne se contenterait pas de me guider dans mon rôle, mais qu'il prêterait toute sa troupe pour notre représentation. Il m'a donné douze leçons et j'ai travaillé dur pour lui. Il était extrêmement particulier ; et j'étais plus nerveux à cause de ces leçons que je ne l'avais jamais ressenti à cheval sur des arbres élevés. Mon père fut si enchanté de ce que Coquelin lui disait de moi et de mon jeu, qu'il acheta un bel exemplaire ancien des pièces de Molière qu'il me fit lui offrir. Je joins sa lettre de refus :

MA TRÈS CHÈRE PETITE MARGOT,

Je suis très content de vous . Je croyais que vous me traitiez tout à fait en ami , car c'était fr ami que j'avais accepte de vous offrir quelques indications sur les Précieuses …et voilà que vous m'envoyez une énorme cadeau …imprudence d'abord parce que j'ai tous les beaux Molière qui existent et ensuite parce qu'il ne fallait pas envoyer ombre de quoi que ce soit à votre ami Coq.

Je vais tout faire, malgre cela , pour aller vous voir un instant au'jourd'hui , mais je ne suis pas certain d'y parvenir .

Remerciez votre amie Madelon et dites-lui bien qu'elle non plus ne me doit absolument rien .

J'aime mieux un tout petit peu de la plus légère gratitude que n'importe quoi. Conservez , ma chère Margot, un bon souvenir de ce petit travail qui a du vous amuser beaucoup et qui nous a réunis dans les meilleurs sentiments du monde ; continuons nous cette sympathie que je trouve moi tout a fait exquise —et crois qu'en la continuant de votre cote, vous serez mille fois plus que quitter envers votre très dévoué

COQ.

Coquelin le Jeune était notre régisseur et jouait le rôle principal. Quand ce fut fini et que le rideau tomba, « le groupe de Freddy Wellesley [Note de bas de page : l'honorable F. Wellesley, célèbre haricot et mari de Kate Vaughan.] » jouait des valses de Strauss dans l' entrée , tandis que le public était en attendant que Kate Vaughan apparaisse dans une courte pièce intitulée The Dancing Lesson, la plus belle danse solo jamais vue. J'étais seule sur scène et, pensant que personne ne me voyait, j'enlevai mon cerceau Molière de soie fleurie et me laissai aller, en jupons de dentelle, au son de la merveilleuse musique. Soudain, j'entendis une voix plutôt cockney dire depuis les coulisses :

"Mon Seigneur ! Comment savez-vous danser ! Qui vous a appris, j'aimerais savoir ?"

Je me suis retourné et j'ai vu le joli visage de Kate Vaughan. Elle portait une longue robe noire moulante en crêpe de Chine et un petit bonnet noir avec un nœud en velours sur une oreille ; sa gorge blanche et ses beaux bras étaient nus.

"Eh bien," dit-elle, "tu pourrais me doubler, je crois ! Tu viens et je te montrerai mes rôles et VOUS ne manquerez jamais de garçons en or !"

Je me souviens de l'expression, car je n'avais aucune idée de ce qu'elle voulait dire par là. Elle m'a expliqué que si je devenais sa doublure à la Gaiety, je ferais fortune. J'ai été surprise qu'elle m'ait pris pour un professionnel, mais pas plus que lorsque je lui ai dit que je n'avais jamais eu de cours de danse classique de ma vie.

Mais mon adorable coach est tombé malade et a dû abandonner la scène. Elle m'a écrit une charmante lettre, me recommandant à son propre maître de danse, M. d'Auban , auprès duquel j'ai étudié pendant plusieurs années.

Un jour, en revenant de ma première leçon de danse à l'hôtel Thomas, j'ai trouvé mon père en train de parler à Lord Rosebery. Il a dit que je ferais mieux de m'enfuir ; alors, après l'avoir embrassé et serré la main de l'étranger, j'ai quitté la pièce. Alors que je fermais la porte, j'entendis Lord Rosebery dire :

"Votre fille a de beaux yeux."

Je l'ai répété à l'étage, avec joie et enthousiasme, à la famille qui, de bonne humeur , m'a dit qu'elle pensait que c'était assez vrai si mes yeux n'avaient pas été si rapprochés. J'ai pris un verre, je me suis bien regardé et j'ai été obligé d'accepter à contrecœur.

J'ai ensuite interrogé mon père sur Lord Rosebery et il m'a répondu :

"C'est de loin le jeune homme le plus brillant qui soit et il sera certainement Premier ministre un jour."

Lord Rosebery est né avec presque tous les avantages : il avait un beau sourire, un visage intéressant, une voix remarquable et une autorité naturelle. Lorsqu'il était à Oxford, il avait été trop intéressé par la course au travail et fut par conséquent renvoyé - une punition partagée plus tard et pour des raisons différentes par un autre homme d'État distingué, l'actuel vicomte Grey - mais personne ne pouvait dire qu'il n'était pas travailleur. à l'époque où je l'ai connu et un homme d'éducation. Il s'est d'abord fait connaître en étant le président de M. Gladstone lors des réunions politiques de la grande campagne de Midlothian, où il est devenu l'idole de l'Écosse. Chaque fois qu'il y avait une foule dans les rues ou à la gare, à Glasgow ou à Édimbourg, et que je demandais de quoi il s'agissait, je recevais toujours la même réponse :

« Rozbury ! »

Je pense que Lord Rosebery aurait eu un meilleur système nerveux et aurait été un homme plus heureux s'il n'avait pas été aussi riche. Les richesses sont surestimées dans l'Ancien Testament : l'homme bon et qui réussit reçoit trop d'animaux, d'épouses, de singes, de chèvres et de paons. Les valeurs sont changées dans le Nouveau : le Christ conseille une autre perfection et promet une autre récompense. Il ne censure pas l'homme qui possède de grandes possessions, mais il souligne que ses richesses l'entraveront dans sa progression vers le Royaume des Cieux et qu'il ferait mieux de tout vendre ; et Il conclut par ces paroles pénétrantes :

" De quoi profite-t-il à un homme s'il gagne le monde entier et perd sa propre âme ? "

L'âme ici est libre de soi.

Lord Rosebery avait la peau trop fine, trop conscient pour être vraiment heureux. Il n'était pas influencé par lui-même comme Gladstone, mais il était autonome. Il est arrivé au pouvoir à une époque où la fortune du Parti libéral était au plus bas ; et cela, ajouté à sa sensibilité particulière, le mettait à rude épreuve. Certains pensaient que c'était un homme de génie, d'une sensibilité morbide, en retrait de la vie publique et de la presse, maudit par un manque d'ambition, soudain, déroutant, complexe et charmant. D'autres pensaient qu'il était un homme irrésistible pour ses amis et terrible pour ses ennemis, rêvant d'Empire, supplié par les rois et les armées de remettre les pays et les continents en ordre, un homme dont l'attention fustigeait ou bénissait les jeunes hommes de lettres, poètes, pairs ou hommes politiques. , qui à la fois effrayait et obligeait tous ceux qu'il rencontrait par son silence glacial, son sourire enjoué ou le poids de son indignation morale : la vérité étant qu'il était un mélange des deux.

Lord Salisbury m'a dit qu'il était le meilleur orateur occasionnel qu'il ait jamais entendu ; et c'était certainement une personne exceptionnellement douée. Il venait constamment à Glen dans ma jeunesse et nous l'adorions tous. Personne n'était plus alarmant pour l'étranger moyen ni plus enjoué et plus affectueux dans l'intimité que Lord Rosebery.

Une annonce dans un journal obscur selon laquelle il était fiancé avec moi s'est produite entre nous plus tard. Il était sérieusement ennuyé et pensait que j'aurais dû le contredire. Je n'avais jamais entendu parler de ce rapport jusqu'à ce que je reçoive une lettre de Paris au Caire, me demandant si je n'accepterais pas la haute considération et les hommages respectueux de l'écrivain et lui permettrais de confectionner mes chemises. Après cela, l'affaire m'est complètement sortie de la tête, jusqu'à ce que, le rencontrant un jour à Londres, je fus accueilli avec une telle répression glaciale que je me sentais complètement épuisé. Quelques mois plus tard, notre presse réfléchie a annoncé que j'étais fiancée à Arthur Balfour. Comme je n'avais plus rien revu de Lord Rosebery depuis qu'il était entré dans une longue période de deuil, j'étais habitué à me passer de lui, mais perdre l'affection et l'amitié d'Arthur aurait été pour moi une perte personnelle irréparable. Je n'avais pas besoin d'avoir peur, car c'était exactement le genre de rumeur qui contestait son insolente indifférence envers le public et la presse. En me voyant entrer un soir dans la salle de bal de Lady Rothschild, il quitta le côté de l'homme avec qui il conversait et, de son pas élastique, descendit le parquet vide pour me saluer. Il m'a demandé de m'asseoir à côté de lui dans un endroit bien en vue ; et nous avons parlé à travers deux danses. On m'a raconté ensuite que quelqu'un qui nous surveillait lui avait dit :

"J'ai entendu dire que tu allais épouser Margot Tennant."

Ce à quoi il a répondu :

"Non, ce n'est pas le cas. Je préfère avoir ma propre carrière."

Les deux adversaires de Lord Rosebery, Sir William Harcourt et Sir Henry Campbell-Bannerman, étaient des hommes très différents.

Sir William aurait dû vivre au XVIIIe siècle. Pour illustrer son sens de l'humour : il m'a dit qu'il fallait jouer avec les femmes comme avec des poissons ; seulement dans un cas on les incline pour les faire monter et dans l'autre pour les faire tomber. Il avait beaucoup d'esprit et de nature, une générosité de cœur impulsive et un tempérament qui obscurcissait son jugement. C'était un homme à qui la vie n'avait rien ajouté ; il était pervers, déraisonnable, brillant, tapageur et gentil quand je l'ai connu ; mais il devait être tout cela dans la crèche.

Au moment de la scission de notre parti à cause de la guerre des Boers, lorsque nous étions dans l'opposition et que l'expression « méthodes de barbarie » devenait célèbre, mes amis personnels étaient dans un état de plus grande agitation. Lord Spencer, qui m'accompagnait presque tous les matins, déplora l'attitude prise par mon mari. Il a dit que cela serait fatal à son avenir, se dissocier des pacifistes et des pro-Boers, et qu'il craignait que les Harcourt ne nous parlent plus jamais. Comme j'étais dévoué à ces derniers, ainsi qu'à leur fils Lulu [Note : l'actuel vicomte Harcourt.] et à sa femme May, toujours mes chers et fidèles amis, j'étais plein d'appréhension. Nous avons dîné un soir avec Sir Henry et Lady Lucy et avons découvert que Sir William et Lady Harcourt faisaient partie de la compagnie. Je n'ai eu aucune occasion de les approcher avant le dîner, mais lorsque les hommes sortirent de la salle à manger, Sir William se précipita vers moi. S'asseyant, il me prit la main dans les siennes et dit :

"Mon cher petit ami, ne vous souciez pas des querelles ! Les soirées Asquith ou les après-midi Rosebery, toutes ces choses passeront ; mais votre homme est l'homme de l'avenir !"

C'étaient des paroles généreuses, car si Lord Morley, mon mari et d'autres avaient soutenu Sir William Harcourt au lieu de Lord Rosebery lors de la démission de Gladstone, il serait certainement devenu Premier ministre.

Je n'ai jamais bien connu Sir Henry Campbell-Bannerman, mais chaque fois que nous nous rencontrions , nous riions beaucoup ensemble. Il était essentiellement un bon vivant, un boulevardier et un humoriste. Lors d'un déjeuner officiel donné en l'honneur d'un ministre des Affaires étrangères, Campbell-Bannerman, dans un admirable discours en français, langue qu'il connaissait bien, a décrit Arthur Balfour, qui était à ses côtés, comme l'enfant porte de l'anglais. la politique et Chamberlain, qui était également au déjeuner, dans le rôle de l'enfant terrible.

Le jour de l'ouverture du Parlement, le 14 février 1905, il prononça un discours amusant et révélateur. C'était à propos de la controverse fiscale qui faisait rage dans toute l'Angleterre et qui était destinée à amener le parti libéral au pouvoir lors des deux élections générales suivantes. Il a dit qu'Arthur Balfour était « comme un général qui, ayant donné l'ordre à ses hommes d'attaquer, les trouvait en train de s'attaquer les uns les autres ; lorsqu'il est informé de cela, il hausse les épaules et dit qu'il n'y peut rien s'ils se méprennent ». ses ordres!"

Malgré la grave scission au sein du Parti libéral à cause de la guerre des Boers, impliquant la désaffection de mon mari, Gray et Haldane, Campbell-Bannerman devint Premier ministre en 1905.

Il n'avait pas organisé d'élections par coupon en accord avec le Parti conservateur pour étouffer ses adversaires, mais il a demandé à Henry, avant de consulter qui que ce soit, quelle fonction il accepterait pour lui-même et ce qu'il pensait approprié pour d' autres personnes dans son nouveau cabinet. Seuls des hommes d'une certaine grandeur de caractère peuvent accomplir de telles choses, mais tous ceux qui ont suivi les événements ultérieurs conviendraient que la générosité de Campbell-Bannerman a été récompensée.

Lorsque CB – comme on l'appelait – s'est rendu à Downing Street, c'était un homme fatigué ; sa femme était complètement invalide et sa propre santé avait été compromise en la soignant. Au fil du temps, les heures tardives à la Chambre des communes ont commencé à se faire sentir et il a relégué de plus en plus de son travail à mon mari.

Un soir, il fit venir Henry le voir au 10 Downing Street et, lui annonçant qu'il était mourant, le remercia pour tout ce qu'il avait fait, notamment pour son excellent travail sur la constitution sud-africaine. Il se tourna vers lui et dit :

"Asquith, tu es différent des autres, et je suis heureux de t'avoir connu… Que Dieu te bénisse !"

CB est décédé quelques heures après.

J'en viens maintenant à un autre Premier ministre, Arthur Balfour.

Lorsque Lord Morley écrivait la vie de Gladstone, Arthur Balfour me dit :

"Si vous voyez John Morley, donnez-lui mon amour et dites-lui d'être audacieux et indiscret."

Une biographie ne doit pas être un argument ni pour ni contre son client et il doit en être de même pour une autobiographie. Lorsque vous écrivez sur vous-même et sur d'autres personnes vivantes, vous devez prendre votre courage à deux mains. J'avais pensé à mettre comme devise sur la page de titre de ce livre : « Autant être pendu pour un mouton que pour un agneau » ; mais j'y ai renoncé lorsque mes amis m'ont dénoncé et que je l'ai vu cité dans les journaux ; et j'ai choisi Blake et la Bible.

Si j'ai écrit ici quelques mots qui blessent un ami ou un ennemi, je ne peux que les rapporter à mon caractère général et demander à être jugé sur lui. Je ne suis pas tenté d'être méchant et je n'ai jamais consciemment blessé qui que ce soit dans ma vie ; mais dans ce livre, je dois écrire ce que je pense sans crainte ni faveur et dans le strict respect de la vérité non modélisée.

Arthur Balfour n'a jamais été un porte-drapeau. C'était un homme indulgent, aux goûts simples. Pour la personne moyenne, il était aussi déroutant à comprendre et aussi difficile à connaître qu'il était facile à aimer pour moi et pour beaucoup d'autres. Vous direz peut-être qu'aucun homme moyen ne peut connaître intimement un Premier ministre ; mais la plupart d'entre nous ont rencontré des étrangers dont nous comprenions l'esprit et dont nous atteignions le cœur sans connaissance et sans effort ; et certains d'entre nous ont vécu une expérience tout aussi surprenante et plus douloureuse lorsque, après des années d'amour donné et reçu, nous constatons que l'ami sur lequel nous comptions était devenu un étranger.

Il était difficile à comprendre, car je n'étais jamais sûr qu'il avait besoin de moi ; et difficile à connaître intimement, en raison de son formidable détachement. Tout ce que beaucoup d'entre nous pouvaient espérer, c'était qu'il ait en nous un goût comme on peut en avoir pour les horloges ou les meubles.

Balfour a été béni ou maudit à sa naissance, selon l'opinion individuelle, par deux atouts : le charme et l'esprit. Il possédait le premier à un plus grand degré que n'importe quel homme, à l'exception de John Morley, que j'ai jamais rencontré. Sa distinction sociale, son attention exquise, son tact intellectuel, sa grâce froide et sa belle courbure de tête faisaient de lui non seulement un auditeur flatteur, mais aussi un compagnon irrésistible. L'inconvénient du charme, qui me fait dire maudit ou bienheureux, est qu'il incite chacun à s'unir et à vous aplanir le chemin tout au long de la vie. De même qu'une servante sérieuse enlève la poussière, ainsi tous ses amis et parents gardaient les choses désagréables de son chemin ; et cela lui donnait plus de loisirs dans sa vie que quiconque ne devrait en avoir.

Son esprit, avec lequel je dis qu'il était aussi maudit ou béni - indépendamment de son cerveau - lui donnait confiance dans ses improvisations et le pouvoir de soutenir n'importe quelle opinion sur n'importe quel sujet, qu'il ait cette opinion ou non, avec le même brio. plausibilité et réussite, selon son désir de disposer de vous ou du sujet. Soit il se contentait des bases éthiques de son intellect, soit il n'en avait aucune. Cela le rendait inintelligible pour l'homme moyen, impardonnable pour le fanatique et un dieu pour le maladroit.

Un jour, mon mari et moi sommes allés à un déjeuner offert par le vieux M. McEwan pour rencontrer M. Frank Harris. J'aurais pu dire ce que ma sœur Laura a fait lorsqu'on lui a demandé si elle s'était amusée à un repas similaire. "Je n'aurais pas apprécié si je n'avais pas été là", car, à l'exception d'Arthur

Balfour, je ne connaissais personne dans la pièce. Il était assis comme un prince, avec son insensibilité de sphinx aux ennuis, courtois et concentré sur la conversation languissante. J'ai fait quelques vaillants efforts et mon mari, qui est particulièrement doué dans ces moments de gêne, a fait de son mieux… mais en vain.

Frank Harris, dans une discussion générale à la table, se tourna enfin vers Arthur Balfour et dit, d'un air définitif :

"Le fait est, M. Balfour, que tous les défauts de notre époque viennent du christianisme et du journalisme."

Ce à quoi Arthur répondit avec une rapidité de rapière et un air enfantin :

"Le christianisme, bien sûr… mais pourquoi le journalisme ?"

Quand les hommes disaient, et ils le font maintenant depuis plus de trente ans, qu'Arthur Balfour était trop philosophe pour s'intéresser réellement à la politique, je les contredisais toujours. Avec son goût intellectuel, son style littéraire parfait et son vif intérêt pour la philosophie et la religion, seul un grand amour de la politique pouvait expliquer qu'il n'ait pas consacré plus de temps à l'écriture. Les gens pensaient qu'il n'était pas intéressé parce qu'il n'avait rien d'actif dans ses aspirations politiques ; il ne voyait rien qui devait être changé. Les bas salaires, la boisson, la maladie, la transpiration et le surpeuplement ne le concernaient pas ; ils le laissaient froid, et il n'avait pas le pouvoir d'exprimer une indignation morale qu'il était trop détaché pour ressentir.

Il était un grand parlementaire, un brillant débatteur et un célèbre secrétaire irlandais dans les moments difficiles, mais son énergie politique résidait dans la tactique. Il prenait un plaisir semblable à celui d'un Puck à regarder les matchs de la politique des partis, non pas dans l'intérêt d'un parti politique particulier, ni par esprit de corps, mais par goût. Cela fut très visible dans les années 1903 à 1906, lors de la controverse fiscale ; mais n'importe qui avec observation pouvait observer cette particularité portée au rang des beaux-arts partout et chaque fois que le gouvernement auquel il pouvait être attaché se trouvait dans une situation difficile.

Politiquement, ce qui l'intéressait le plus, c'étaient les problèmes de défense nationale . Il inaugura le Comité de Défense et nomma comme président permanent le Premier Ministre de l'époque ; tout ce qui concernait la taille de l'armée et de la marine l'intéressait. La taille de votre armée doit cependant dépendre des objectifs et de la qualité de votre diplomatie ; et si vous avez des junkers dans votre ministère des Affaires étrangères et des bouffons dans votre état-major de guerre, vous devez avoir une conscription permanente. Il est difficile d'imaginer qui que ce soit dans ce pays préconise une grande armée permanente et une marine, ce qui est vital pour nous ; mais il y en a eu et il y en aura toujours. Avec l'esprit de ces militaristes, protectionnistes et conscriptionnistes, Arthur Balfour n'a jamais eu rien de commun. Lui et les hommes de ses opinions s'appelaient l'école Blue Water ; ils ont désapprouvé la peur de l'invasion et ont par conséquent été violemment attaqués par les conservateurs. Mais, malgré un corps d'armée enthousiaste maintenu sur nos côtes pour surveiller les traîtres avec des serviettes signalant à la mer avec des instructions complètes où conduire les vaches du comté, aucune armée allemande pendant la Grande Guerre n'a tenté de débarquer sur nos côtes, ainsi justifiant amplement les vues d'Arthur Balfour.

Les artistes qui ont exprimé avec la plus grande perfection l'expérience humaine, au point de vue extérieur, lui plaisaient. Il préférait faire appel à son intellect plutôt qu'à s'appuyer sur ses sentiments. Haendel en musique, Pope en poésie, Scott en narration, Jane Austen en fiction et Sainte-Beuve en critique lui fournissent tout ce qu'il désire. Il détestait l'introspection et évitait les émotions.

Ce qui m'intéressait le plus et ce que je préférais chez Arthur Balfour, ce n'était pas son charme ou son esprit – ni sa politique – mais son écriture et sa religion.

Quiconque a lu ses livres avec un esprit scrutateur percevra que sa foi en Dieu est ce qui l'a réellement animé dans la vie ; et personne ne peut dire qu'il n'a pas fait preuve ici de passion. La spéculation religieuse et la contemplation étaient tellement plus pour lui qu'il se sentait justifié de traiter la politique et la société avec une certaine légèreté.

Sa mère, Lady Blanche Balfour, était une sœur de feu Lord Salisbury et une femme d'influence. J'ai été profondément impressionné par son personnage tel que décrit dans une courte vie privée écrite par le regretté ministre de Whittingehame , M. Robertson. Je serais curieux de savoir, si c'était possible, combien d'hommes et de femmes de marque dans cette génération ont eu des mères religieuses. Je pense beaucoup moins que dans le mien. La mère de mon mari, celle de M. McKenna et celle de Lord Haldane étaient toutes profondément religieuses.

Ceci fait partie d'une des prières de Lady Blanche Balfour, écrite à l'âge de vingt-six ans :

Des dangers des subtilités métaphysiques et des spéculations vaines sur l'origine du mal, Bon Dieu délivre-moi.

De la dureté des manières, de la froideur, du sarcasme déplacé, et de toutes les erreurs et imperfections des manières ou des habitudes, des paroles et des actes par lesquels votre bien peut être mal dit, ou par mon intermédiaire, ou n'est pas promu au maximum de mes capacités - Bon Dieu. délivre-moi.

Apprenez-moi mes devoirs envers les supérieurs, les égaux et les inférieurs. Donnez-moi de la douceur, de la gentillesse et un tact parfait ; un cœur attentionné tel que Tu aimes ; le loisir de m'occuper des petites choses des autres et l'habitude de prendre conscience dans mon propre esprit de leurs positions et de leurs sentiments.

Donne-moi la grâce de confier mes enfants – avec la paix qui dépasse toute compréhension – à ton amour et à tes soins. Apprends-moi à user correctement de mon influence sur chacun, en particulier sur les enfants et les serviteurs, afin que je puisse rendre compte de cela, ainsi que de tout autre talent, avec joie - et surtout que je puisse guider avec l'amour et la sagesse qui sont les nôtres. bien au-dessus de l'éducation religieuse de mes enfants.

Par Dame Blanche Balfour, 1851.

Né et élevé dans les Lowlands d'Écosse, Arthur Balfour évitait l'étroitesse et le matérialisme de la Haute Église extrême ; mais c'était un fervent homme d'Église. J'ai écrit très tôt dans mon journal : « J'aimerais qu'Arthur écrive quelque chose de frappant sur l'Église établie, car il pourrait exprimer mieux que quiconque à quel point son influence positive dans le futur dépendra de l'esprit dans lequel elle est travaillée. "

Son esprit était plus critique que constructif ; et ceux de ses écrits religieux que j'ai lus ont été purement analytiques. Mon attention fut d'abord attirée par un discours qu'il prononça au congrès de l'Église à Manchester en 1888. Le sujet qu'il choisit était le positivisme, sans aucune référence particulière aux particularités du système de Comte. Il l'a appelé la religion de l'humanité. [Note de bas de page : essai prononcé au Congrès de l'Église de Manchester et imprimé dans une brochure] Dans cet essai, il rejette d'abord le point de vue purement scientifique, puis discute de la vision positiviste de l'homme. Les passages suivants donneront une idée de sa manière et de son style d'écriture :

L'homme, autant que la science naturelle elle-même est capable de nous l'enseigner, n'est plus la cause finale de l'univers, l'héritier céleste de tous les âges. Son existence même est un accident, son histoire un épisode bref et discréditable de la vie de l'une des plus méchantes des planètes. De la combinaison des causes qui ont d'abord transformé un ou plusieurs morceaux de gelée non organisée en ancêtres vivants de l'humanité, la science, en effet, ne sait encore rien. Il suffit qu'à partir de tels débuts, la Famine, la Maladie et le Massacre mutuel, dignes nourrices du futur seigneur de la création, aient progressivement développé, après un travail infini, une race dotée d'assez de conscience pour savoir qu'elle est vile, et d'assez d'intelligence pour savoir que c'est insignifiant. Nous examinons le passé et constatons que son histoire est faite de sang et de larmes, de bévues impuissantes, de révolte sauvage, d'acquiescement stupide, d'aspirations vaines. Nous sondons l'avenir et apprenons qu'après une période longue comparée à la vie individuelle, mais très courte comparée aux divisions du temps ouvertes à notre enquête, les énergies de notre système se dégraderont, la gloire du soleil s'estompera, et la terre, sans marée et inerte, ne tolérera plus la race qui a un instant troublé sa solitude. L'homme descendra dans la fosse et toutes ses pensées périront. La conscience inquiète qui, dans ce coin obscur, a momentanément rompu le silence satisfait de l'Univers, sera au repos. La matière ne se connaîtra plus. Les monuments impérissables et les actes immortels, la mort elle-même et l'amour plus fort que la mort seront comme s'ils n'avaient jamais existé. Rien de ce qui est meilleur ou pire ne sera non plus malgré tout ce que le travail , le génie, le dévouement et la souffrance de l'homme se sont efforcés d'accomplir à travers d'innombrables générations.

Il continue sur le positivisme comme une influence incontournable :

L'un des objectifs de la « religion de l'humanité », et c'est un objet au-delà de tout éloge, est de stimuler l'imagination jusqu'à ce qu'elle embrasse avec amour les fortunes les plus lointaines de toute la famille humaine. Mais à mesure que ce but est atteint avec succès, à mesure que cette religion ou toute autre religion nous enseigne à négliger le passager et le personnel, et à nous considérer comme des ouvriers pour ce qui est universel et permanent, plus doit sûrement s'accroître l'ampleur du phénomène. l'étendue que la science donne à notre vision sur le temps et les espaces de l'univers matériel, et l'importance décroissante de la place que l'homme y semble occuper, frappent froidement notre imagination morale, si tant est que l'univers matériel soit tout entier. nous devons faire avec. Mon argument est que toute religion et toute philosophie de ce type, aussi longtemps qu'elles s'obstinent à considérer l'homme comme un simple phénomène parmi les phénomènes, un objet naturel parmi d'autres objets naturels, sont condamnées par la science à l'échec en tant que stimulant efficace pour de grandes entreprises . Il peut en effet nous laisser de l'amour, de la pitié et de l'endurance ; et c'est bien. Mais cela éclipse et appauvrit tellement la fin idéale de l'effort humain que, même s'il peut nous encourager à mourir dans la dignité, il ne nous permet guère de vivre avec espoir.

En dehors de l'amour invariable que j'ai toujours eu pour Arthur Balfour, je me serais trompé si je n'éprouvais pas une profonde gratitude pour l'amitié immuable d'un homme qui peut penser et écrire ainsi.

Sur les deux autres Premiers ministres, je ne peux pas écrire, même si personne ne les connaît mieux que moi. Par aucun de mes moyens je ne pouvais cacher mes sentiments ; leurs deux noms vivront avec éclat , sans que ma conscience soit accusée d'une impartialité glaciale ou d'un fervent partisan, et personne ne niera que nous devrions tous avoir droit à une certaine « propriété privée de la pensée ».

FIN DU LIVRE PREMIER

LIVRE DEUX

PSAUME XXXIX

5. En vérité, tout homme dans son meilleur état n'est que vanité.

6. Certes, tout homme marche en vain ; sûrement ils s'inquiètent en vain : il amasse des richesses et ne sait pas qui les amassera.

7. Et maintenant, Seigneur, qu'attends-je ? mon espoir est en Toi.

CHAPITRE I

LES ÂMES—LE POÈME ET LE DÎNER DE LORD CURZON ET QUI ÉTAIENT LÀ —L'INVENTAIRE DU GROUPE PAR MARGOT—INCLINAISON AVEC LE DÉCÈS LADYLONDONDERRY—VISITE À TENNYSON ; SON mépris pour les critiques ; HHABIT DE VIVRE—JKS PAS UNE ÂME—AMITIÉ DE MARGOT AVEC JOHN ADDINGTON SYMONDS; SON ÉLOGE DE MARIE BASHKIRTSEFF

Personne n'a jamais su comment il se faisait que moi et mes amis particuliers soyons appelés « les âmes ». J'ai déjà expliqué l'origine de notre regroupement : nous nous voyions plus souvent que nous n'aurions probablement dû le faire si ma sœur Laura Lyttelton avait vécu, parce que nous étions en deuil et ne tenions pas à sortir dans la société en général ; mais pourquoi nous étions appelés « Âmes », je ne le sais pas.

La mode – ce qu'on appelait « l'ensemble intelligent » – de l'époque était centrée autour du prince de Galles, devenu ensuite le roi Édouard VII, et avait Newmarket pour quartier général. D'après ce que j'ai pu voir, il y avait plus d'exclusivité dans le monde des courses que je n'en avais jamais observé parmi les Souls ; et la première et unique fois que je suis allé à Newmarket, l'accueil qui m'a été réservé par la compagnie astucieuse et sélectionnée m'a fait me sentir exactement comme un étranger.

Nous ne jouions ni au bridge ni au baccara et nos jeux d'après-dîner, plutôt intellectuels et littéraires, étaient considérés comme prétentieux.

Arthur Balfour – le plus distingué des âmes et idolâtré par toutes les couches de la société – était la personne qui attirait le feu de l'ennemi. Il était bien connu avant son arrivée parmi nous et c'était considéré comme une impertinence de notre part de lui faire jouer aux jeux de crayons ou de le faire être notre guide intellectuel et notre critique. Presque tous les jeunes hommes de mon entourage étaient intelligents et sont devenus célèbres ; et les femmes, bien que pas plus intelligentes, étaient moins mondaines que leurs contemporaines à la mode et beaucoup d'entre elles étaient à la fois agréables à côtoyer et distinguées à regarder.

Ce qui m'intéresse le plus, en repensant à ces dix années, c'est la loyauté, le dévouement et la fidélité que nous avons montrés les uns aux autres et le plaisir que nous avons tiré d'amitiés qui n'auraient pas survécu une semaine si elles avaient été accompagnées de commérages, de moqueries ou de moqueries. toute mesquinerie personnelle. La plupart d'entre nous possédaient une profondeur de sentiments et une ambition morale et religieuse qui font totalement défaut aux jeunes hommes et femmes intelligents d'aujourd'hui. Nos jeux d'après-dîner étaient plus sains et plus inspirants que les leurs. « Annuler l'actualité », par exemple, était un divertissement qui avait une certaine vogue parmi la jeune génération avant la guerre. Il s'agissait de deux personnes agissant ensemble et transmettant à leur public les différentes manières dont ils recevraient la nouvelle de la mort subite d'un ami ou d'un parent et était considéré comme extraordinairement drôle ; cela n'aurait jamais amusé aucune des âmes. L'habitude moderne de rechercher, de détecter et d'exposer ce qu'il y avait de ridicule chez les gens simples, ainsi que la manière méchante et irrévérencieuse avec laquelle les lapsus étaient transformés en épigramme, m'étaient insupportables. Cette école de pensée, que le groupe de jeunes appelait « anticant », encourageait les propos durs et les actes légers, qui auraient profondément choqué les plus frivoles d'entre nous. Un certain genre de génie peut rassembler les gens pour s'amuser, mais il ne les maintiendra pas ensemble longtemps ; et le groupe jeune et dur d'avant-guerre auquel je pense a été de courte durée.

L'actuel Lord Curzon [Note : Comte Curzon de Kedleston.] a également attiré le feu de l'ennemi et était probablement plus directement responsable du nom des âmes que quiconque .

C'était un jeune homme remarquable, doté d'une plume facile, d'une langue facile, d'un excellent sens de l'humour dans la vie privée et d'une audace sociale intrépide. Il avait plus d'apparence que d'apparence, un visage vif et vif, avec une expression de visage émaillé. assurance en soi . Comme tout jeune homme exceptionnellement prometteur, on le traitait de connard. Le mot était si mal appliqué à cette époque que, si j'avais été un jeune homme intelligent, je n'aurais eu aucune confiance en moi jusqu'à ce que le monde me traite d'idiot. C'était une personne remarquablement intelligente dans une génération exceptionnelle. Il avait de l'ambition et — ce qu'il revendiquait lui-même dans une brillante description — une « méthode bourgeoise » ; et il ajoutait à son sentiment de bienveillance envers les autres un coin chaleureux pour lui-même. Certains de mes amis pensaient que ses contemporains à la Chambre des communes, George Wyndham et Harry Cust, iraient plus loin, car le premier promettait plus d'originalité et le second était un meilleur érudit, mais j'ai toujours dit - et j'en ai une trace dans mon premiers journaux - que George Curzon devancerait facilement ses rivaux. Il avait sur eux deux avantages incalculables : il était chroniquement travailleur et autosuffisant ; et, bien qu'oriental dans ses idées sur la couleur et la cérémonie, avec un mauvais sens des proportions et un amour enfantin des belles personnes, il ne se montra jamais indulgent. Il ne mangeait pas, ne buvait pas, ne fumait pas trop et ne laissait rien au hasard.

Personne ne pouvait passer avec plus d'élasticité du travail aux loisirs que George Curzon ; il était un hôte et un compagnon de premier ordre et il m'a montré, à moi et aux miens, un amour constant et sympathique pendant de longues années. Même maintenant, si je mourais, bien qu'il appartienne aux plus conventionnels et qu'il ne se permette pas de se mêler à des personnes de partis politiques opposés, il rédigerait ma notice nécrologique.

A l'époque dont je parle, il fut menacé d'une maladie pulmonaire et fut envoyé en Suisse par ses médecins. Nous étions très mécontents et nous nous sommes réunis à un banquet d'adieu, auquel il nous a reçus au Club des célibataires, le 10 juillet 1889. Nous avons trouvé un poème nous accueillant sur nos chaises, lorsque nous nous sommes assis pour dîner, dans lequel nous ont tous été mentionnés honorablement et catégoriquement. Certains de nos critiques nous appelaient « le Gang » – ce à quoi nous faisons allusion ici – mais nous étions finalement connus sous le nom de Souls.

Ce fameux dîner et le poème de George ont suscité beaucoup d'amusement et de frictions, de jalousie, de curiosité et de discussions sans fin. Il fut suivi deux ans plus tard d'un autre dîner offert par le même hôte aux mêmes convives et au même endroit, le 9 juillet 1891.

La répétition de ce dîner était plus que ce que le West End de Londres pouvait supporter ; et j'ai été l'objet de beaucoup d'opprobre. Je me souviens d'avoir dîné avec Sir Stanley et Lady Clarke pour rencontrer le roi Édouard, alors prince de Galles, lorsque mon hôtesse m'a dit d'une voix forte, à travers la table :

"Il y avait des gens intelligents dans le monde, vous savez, avant votre naissance, Miss Tennant !"

Me sentant plutôt agacé, je répondis :

"S'il vous plaît, ne me choisissez pas, Lady Clarke, comme si j'étais seule responsable des stupides parmi lesquels nous nous trouvons aujourd'hui."

N'ayant aucun soupçon envers les autres, j'étais rarement sur la défensive et je ne voulais pas être impoli mais j'étais jeune et intolérant. C'était le poème de George Curzon :

[Note de l'éditeur : voir les notes en bas de page du poème]

10 JUILLET 1889.

Ho! liste à un laïc
de cette compagnie gay, composée de galants et de grâces, qui se sont
réunis pour dîner, en 1989, dans un repaire qui se trouve à Hamilton Place.

Là, là où ils se sont rencontrés,
et le banquet a été organisé à la demande de GEORGIUS CURZON ;
Courageux jeunesse ! c'est sa fierté,

quand il se trompe, d'être du côté d'
une licence respectable sur laquelle il se trompe.

Autour de lui cette nuit-là...
Y a-t-il déjà eu un tel spectacle ? Les âmes étincelaient et les esprits se
développaient ; Car parmi eux les critiques chantaient, Qui pourtant ont
baptisé le Gang,
Par un lien spirituel, ils étaient liés.

Des âmes et des esprits, sans aucun doute.
Mais non plus sans de beaux temples visibles où habiter ! E'en ton image
divine doit être entourée d'un sanctuaire,
pour que les pieux puissent s'y attarder.

On a vu à cette fête
, De cette bande, le Grand Prêtre, Le cœur le plus proche de tous les cœurs
; Personne ne peut le voler au véritable bien commun,
mais à chacun est cher ARTHUR le plus cher. [1]

L'Amérique prête,
bien plus, elle donne quand elle envoie des trésors comme HARRY et
DAISY ; [2] Bien que beaucoup puissent aspirer,
nul sauf HARRY ne peut rendre folle sa douce petite tête.

Il y avait STRATH très envié [3]
Avec la dame qui [3] nous a tous appris ce que peut être la vie à vingt ans ;
Du plaisir un avant-goût, Du devoir sans gaspillage, De la douce
philosophie en abondance.

KITTY DRUMMOND était là... [4]
Où était LAWRENCE, oh ! où ? —
Et milord et milady GRANBY ; [5] Y a-t-il un membre de la bande qui n'a
pas pleuré au chagrinQu'il ne pourra jamais être l'homme de VIOLET ?

De WILTON, dont les ruisseaux
murmurent doux dans nos rêves,
venez ensemble le comte et sa comtesse ; [6]
Dans les envolées fières de son esprit Nous sommes entraînés vers les
hauteurs, Il adoucit notre séjour dans le bas.

Le cher EVAN était là, [7]
Le premier choix de la foire, À tous sauf lui très doux ! Et le seigneur
d'ASHRIDGE [8] s'ennuie de manière insupportable avec les manières et
les modes orientaux.

Le Shah, je parierais,
n'a jamais rencontré en Orient un couple tel que lui et son épouse. [8] Si

vous ajoutez les HORNERS, [9] Qu'un homme doit être fou, Qui se plaint que le Gang est d'une mauvaise sorte.

De l'essai apparenté
LADY MARY aujourd'hui [10] aurait dû rayonner sur un monde qui l'adore. De son époux débonnaire [10] Aucune femme n'a jamais pu dire qu'il l'ennuie.

Suivant BINGY escorte [11]
Sa chère épouse, à nos pensées [11] Jamais perdue, bien que retirée de notre vision, Tandis que ces derniers temps elle a montré Que l'esprit seul N'était pas façonné cette belle composition.

Non, si l'humour nous compte,
la source originale doit être cédée à HUGO en pleine propriété, mais avec des fournitures égales,
sous un déguisement plus subtil. Le vieux GODFREY est loin d'être une petite emprise ! [12]

MME. EDDY est venu [13]
Et nous serons tous muets Quand nous entendrons quelle belle voix est celle d'Emmy ; SPENCER, lui aussi, montrerait ce qu'il peut faire, s'il n'y avait pas cette maudite Némésis laryngée.

A aucune distance,
voici l'affichage d'ALAN [15] Ce sourire si bouleversant ; Et EDGAR à Bower, [16] En art politique, au pouvoir, Le favori premier dans les paris.

Ici, nous rencontrons un trio,
Que vous ne battrez jamais,
Même si vous pouvez errer et aller loin ;
De quel art merveilleux De ce Gallant Vieux Bart, sont issus CHARTY, LUCY et MARGOT ?

A LUCY il donna [17]
Les ruses qui asservissent, Cœur et langue d'un ange à CHARTY ; [18] À MARGOT l'esprit [19] Et son maniement,Cela fait d'elle la joie d'une fête.

LORD TOMMY est fier [20]
Qu'à CHARTY il ait voué les grâces et les dons d'un vrai homme. Et fiers sont les amis D'ALFRED, qui mélange [21]L'athlète, le héros, la femme !

De Gosford préserve
Old ST. JOHN mérite [22]De grands éloges pour un sac tel que HILDA ; [22] La vraie valeur qu'elle estimait, Il considérait comme accablant le subtil enchantement qui la remplissait.

Très chers sont le couple,
lui si fort, elle si juste, connu sous le nom de TAPLOVITE WINNIES ; Ah
! il a erré partout, jusqu'à ce qu'à ETTY il ait aperçu [23] Un trésor plus
doré que les guinées.

Voici DOLL qui
nous a enseigné [24] que « les mots cachent la pensée ». Dans son cas, c'est
une erreur idiote ; HARRY CUST pouvait exposer [25]
Scalps autant, je lis,
De Paris qu'à Piccadilly.

Mais il y en avait aussi —
Dieu merci, ils étaient peu nombreux ! Qui étaient invités à venir et qui ne
pouvaient pas : Y avait-il un du lot ,
Ah ! J'espère que ce n'était pas le cas, j'ai regardé les enchères de travers et
je ne l'ai pas fait.

Le courageux PETIT COMTE [26]
est absent, ainsi que son épouse chargée de perles, l'impériale GLADYS ;
[26] Par cette goutte odieuse LORD COWPER est-il assommé. [27]Et la
femme qui est son réconfort et son aide . [27]

Miss BETTY est fiancée,
et nous sommes tous enragés que la maladie de SIBELL ne soit pas
terminée ; [28] GEORGE WYNDHAM ne peut pas s'asseoir. [29] À notre
banquet d'esprit, parce qu'il se tient à Douvres.

Mais nous pouvons nous permettre
de nous passer du LordOf WADDESDON et du mauvais HARRY
CHAPLIN ; [30, 31] S'il était là, nous pourrions crier. Comme une fois de
plus, il s'est précipité hors de l'arrière de ce "d-d gros arbre".

Nous avons perdu LADY GAY [32]
C'est un prix difficile à payer Pour ce Shah et son appétit gourmand ; Et
hélas ! nous avons perdu — À quel prix ruineux ! —
Les charmes de la brillante Miss DD [33]

Mais nous avons à leur place,
Pour un cadeau de vraie grâce, la merveilleuse fille de VIRGINIA. [34]
Ayant conquis les États, elle a été soufflée par le destin pour nous conquérir
sur l'eau.

Voilà la somme
de tous ceux qui sont venus
ou auraient dû venir à ce banquet.
Alors appelez le bol, Flow esprit et âme, Jusqu'à minuit, aucun de vous ne
peut s'arrêter !

Et béni par le Gang
Be the Rhymester qui chantait leurs louanges dans un doggrel
épouvantable ;
Plus maintenant c'était un péché — Ho, serveurs, commencez ! Chaque
âme pour consomme appelle !

[Notes de bas de page : 1 Le droit Eton AJ Balfour. 2 M. et Mme White. 3 Le duc et la duchesse de Sutherland. 4 Col. et Mme L. Drummond. 5 Maintenant le duc et la duchesse de Rutland. 6 Comte et comtesse de Pembroke. 7 L'hon. Evan Charteris. 8 Comte et comtesse Brownlow. 9 Sir J. et Lady Horner. 10 Lord et Lady Elcho (maintenant comte et comtesse de Wemyss). 11 Seigneur et Lady Wenlock. 12 M. Godfrey Webb. 13 L'hon. Mme E. Bourke. 14 L'hon. Spencer Lyttelton . 15 L'hon. Alan Charteris. 16 Sir E. Vincent (maintenant Lord D'Abernon). 17 Mme Graham Smith. 18 Dame Ribblesdale. 19 Mme Asquith. 20 Seigneur Ribblesdale. 21 L'hon. Alfred Lyttelton . 22 L'hon. St. John Brodrick (maintenant comte de Midleton) et Lady Hilda Brodrick . 23 M. et Mme Willy Grenfell (maintenant Lord et Lady Desborough). 24 M. AG Liddell. 25 M. Harry Cust. 26 Comte et comtesse de Grey. 27 Comte et comtesse Cowper. 28 Comtesse Grosvenor. 29 Le regretté très hon. George Wyndham. 30 Baron Ferdinand de Rothschild. 31 Maintenant le vicomte Chaplin. 32 Lady Windsor (aujourd'hui marquise de Plymouth). 33 Mlle E. Balfour (veuve de l'honorable Alfred Lyttelton). 34 Mme Chanler , la romancière américaine (aujourd'hui princesse Troubetzkoy).]

Pour mon propre intérêt et celui de ceux des enfants, je vais essayer, même imparfaitement, de faire un inventaire descriptif de certaines des âmes mentionnées dans ce poème et de certains de mes amis qui ne l'étaient pas.

Le secrétaire de Gladstone, Sir Algernon West, [Note de bas de page : Le très hon. Sir Algernon West.] et Godfrey Webb avaient tous deux aimé Laura et correspondu avec elle jusqu'à sa mort et ils ont passé toutes leurs vacances à Glen. Je ne me souviens jamais de l'époque où Algy West ne vieillissait pas et ne disait pas qu'il voulait mourir ; mais, bien qu'il ait quatre-vingt-dix ans, il est encore jeune, beau et, ce qui est encore plus remarquable, un libéral fort. Il n'a jamais fait partie des âmes, mais il a été l'un de nos premiers amis fidèles et aimants.

M. Godfrey Webb était le doyen des âmes. Il était aussi intime avec mes frères et mes parents qu'avec mes sœurs et moi-même. Godfrey – ou Webber comme certains l'appelaient – n'était pas seulement un homme de caractère, mais il avait aussi une saveur particulière : il avait le sens de l'humour et l'observation d'un mémoriste et son esprit guérissait plus qu'il ne coupait. Pendant des heures entières, il parcourait le pays avec un chien, un fusil et un cigare, parfaitement indépendant et se suffisant à lui-même, qu'il s'adonne au sport, à la répartie ou à la littérature. Il écrivit et publia pour circulation privée un petit recueil de poèmes et rendit les Âmes célèbres par sa maîtrise de tous nos jeux de crayons. Il serait imprudent de citer des vers ou des épigrammes qui dépendent tant de l'occasion et du milieu. Seul un George Meredith peut soutenir une préface vantant l'esprit de son héroïne tout au long du livre, mais je risquerai un exemple de la rapidité de Godfrey Webb. Il prit un matin un journal dans la salle à manger de Glen et, lisant qu'un certain M. Pickering Phipps s'était cassé la jambe en se levant à genoux pour prier, il écrivit immédiatement ce couplet :

A genoux, les lèvres ferventes, Luttait contre Satan Pickering Phipps, Mais quand il cessa de demander de l'aide, Le diable rusé lui cassa la jambe !

Il a passé toutes ses vacances avec nous et je pense qu'il n'a jamais manqué d'être avec nous à l'occasion de l'anniversaire de la mort de Laura, que j'étais dans mon pays ou à l'étranger. C'était un homme sur un million, le dernier des esprits, et il me manque chaque jour de ma vie.

Lord Midleton [Note de bas de page : Le très hon. le comte de Midleton , de Peper , Harow , Godalming .] – mieux connu sous le nom de St. John Brodrick – fut mon premier ami intéressant ; Je l'ai connu deux ans avant de rencontrer Arthur Balfour ou l'une des Souls. Il est venu à Glen alors qu'il séjournait chez nos voisins .

Je lui ai télégraphié il n'y a pas longtemps pour le féliciter d'avoir été nommé comte et lui ai demandé en quelle année il était arrivé à Glen pour la première fois ; voici sa réponse :

12 janvier 1920. CHÈRE MARGOT,

J'ai apprécié votre télégramme de félicitations d'autant plus que je sais que vous et Henry (qui en a tant donné et tout refusé) attachez peu de valeur aux distinctions titulaires. En effet, c'est le seul trait véritablement démocratique chez VOUS, à l'exception d'un amour général de l'Humanité, qui vous a toujours mis du côté des faibles. Je suis soulagé d'apprendre que vous avez choisi un homme aussi fiable que Crewe – avec ses dons littéraires – pour être la seule personne à lire votre autobiographie.

Ma visite à Glen en compagnie de Ry eut lieu en octobre 1880, alors que vous aviez seize ans. Vous et Laura avez flashé comme des météores sur une scène morne de sièges vides à la table du déjeuner (la fusillade n'est pas arrivée) et avez rempli la pièce de lumière, électrisé la conversation et fait hésiter le vieux R-y sur ses vœux de mariage à l'intérieur. dix minutes. Depuis lors, vous avez toujours été le plus fidèle et le plus indulgent des amis, n'oubliant personne alors que vous deveniez rapidement célèbre et que vous étiez tiré au sort par toutes les parties, de Sandringham au balayeur de passage.

Vos premières années vendront le livre.

Sois béni.

ST. JOHN.

St. John Midleton était l'une des rares personnes à dire la vérité. Certaines personnes ne mentent pas, mais n'ont aucune vérité à dire ; d'autres sont trop aimables – ou trop effrayés – et mentent ; mais la majorité est indifférente : ils sont spectateurs de la vie et ne se sentent responsables ni envers eux-mêmes ni envers leur prochain .

Il était fondamentalement humble, honnête et l'une des rares personnes que je connaisse qui soit vraiment loyale et qui risquerait de me le dire, à moi ou à quelqu'un qu'il aimait, avant de confier à un cercle restreint des fautes qui, lui et moi, pourraient être corrigées. J'ai une longue expérience des cercles restreints et je me souviens constamment du proverbe espagnol : « N'oubliez pas que votre ami a un ami ». Je pense que vous devriez soit quitter la pièce lorsque ceux que vous aimez sont maltraités, soit être prêt à les avertir de ce que pensent les gens. C'est, comme je le sais à mes dépens, une vision impopulaire de l'amitié, mais ni St. John ni moi ne trouverions loyal de se joindre aux rires ou à la censure de la folie d'un ami.

Arthur Balfour lui-même, le plus tenace des amis, remarqua en riant :

"Saint Jean nous poursuit avec sa fidélité maligne." [Note de bas de page : Le mot malignité a évidemment été utilisé dans le sens du français malin .]

Ce n'était qu'une façon colorée de dire que Midleton n'avait rien du détachement que l'on trouve communément entre amis ; mais, tant que nous ne sommes pas simplement responsables de nos actes envers la police, je dois croire qu'il faut essayer d'aider ceux que nous aimons.

Saint-Jean a maintenant la même bonne humeur et la même ardeur qu'il avait alors, ainsi que la même douceur et la même simplicité. Il n'y a que quelques femmes dont les amitiés sont restées aussi aimantes et fidèles pour moi depuis mon enfance que la sienne : Lady Horner, Miss Tomlinson [Note de bas de page : Miss May Tomlinson, de Rye.], Lady Desborough , Mme Montgomery, Lady Wemyss et Lady Bridges [Note : J Lady Bridges, épouse du général Sir Tom Bridges.] — mais depuis notre rencontre en 1880 , il s'intéresse à moi et à tout ce qui me concerne. Il fut très décrié lorsqu'il était secrétaire d'État à la Guerre et il le supporta sans reproche ni amertume. Il avait une patience infinie, un courage intrépide et un sens élevé du devoir ; tout cela se conjuguait pour lui donner une meilleure place dans le cœur des hommes que dans la renommée des journaux.

Son premier mariage fut dans une famille incapable d'apprécier sa qualité et sa saveur particulières ; même sa belle-mère, une de mes chères amies, ne l'a jamais compris et s'est étonnée lorsque je lui ai dit que son gendre valait tous ses enfants réunis, parce qu'il avait plus de caractère et plus d'entreprise. Je teste St. John depuis de nombreuses années et je ne l'ai jamais trouvé en manque.

Lord Pembroke [Note : George, 13e comte de Pembroke.] et George Wyndham étaient les plus beaux des âmes. Pembroke était le fils de Sidney Herbert, célèbre secrétaire d'État à la guerre en Crimée. Je l'ai rencontré pour la première fois l'année précédant mon coming-out. L'amie de Lord Kitchener, Lady Waterford, sœur de l'actuel duc de Beaufort, a écrit à ma mère pour lui demander si Laura pouvait dîner avec elle, car elle avait été renversée à la dernière minute et voulait une jeune femme. Comme ma sœur était à la campagne, ma mère m'a envoyé. Je me suis assis à côté d'Arthur Balfour ; Lord Pembroke était de l'autre côté, au coin de la table ; et je me souviens avoir été enivré par ma propre conversation et par la manière dont j'avais réussi à faire participer Balfour et Pembroke. Je n'avais aucune idée de qui était ce splendide étranger. Il m'a raconté plusieurs années plus tard qu'il avait envoyé une note au milieu de ce dîner à Blanchie Waterford, lui demandant quel était le nom de la fille aux talons rouges, et que, lorsqu'il avait lu sa réponse, "Margot Tennant, " Cela ne lui disait rien. Cela s'est produit en 1881 et ce fut pour moi une soirée mouvementée. Lord Pembroke était l'un des quatre plus beaux hommes que j'ai jamais vu : les autres, comme je l'ai déjà dit, étaient feu le comte de Wemyss , M. Wilfrid Blunt, dont les mémoires ont été récemment publiées, et Lord D'Abernon . : Notre ambassadeur à Berlin.]. Il mesurait six pieds quatre pouces, mais son visage était encore plus visible que sa taille. Il y avait du sang russe dans la famille Herbert et il était le frère aîné de la belle Lady Ripon [Note : La défunte épouse de l'actuel marquis de Ripon.]. Il épousa Lady Gertrude Talbot, fille du vingtième comte de Shrewsbury et Talbot, qui était presque aussi belle à regarder que lui. Il m'a dit entre autres choses lors de ce dîner qu'il avait connu Disraeli et qu'on lui avait promis un poste mineur dans son gouvernement, mais qu'il était trop malade à l'époque pour l'accepter. Cela s'est transformé en une discussion sur la politique et le Peeblesshire, menant à nos voisins du comté ; il m'a demandé si je connaissais Lord Elcho, [Note : le père de l'actuel comte de Wemyss et March.] dont Ruskin avait écrit sur la beauté et qui possédait des propriétés dans mon comté.

« Elcho, dit-il, s'attendait toujours à être invité à rejoindre le gouvernement, mais j'ai dit à Dizzy : 'Elcho est un politicien impossible ; il n'a jamais compris le sens du gouvernement de parti et le considère comme malhonnête, même pour trois personnes. pour tenter de modifier suffisamment leurs opinions pour parvenir à un accord, laissez tranquille un Cabinet ! C'est un égoïste ! Ce à quoi Disraeli a répondu : 'Pire que ça ! C'est un Elchoïste !'"

Même si les opinions de Lord Pembroke sur tous les sujets étaient remarquablement larges, comme le montre le livre qu'il a publié intitulé Roots, il était conservateur. Nous avons noué une profonde amitié et nous nous sommes écrit jusqu'à sa mort quelques années après mon mariage. Dans une de ses lettres, il ajoutait ce post-scriptum :

Gardez les bordures extérieures du doux jardin de votre cœur exemptes de fleurs criardes et de mauvaises herbes sauvages et insouciantes, de sorte que lorsque votre fée marraine détourne les traces du prince vers vous, se méfiant de votre nature ou de ses propres pouvoirs, et ne devinant qu'à moitié le trésor intérieur, s'arrache à contrecœur et disparaît tristement, sans peut-être jamais savoir qu'il avait été proche.

Ceci, j'imagine, a donné une impression correcte de moi tel que je suis apparu à certaines personnes. « Fleurs criardes » et « mauvaises herbes sauvages et insouciantes » décrivent mon manque de taille ; mais je suis heureux que George Pembroke les ait placés sur les frontières « extérieures », et non intérieures, de mon cœur.

Dans le dixième vers du poème de Curzon, une allusion est faite à la conversation de Lady Pembroke, qui, bien que sans prétention consciente, provoqua une gaieté considérable. Elle "a trébuché vers le vide", pour citer mon cher ami Sir Walter Raleigh.

Aujourd'hui, il n'existe plus personne comme George Pembroke. Sa combinaison de tempérament intellectuel, de grégarisme, de variété de goûts — yachting, art, sport et littérature —, sa beauté de personne et son hospitalité envers les étrangers faisaient de lui le centre distingué de toute entreprise. Son premier cadeau fut la traduction de l'Odyssée par Butcher et Lang, dans laquelle il écrivit sur la page de garde : « À Margot, qui me rappelle le plus les jours homériques, 1884 », et son dernier fut son cadeau de mariage, un poignard en diamant. , que je porte toujours près de mon cœur.

Parmi les âmes, Milly Sutherland [Note de bas de page : La duchesse douairière de Sutherland.], Lady Windsor [Note de bas de page : L'actuelle comtesse de Plymouth.] et Lady Granby [Note de bas de page : L'actuelle duchesse de Rutland.] étaient les femmes dont j'admirais le plus le look. . Lady Brownlow [Note de bas de page : la comtesse Brownlow, décédée il y a quelques années.], mentionnée au verset onze, était la belle sœur de Lady Pembroke et une célèbre beauté victorienne. Lady Granby — la Violette du verset neuf, Gladys Ripon [Note de bas de page : Mon amie Lady de Grey.] et Lady Windsor (appelée Lady Gay au verset vingt-huit), étaient toutes des femmes d'apparence saisissante : Lady Brownlow, une pièce de monnaie romaine ; Violet Rutland, une méduse Burne-Jones ; Gladys Ripon, une dame de la cour ; Gay Windsor, un primitif italien et Milly Sutherland, une ballade écossaise. Betty Montgomery était une fille brillante et la seule femme célibataire, à l'exception de Mme Lyttelton , parmi nous. Elle était la fille de Sir Henry Ponsonby, le célèbre secrétaire particulier de la reine Victoria et l'un des libéraux les plus convaincus que j'aie jamais rencontré. Sa sœur Maggie, bien que socialement grossière, avait une touche du génie de son père ; elle m'a dit un jour à propos d'un prélat de la cour au château de Windsor :

« Voilà le majordome de Dieu !

C'est grâce à Betty et Maggie Ponsonby que j'ai rencontré pour la première fois mon amie bien-aimée, Lady Desborough . Bien qu'elle ne soit pas aussi belle que les beautés que j'ai cataloguées, ni plus intellectuelle que Lady Horner ou Lady Wemyss , Lady Desborough était la plus intelligente d'entre nous. Son goût était plus délicat, sa sensibilité sociale plus fine ; et elle ajoutait à sa présence d'esprit chronique une effronterie non dissimulée. Je ne pense pas qu'elle ait jamais été inconsciente dans sa vie, mais elle n'avait aucun apitoiement sur elle-même ni aucun égoïsme. Elle n'était en aucun cas une artiste : la musique, le chant, les fleurs, la peinture et la couleur la laissaient froide. Elle n'était ni une joueuse ni une sportive et elle n'a jamais investi dans des tours de société ; pourtant, elle a créé plus de plaisir pour les autres que pour n'importe qui. C'était une femme de génie qui, si elle était décrite avec subtilité et précision, soit dans son mode de vie, soit dans son charme, son esprit ou son caractère, aurait fait la fortune de n'importe quel romancier. Pour un étranger, elle pourrait, comme toutes les femmes du monde trop agréables, donner une impression de métal léger, mais ce serait trompeur. Etty Desborough était fondamentalement sain et l'ami le plus fidèle qui ait jamais vécu. Possédant un sang-froid social et moral de haut niveau, elle était trop élégante pour tomber dans le piège de l'amie franche, mais elle pouvait néanmoins, lorsqu'on lui le demandait, donner à la fois des conseils et des jugements avec la sympathie d'un homme et la sagesse de l'homme. un dieu. Elle était la première personne que je recherchais et que je chercherais encore si j'étais malheureux, car son génie résidait dans une compréhension pénétrante du cœur humain et dans une détermination à rétablir l'équilibre du malheur de la vie. Etty et moi avons attiré les mêmes personnes. Elle a épousé Willy Grenfell, un homme auquel j'étais très attaché et un gladiateur britannique capable de défier le monde en canotage et en boxe.

Je ne peux pas parler de leurs fils soldats, Julian et Billy. Eux et leurs amis, Edward Horner, Charles Lister et Raymond Asquith sont tous tombés pendant la guerre. Ils hantent mon cœur ; Je les vois maintenant devant moi, éternelles sentinelles de la jeunesse et de la virilité.

Malgré un appétit vorace pour le plaisir et une capacité experte à recevoir, Etty Desborough était parfaitement heureuse soit seule avec sa famille, soit seule avec ses livres et pouvait supporter, avec une patience enviable, les maisons de campagne froides et laides et les gens à la mode. J'ai dit d'elle, lorsque je l'ai connue pour la première fois, qu'elle aurait dû vivre au temps des maîtresses du grand roi. Je serais allé vers elle si j'étais triste, mais jamais si j'étais coupable. La plupart d'entre nous se sont demandés à un moment ou à un autre à qui nous adresserions si nous avions commis une mauvaise chose ; et la partie intéressante de cette question est que dans la réponse vous obtiendrez la meilleure indication possible de la nature humaine. Beaucoup m'ont dit : « J'irais chez Untel, parce qu'ils comprendraient ma tentation et me respecteraient » ; mais la majorité choisirait le confident le plus compétent pour indiquer la voie à suivre. Etty Desborough serait ce confident.

Elle n'avait ni père ni mère, mais a été élevée par deux membres éminents et distingués des Souls, mes amis de toujours et bien-aimés, Lord et Lady Cowper de Panshanger , maintenant, hélas, tous deux morts. Etty avait une jeunesse éternelle et était consciente de tout dans la vie, sauf de son ironie.

Si, pour des raisons de santé ou pour toute autre raison, j'avais été séparé de mes enfants lorsqu'ils étaient jeunes, je les aurais aussi vite confiés à l'amour d' Etty et Willy Desborough qu'à n'importe lequel de mes amis.

Pour illustrer la jalousie et les frictions provoquées par les âmes, je dois raconter une conversation que j'ai eue à cette époque avec Lady Londonderry, [Note de bas de page : la défunte marquise de Londonderry.] qui a fait parler d'elle parmi nos critiques.

C'était une belle femme, un peu avant mon époque, heureuse, courageuse et violente, avec un esprit qui s'accrochait fermement à l'évidence. Même si sa nature était impulsive et gentille, elle ne pardonnait pas. Un jour, elle m'a dit avec fierté :

"Je suis un bon ami et un mauvais ennemi. Pas de baiser et de se faire des amis à mon sujet, ma chère !"

Depuis, je me suis souvent demandé, comme je me le faisais alors, quelle est la différence entre un bon et un mauvais ennemi.

Elle n'était pas aussi bien dotée intellectuellement que sa rivale Lady de Grey, mais elle avait une volonté plus forte et un tempérament plus sain.

Il n'y avait rien de mélancolique, de réfléchi ou de retiré chez Lady Londonderry. Elle était vive et vive, mais grossière et impénitente.

On nous accusait entre autres d'être vaniteux et de parler de livres que nous n'avions pas lus, habitude que je n'ai jamais eu la témérité d'acquérir. John

Addington Symonds, un de mes amis intimes, avait sorti un livre d'essais qui n'étaient pas très bons et ne faisaient aucune sensation.

Un soir, après le dîner, j'étais assis dans un cercle d'hommes et de femmes à la mode, dont aucun n'était particulièrement intime avec moi, lorsque Lady Londonderry a ouvert la discussion sur les livres. La connaissant à peine, je suis entré dans la conversation avec un enthousiasme innocent. J'ai été séduit par sa mention des études de Symonds en Italie et j'ai pensé qu'elle devait être littéraire. En commençant par le style, j'ai dit qu'on écrivait beaucoup de bêtises à ce sujet, mais qu'il était essentiel que les gens écrivent simplement. À ce moment-là, quelqu'un m'a lancé notre jeu de crayon "Styles" et m'a demandé si je pensais que je devrais connaître l'auteur en entendant un passage fortuit lu à haute voix d'un de leurs livres. J'ai dit que certains écrivains seraient faciles à reconnaître — comme Meredith, Carlyle, De Quincey ou Browning — mais que lorsqu'il s'agissait d'autres — des hommes comme Scott ou Froude, par exemple — je ne devrais pas être aussi sûr de moi. Alors ce fut un cri : Froude, ayant le plus beau style du monde, devait sûrement être facilement reconnu ! J'étais tout à fait prêt à croire que certains membres de la troupe avaient fait une étude complète du style de Froude, mais ce n'était pas le cas. J'ai dit que je ne pouvais pas en être sûr, parce que son écriture était trop douce et parfaite, et que, quand je le lisais, j'avais l'impression d'avaler de l'arrow-root. Cela les choqua profondément et j'ajoutai que, à moins de tomber sur un cavalier franchissant une colline, ou quelque chose d'aussi fascinant, je ne serais même pas sûr de reconnaître le style de Scott. Cela a scandalisé l'entreprise. Lady Londonderry m'a alors demandé si j'admirais les écrits de Symonds. Je lui ai répondu que non, même si j'aimais certains de ses livres. Elle semblait penser que c'était une fanfaronnade de ma part et, après avoir été en désaccord avec un haut hochement de tête, elle a dit d'une manière provocatrice :

"Je serais curieux de savoir, Miss Tennant, ce que vous avez lu par Symonds !"

Me sentant abusé, je répondis plutôt froidement :

"Oh, le genre de chose habituelle !"

Lady Londonderry, visiblement irritée et avec l'air confiant de celle qui réserve une petite surprise à la compagnie, dit :

"Avez-vous, par hasard, regardé les Essais, Suggestifs et Spéculatifs ?"

MARGOT : "Oui, je les ai tous lus."

LADY LONDONDERRY : "Vraiment ! Vous ne les approuvez pas ?"

MARGOT : "Approuver ? Je ne vois pas ce que tu veux dire." LADY LONDONDERRY   :
"Ne trouvez-vous pas l'écriture belle… le style, je veux dire ?"

MARGOT : "Je pense qu'ils sont tous très mauvais, mais je n'admire pas le style de Symonds."

LADY LONDONDERRY : "J'ai bien peur que vous n'ayez pas lu le livre."

Cela m'a ennuyé; J'ai vu que l'entreprise était enchantée par sa porte-parole, mais j'ai trouvé cela inutilement grossier et plus que stupide.

Je l'ai regardée calmement et j'ai dit :

"Je crains, Lady Londonderry, que vous n'ayez pas lu la préface. Le livre m'est dédié. Symonds était un de mes amis et je résidais à Davos au moment où il écrivait ces essais. Il a eu l'imprudence de me demander J'ai dû lire l'un d'eux sous forme manuscrite et écrire ce que je pensais dans la marge. C'est ce que j'ai fait, mais il a été offensé par quelque chose que j'ai griffonné. J'ai été tellement surpris de son attitude que je lui ai dit qu'il ne devait jamais me montrer aucun de ses inédits. travail à nouveau, auquel il m'a pardonné et m'a dédié le livre.

Après cette agitation, les dames à la mode ne m'ont plus pris au sérieux au sujet des livres.

Lady Londonderry n'a jamais appartenu aux Souls, mais son antagoniste, Lady de Grey, en était l'un des principaux ornements et mon amie. C'était une femme luxueuse, d'une grande beauté, aux manières parfaites et au sens du devoir modéré. Elle était le nec plus ultra en matière de raffinement, de perception et de charme. Il y avait quelque chose de septique dans sa nature et je l'entendis dire un jour que le bruit du coucou la rendait malade ; mais, même si elle n'était pas paresseuse et rarement oisive, elle n'a jamais développé ses capacités intellectuelles ni subvenu à ses besoins par la lecture ou l'étude d'aucune sorte. Elle n'avait pas le moindre sens des proportions et, si quelque chose n'allait pas dans ses divertissements - des assiettes froides, un soufflé plat ou quelqu'un qui la jetait pour le dîner - elle devenait presque impuissante à cause de l'agitation, excusable seulement s'il s'agissait d'un grand public. catastrophe. Elle et M. Harry Higgins — un de mes amis exceptionnellement intelligents et dévoués — ayant relancé l'opéra, la société bohème est devenue son passe-temps ; mais un ténor à la campagne ou un danseur sur la pelouse ne sont pas vraiment recherchés ; et, bien qu'elle ait passé un temps interminable à Covent Garden et obtenu un succès considérable, l'agitation la dévorait. Tout en recevant l'adoration d'un cercle restreint mais influent, elle m'a semblé avoir tout tenté en vain et, malgré une expérience qu'auraient pu envier reines et actrices, professionnelles et amateurs, elle est restée gênée d'elle-même, fluide, brillant et inquiet. La noblesse personnelle avec laquelle elle a travaillé dans son hôpital pendant la Grande Guerre lui a apporté la paix.

Frances Horner [Note de bas de page : Lady Horner, de Mells , Frome .] était pour moi plus comme une sœur que n'importe qui d'autre en dehors de ma propre famille. Je l'ai rencontrée quand elle était Miss Graham et j'avais quatorze ans. Elle était une dirigeante de ce qu'on appelait la William Morris School de grand art et l'une des rares filles à avoir jamais eu un salon à Londres.

J'ai été profondément impressionné par son apparence, c'était la mode du moment de porter le désert d'automne dans ses cheveux et des "nuances douces" de velours Liberty; mais ce n'était ni le caractère inhabituel de ses vêtements ni la vue de Burne-Jones à ses pieds et de Ruskin à son coude qui m'ont le plus frappé, mais ce que le petit garçon de Charty , Tommy Lister, appelait ses « yeux fantômes » et la noblesse de son visage. .

Il existe peut-être des femmes aussi dotées de cœur, de tête, de caractère et de tempérament que Frances Horner, mais je n'en ai rencontré que quelques-unes : Lady de Vesci (dont la nièce, Cynthia, a épousé notre fils-poète Herbert), Lady Betty Balfour[Note de bas de page : Sœur du comte de Lytton et épouse de M. Gerald Balfour.] et ma fille Elizabeth. Chez la plupart des femmes, l'impulsion au crabe est plus grande que celle à l'éloge et la grandeur de caractère leur fait étonnamment défaut ; mais Lady Horner comprend tout ce qu'il y a de meilleur dans mon sexe.

Mary Wemyss était l'une des âmes les plus distinguées et était aussi sage que juste, honnête, pleine de tact et généreuse. Elle aurait pu avoir une grande influence, et en fait elle a toujours été un grand plaisir, mais elle était physiquement et mentalement mal équipée pour faire face à la vie et passait et perdait plus de temps qu'il n'était justifiable sur des projets qui auraient pu être réalisés par n'importe quel bon serviteur. . Cela n'aurait pas eu d'importance dans les discussions interminables de savoir si le coupé allant chercher une partie de la famille à une gare et un bus en allant chercher une autre partie à une autre gare interférait avec un invité qui prenait un train de cinq heures ou de cinq heures à cinq heures - ce qui aurait pu ou pourrait le faire. ne pas être arrêté – si l'on avait pu être sûr que Mary Wemyss avait tellement besoin de son amie qu'une autre occasion serait donnée pour un échange intime de confidences ; mais l'élaboration de plans aveugle les gens sur le véritable sens des proportions et ma bien-aimée Mary n'a jamais eu assez de temps pour aucun d'entre nous. C'est la seule femme que je connaisse ou que j'ai jamais connue sans petitesse ni susceptibilité d'aucune sorte. Son juste milieu, s'il est un peu apaisé, relève du génie ; et j'étais – et je suis toujours – plus intéressé par ses opinions morales, sociales et intellectuelles que par celles de la plupart de mes amis. Il y a quelques années , j'ai écrit ceci dans mon journal à son sujet :

"Mary a généralement un jour de retard sur la foire et n'apprendra ma mort que par l'homme derrière le comptoir qui a du mal à la retenir par un collier pour sa nourriture."

L'une des âmes les moins éminentes était mon ami, Lionel Tennyson. [Note de bas de page : frère de l'actuel Lord Tennyson.] Il était le deuxième fils du poète et était un fonctionnaire du bureau indien. Il avait une apparence négligée, une barbe noire et aucune manière. Il chantait des chansons de bière allemandes d'une voix vigoureuse et écrivait de bons vers.

Il m'a envoyé de nombreux poèmes, mais je pense que ces deux-là sont les meilleurs. Le premier m'a été écrit le jour de mon vingt et unième anniversaire, avant la création des Âmes :

Qu'est-ce qu'une seule fleur quand le monde est blanc
de mai ? Qu'est-ce qu'un cadeau pour quelqu'un de si riche, un sourire pour
quelqu'un de si gay ? Qu'est-ce qu'une pensée pour quelqu'un qui est si
riche en pensées aimantes des hommes ? Comment devrais-je espérer parce
que je soupire que tu soupireras encore ? Pourtant, quand vous verrez mon
don, vous pourrez (Ma bayadère aux yeux de jais)
penser à moi une fois aujourd'hui.

Pensez à moi comme vous voudrez, chère fille, si vous me laissez
être quelque part enchâssé dans le sanctuaire de votre pure mémoire ;
Pensez à votre poète comme à quelqu'un qui ne pense qu'à vous, que vous
ÊTES toute sa pensée, qu'il serait heureux s'il savait — Vous avez reçu son
cadeau, et dites (Ma bayadère aux yeux de jais)
" Il pense à moi pour -jour."

Et voici le deuxième :

Elle m'a tiré de mon siège confortable ,
Elle m'a tiré sur ses pieds cruels, Elle a murmuré : "Appelle-moi Sally !" Je
vivais de son sourire, de son soupir, Hélas, imbécile, je ne savais pas que
j'étais seulement son aller-retour .

Le jade ! elle connaissait bien son métier,
Elle faisait de chaque heure un paradis ou un enfer, Car elle savait cajoler et
rallier ; Elle était TELLEMENT aimante, franche et gentille, Qu'aucun
soupçon ne m'est venu à l'esprit
que j'étais son aller-retour .

Mon frère dit "Je vous l'avais bien dit !
Sa conduite n'était pas comme il faut,
mais strictement comme il fallait ;

elle a juré qu'elle était affectueuse et vraie ; sans doute l'était-elle, pauvre fille, mais vous n'étiez que son aller-retour ."

Il m'a demandé ce que j'aimerais qu'il m'offre comme cadeau d'anniversaire et j'ai répondu :

"Si tu veux me faire plaisir, emmène-moi du samedi au lundi dans la maison de campagne de ton père."

C'est ce que Lionel a arrangé ; et lui et moi sommes descendus ensemble à Aldworth   ,
Haslemere , depuis Londres.

Pendant que nous parlions dans le train, une vieille dame distinguée monta. Elle portait une ample jupe de satin noir, de petites pantoufles de satin noir en goloshes, une pointe de zibeline et un grand bonnet de dentelle pittoresque. Elle ne semblait pas écouter notre conversation, car elle lisait d'un air concentré ; mais, en la regardant, je vis ses yeux fixés sur moi. Je portais un manteau écarlate garni de plumes de coq et un chapeau noir à trois cornes. Lorsque nous sommes arrivés à notre gare, la vieille dame a donné un pourboire à un porteur pour qu'il découvre dans mes bagages qui j'étais ; et quand elle est décédée – plusieurs années plus tard – elle m'a laissé dans son testament l'un de mes bijoux les plus précieux. C'était Lady Margaret Beaumont ; et j'ai fait sa connaissance et son amitié avant sa mort.

Lady Tennyson était invalide ; et nous fûmes reçus à notre arrivée par le poète. Tennyson était une créature magnifique à regarder. Il avait tout : la taille, la silhouette, la portance, les traits et l'expression. Ajouté à cela, il avait ce que George Meredith m'a dit de lui, « l'allusion féminine à la perfection ». Il m'a salué en disant :

"Eh bien, es-tu aussi intelligente et impétueuse que ta sœur Laura ?"

Je n'avais jamais entendu le mot « spurty » auparavant, et je ne l'ai d'ailleurs jamais entendu depuis. Pour répondre à ce genre d'attaque frontale, il faut être soit impertinent, soit servile ; donc je n'ai rien dit de mémorable. Nous nous sommes assis pour prendre le thé et il m'a demandé si je voulais qu'il s'habille pour le dîner, ajoutant :

"Ta sœur a dit de moi, tu sais, que j'étais à la fois en désordre et sale."

Ce à quoi j'ai répondu :

« Est-ce que ça vous dérange ?

TENNYSON : "Je me demandais si c'était vrai. Pensez-vous que je suis sale ?"

MARGOT : "Tu es très beau."

TENNYSON : "Je peux voir par cette remarque que vous pensez que je le suis. Très bien, je vais m'habiller pour le dîner. Avez-vous lu les lettres de Jane Welsh Carlyle ?"

MARGOT : « Oui, je l'ai fait, et je les trouve excellents. Il semble dommage, » ajoutai-je avec le lieu commun qui a tendance à s'imposer lors d'une première conversation avec un homme éminent, « qu'ils aient jamais été mariés ; n'importe qui sauf l'un l'autre, ils auraient pu être parfaitement heureux. »

TENNYSON : "Je suis totalement en désaccord avec vous. Dans tout autre arrangement, quatre personnes auraient été mécontentes au lieu de deux."

Après cela, je suis monté dans ma chambre. Les heures tenues à Aldworth étaient particulières ; nous avons dîné tôt et après le dîner, le poète s'est couché. À dix heures, il descendait et, si on le lui demandait, il lisait ses poèmes à la compagnie jusqu'à minuit passé.

Le premier soir, je me suis habillé avec beaucoup de soin pour le dîner et, me plaçant à côté de lui lorsqu'il descendait, je lui ai demandé de me lire à haute voix.

TENNYSON : « Que veux-tu que je lise ?

MARGOT : "Maud."

TENNYSON : " C'est le poème pour lequel j'ai été maudit ! Quand il est sorti, aucun mot n'était assez mauvais pour moi ! J'étais un voyou, un voyou et un athée ! Vous vivrez avec un aussi grand mépris pour les critiques littéraires et les public comme je l'ai fait, mon enfant ! »

Pendant qu'il parlait, j'ai trouvé par terre, parmi des piles de livres, un petit exemplaire de Maud, un volume en shillings, relié en papier bleu. Je la lui mis dans les mains et, rapprochant la lampe de lui, il se mit à lire.

Il n'y a qu'un seul homme, poète aussi, qui lit comme mon hôte ; et voici mon ami bien-aimé, le professeur Gilbert Murray. Quand je l'ai entendu pour la première fois à Oxford, j'ai fermé les yeux et j'ai eu l'impression que le vieux poète était de nouveau parmi moi.

La lecture de Tennyson avait la cadence, la tendresse et le rythme qui font la musique dans l'âme. Il ne s'agissait ni de chanter, ni de psalmodier, ni de parler, mais un subtil mélange des trois ; et l'effet sur moi fut celui d'harmonies envoûtantes qui me laissèrent profondément ému.

Il commença par « Les oiseaux dans le jardin de la grande salle » et, sautant les quatre sections suivantes, poursuivit par « Je l'ai ramenée à la maison, mon amour, ma seule amie » et termina par :

Il est tombé une larme splendide
De la passiflore à la porte. Elle vient, ma colombe, ma chérie, Elle vient, ma
vie, mon destin ; La rose rouge crie : « Elle est proche, elle est proche » ; Et
la rose blanche pleure : « Elle est en retard » ; Le pied d'alouette écoute : «
J'entends, j'entends ; » Et le lys murmure : "J'attends."

Elle vient, la mienne, ma douce ;
S'il s'agissait d'un pas si léger, Mon cœur l'entendrait et battrait, S'il s'agissait
de terre dans un lit terrestre ; Ma poussière l'entendrait et battrait, Si j'étais
resté mort pendant un siècle ; Elle sursauterait et tremblerait sous ses pieds,
Et s'épanouirait en pourpre et rouge.

Quand il eut fini, il me mit sur ses genoux et dit :

"Beaucoup ont peut-être écrit aussi bien, mais rien qui n'ait jamais sonné aussi
bien !"

Je ne pouvais pas parler.

Il nous raconta alors qu'il avait vécu une expérience malheureuse avec une
demoiselle à qui il faisait la lecture de Maud.

« Elle était assise sur mes genoux, dit-il, comme vous le faites maintenant, et
après avoir lu :

Oiseaux dans le haut jardin de la salle
Quand le crépuscule tombait, Maud, Maud, Maud, Maud, ils pleuraient et
appelaient,

Je lui ai demandé de quel oiseau elle pensait que je parlais. Elle a dit : « Un
rossignol ». Cela m'a tellement mis en colère que j'ai failli la jeter à terre : «
Non, imbécile ! … Tour !' dis-je."

Je me levai, un peu désolé pour la jeune femme, mais j'avais tellement peur
qu'il arrête de lire que j'ouvris rapidement La Princesse et la lui remis entre
les mains, et il continua.

Je possède toujours la petite Maud, reliée sous sa couverture de papier bleu,
qu'il nous a lu, avec mon nom écrit par Tennyson.

Le lendemain de mon arrivée, je fus invité par notre hôte à faire une
promenade avec lui, ce qui me flatta beaucoup ; mais après avoir marché deux
heures à grande allure sur un terrain accidenté, je regrettai ma vanité. A part
mon frère Glenconner , je n'ai jamais rencontré quelqu'un d'aussi facile à
déménager. Le trait le plus caractéristique qui m'est resté à l'esprit lors de
cette promenade était l'appréciation qu'avait Tennyson des autres poètes.

En écrivant des poètes, je viens à George Wyndham. [Note de bas de page : le
regretté très hon. George Wyndham.] Il serait superflu d'ajouter quoi que ce

soit à ce qui a déjà été publié sur lui, mais il était parmi les plus beaux et les plus aimables de mon entourage.

C'était un jeune homme naturel doté d'une beauté encore plus grande que sa sœur, Lady Glenconner , mais avec moins de son talent littéraire. Bien que son nom soit toujours associé à l'Irish Land Act, il s'intéressait plus à la littérature qu'à la politique et, avec un peu d'autodiscipline, il aurait pu être éminent dans les deux domaines.

M. Harry Cust est la dernière des âmes sur lesquelles j'ai l'intention d'écrire et était, à certains égards, la fin la plus rare et la plus brillante de toutes. Quelqu'un qui le connaissait bien a écrit à son sujet après sa mort :

"Il a jeté la coupe de la vie sans craindre qu'elle contienne du poison, mais comme beaucoup d' hommes volontaires , il manquait de volonté."

La première fois que j'ai vu Harry Cust, c'était à Grosvenor Square, où il était venu voir ma sœur Laura. Quelques semaines plus tard, je l'ai trouvée en train de fabriquer un sachet, ce qui était une occupation inhabituelle pour elle, et elle m'a dit que c'était pour « M. Cust », qui se rendait en Australie pour sa santé.

Il resta à l'étranger pendant plus d'un an et, la nuit du Jubilé 1887, il entra dans notre maison où nous dînions. Il venait de rentrer d'Australie et était terriblement bouleversé d'apprendre la mort de Laura.

Harry Cust avait un enthousiasme infatigable pour la vie. À Eton, il avait été capitaine de l'école et il était un érudit de Trinity. Il avait une mémoire aussi fine que celle du professeur Churton Collins ou de mon mari et une mer de connaissances non sondées, citant avec la même aisance la poésie et la prose. Il a dirigé avec brio la Pall Mall Gazette pendant plusieurs années. Avec sa jeunesse, son intelligence et son apparence, il aurait pu faire n'importe quoi dans la vie ; mais il était fatalement complaisant et le succès avec mon sexe a nui à sa carrière publique. C'était un critique exigeant et un ami fidèle, intrépide, téméraire et inoubliable.

Il a écrit un poème, paru anonymement dans l'Oxford Book of English Verse :

Pas pour nous, ô Seigneur,
Pas pour nous le ravissement du jour, La paix de la nuit, ou la divine
surprise de l'amour, Un cœur élevé, des paroles élevées, des actes élevés au
milieu d'un regard honorant ;
Car sur ta parole, tout cela est enlevé.

Pas à nous, ô Seigneur :
Tu nous donnes le mépris, le fléau, la cicatrice,

La douleur de la vie, la solitude de la mort, La suffisance insupportable du souffle ; Et avec ton épée tu pénètres très loin.

Pas à nous, ô Seigneur :
Bien plus, Seigneur, mais à elle soient toutes choses données — Ma lumière, ma vie, ma terre et mon ciel soient détruits — Mais que toute cette richesse d'amour ne soit pas gaspillée : Que l'enfer offre le pavé de son Ciel !

J'imprime aussi une lettre en vers qui m'a été envoyée le 20 octobre 1887 :

Je suis entré ce soir, rendu aussi affreux que l'inquiétude peut le faire,
Le cœur comme un navet et la tête comme un ouragan,
Quand voilà ! sur mes yeux ternes jaillit soudain un
éclair lumineux de votre écriture, du Herzensgeliebte ;
Et j'ai découvert que la vie que je pensais pouvoir quitter
contenait encore quelque chose qui rendait la vie concevable ; Et cela, malgré les plaies, les ennuis et les défauts, Ma propre vie n'en est que meilleure pour les petits morceaux de la vôtre ; Et c'est seulement pour te dire ça que je t'écris, Et juste pour le plaisir de te dire bonsoir : Car je n'ai rien à te dire et rien à te dire, Sauf que je mange et je dors et je marche à propos de. Depuis trois jours, l'indolent Je m'enterre dans la bibliothèque du British Museum ,
essayant d'écrire pour me mettre un peu dans la main, et lisant des livres hollandais que je ne comprends pas du tout : Mais aujourd'hui Lady Charty et douce Mme Lucy em -
Brodé le crépuscule du British Museum, Et m'a rendu si heureux en parlant et en riant Que je les ai aimés plus que la frise du Parthénon. Mais j'ai sommeil, je sais et je ne sais pas si je ne suis pas idiot ;
Dîné ce soir avec vos sœurs, où Tommy était brillant ; Et, tandis que le reste de la société devenait assourdi, je m'attardais un moment avec votre tante de soixante-dix ans,
tandis que l'un d'entre eux, M. Winsloe , un volume devant lui,
nous regardait tous avec un décorum maussade. Non, je ne peux pas rester éveillé, et ainsi, vous saluant et vous bénissant, Et vous voyant et vous aimant (tout en vous déshabillant lentement), Prends ta petite main et embrasse, avec une bénédiction somnolente, Sachant, comme toi, je suis ton toujours affectueux

HARRY CC

J'avais un autre ami, James Kenneth Stephen, trop païen, rebelle et solitaire pour être disponible pour les Souls, mais un homme de génie. Un après-midi, il est venu me voir à Grosvenor Square et, se faisant dire par le valet de pied que je roulais dans le Row, il a demandé du thé et, en m'attendant, il a écrit la parodie suivante de Kipling et l'a laissée sur mon bureau avec sa carte :

PS L'HOMME QUI L'A ÉCRIT.

Nous l'avons tous appelé l'homme qui l'a écrit. Et nous l'avons appelé ainsi ce que l'homme a écrit, ou IT pour faire court – nous tous, à l'exception de La Fille qui l'a lu. Elle n'a jamais appelé quoi que ce soit "Ça". Ce n'était pas ce genre de fille, mais elle l'a lu, ce qui était dommage du point de vue de L'Homme qui l'a écrit.

L'homme est mort maintenant.

Il est descendu au-delà de Karachi et a été ramené à la maison plutôt comme de la viande brisée dans un panier. Mais c'est une autre histoire.

La jeune fille L'a lu, et L'a raconté, et elle a tout oublié, et en une semaine , C'était partout dans la station. Je l'ai entendu du vieux Bill Buffles au club alors que nous fumions entre un piquet et une aube chaude.

JKS

J'en ai été ravi. Une autre fois, il a écrit pour moi une parodie de « St. Paul » de Myers. Je ne citerai qu'un verset sur huit :

Lo! bon sang, je dis toujours "Lo!" car
Dieu est conscient et me laisse mal informé. Lo! il ne me reste plus rien à faire, Lo ! il n'y a rien d'insuffisamment formé.

Il termina en signant son nom et en écrivant :

Souvenez-vous si les vers que je trace
Fussent parfois (je l'avoue !) l'argot ,
Si vous trouvez un peu trop d'audace
On ose tout quand on se dit
"Margot."

Mon cher ami JKS est à l'origine de l'aspiration fréquemment citée :

Quand les Rudyards cesseront de Kipling
Et les Haggards ne monteront plus.

Bien que je puisse difficilement revendiquer Symonds comme une âme, il s'intéressait tellement à moi et à mes amis que je dois écrire un bref récit de lui.

J'allais ma sœur, Pauline Gordon Duff, lorsque j'ai rencontré John Addington Symonds pour la première fois, en 1885, à Davos.

Je montai un après-midi à Am Hof[Note : maison de campagne de JA Symonds.] avec une lettre d'introduction, qui fut apportée à la famille tandis qu'on me conduisit dans une pièce en bois pleine de choses charmantes. Comme personne ne s'approchait de moi, je pensais que tout le monde était sorti, alors je m'installai paisiblement parmi les livres, prêt à attendre. Peu de temps après , j'entendis un bruit de pieds chaussés et quelqu'un s'arrêtant devant la porte ouverte.

"Est-il parti ?" » fut la question grincheuse qui venait de derrière l'écran.

Et en un instant, le visage maigre et curieux de John Addington Symonds me regardait au coin de la rue.

Il n'y avait qu'à répondre :

" Non , j'ai bien peur qu'elle soit toujours là ! "

Étant l'homme le plus courtois, il sourit et me prit la main ; et nous sommes montés ensemble à sa bibliothèque.

Symonds et moi sommes devenus de très bons amis.

Après avoir couché ma sœur à 9h30, je montais tous les soirs à la lueur des étoiles jusqu'à Am Hof, où nous parlions et lisions à haute voix jusqu'à une et souvent deux heures du matin. J'ai appris plus au cours de ces nuits d'hiver à Davos que je n'en avais jamais appris dans ma vie. Nous lisions ensemble La République et tous les dialogues de Platon ; Swift, Voltaire, Browning, Walt Whitman, Edgar Poe et la propre Renaissance de Symonds, sans compter des passages de chaque auteur et poète, qu'il reprenait fébrilement pour illustrer ce qu'il voulait que je comprenne.

Je considérerai toujours Lord Morley [Note : Vicomte Morley de Blackburn.] comme le meilleur parleur que j'ai jamais entendu et après lui je dirais Symonds, Birrell et Bergson. George Meredith était trop prima donna et était très sourd et ininterrompu quand je l'ai connu, mais il était déjà incroyablement bon. Alfred Austin était un de ses amis et venait d'être nommé poète officiel par Lord Salisbury, lorsque mon ami bien-aimé, l'amiral Maxse , m'a emmené à la campagne pour voir Meredith pour la première fois. Me sentant plus stupide que d'habitude, je lui dis :

"Eh bien, M. Meredith, je me demande ce que votre ami Alfred Austin pense de sa nomination ?"

Secouant sa belle tête , il répondit :

"Il est très difficile de dire à quoi pense un nain lorsqu'il chante."

La conversation de Symonds est décrite dans l'essai de Stevenson sur Talks and Talkers, mais personne n'a jamais vraiment pu donner l'imagination, l'épigramme, la rapidité et le sérieux avec lesquels il non seulement s'exprimait mais engageait la conversation. Ceci et son affection se sont combinés pour faire de lui un compagnon enchanteur.

Les facteurs et les bûcherons suisses nous rejoignaient constamment à minuit et buvaient des vins italiens dans de beaux verres que notre hôte avait rapportés de Venise ; et c'étaient nos seules interruptions lorsque Mme Symonds et les belles filles se couchaient. J'ai de nombreux souvenirs d'avoir vu nos amis paysans s'éloigner de la porte d'entrée de Symonds et de me tenir à ses côtés dans le noir, écoutant le claquement de leurs fouets et leurs yodels criés au loin sur les routes enneigées dans les cieux étoilés.

Lorsque je l'ai quitté pour la première fois et que je suis rentré en Angleterre, Mme Symonds m'a dit qu'il restait assis toute la nuit, remplissant un livre vierge de ses propres poèmes et traductions, qu'il m'avait posté tôt le matin. Nous avons correspondu jusqu'à sa mort ; et j'ai conservé toutes les lettres qu'il m'a écrites.

Il a été le premier à me demander d'écrire. Si seulement il était en vie maintenant, je lui montrerais ce manuscrit et, si quelqu'un pouvait en tirer quelque chose par ses conseils, sa sympathie et ses encouragements ; mon autobiographie pourrait devenir célèbre.

"Tu as l'oreille juste ", disait-il, "et j'apprécie votre jugement littéraire."

J'insérerai ici quelques-unes de ses lettres, en commençant par celle qu'il envoya à notre villa de Davos à propos des essais sur lesquels Lady Londonderry et moi avions notre petite brise :

Je travaille sur un volume d'essais d'art et de critique, qui me laisse perplexe et difficile à écrire. Je pense que je vais vous demander de les lire.

Je veux un public intelligent avant de les publier. Je veux les « essayer » dans l'esprit de quelqu'un – comme une robe – pour voir comment elles vont. Seulement, vous devez promettre d'écrire vos observations et, remarque la plus meurtrière de toutes, de dire quand l'ennui de les lire commencera à peser sur le profit de ma philosophie.

Je pense que tu pourrais m'aider.

Après la publication, il a écrit :

Je regrette que les essais que je vous ai consacrés aient été un échec — comme je pense qu'ils l'ont été — à en juger par les opinions de la presse. Je voulais, quand je les ai écrits, dire uniquement la simple vérité de ce que je pensais et ressentais dans le langage le plus simple que je puisse trouver.

Ce que disent les critiques, c'est que j'ai énoncé des truismes dans les termes les plus crus et les moins attrayants.

Ici, je me retrouve jugé, et pas injustement. À la recherche de la vérité, j'ai dit ce que j'avais à dire sans détour – et il semble que je n'avais que des lieux communs à exprimer. Dans la recherche de la sincérité du style, j'ai réduit chaque proposition à sa plus simple forme de langage. Et cette abnégation de la rhétorique a révélé la nudité de mes lieux communs.

Je sais que je n'ai pas de baguette, que je ne peux pas conjurer, que je ne peux pas attirer les oreilles des hommes pour qu'ils écoutent mes paroles.

Ainsi, lorsque je me retirerai finalement de nouveaux appels au public, comme j'ai l'intention de le faire, je ne pourrai pas me poser en Prospero qui brise son bâton. Je ne suis qu'un valet un peu robuste et très nerveux dans le domaine de l'art, qui a cherché à revêtir la robe du magicien - et maintenant déshabillé, prend tranquillement sa place là où Dieu l'a désigné et compte se taire à l'avenir. puisque sa propre fonction lui a été montrée.

Ainsi en est-il pour moi. Et je ne vous aurais pas infligé autant de choses, mon cher ami, si je n'avais pas, par malheur et par une grossière erreur de calcul de mes pouvoirs, associé votre nom au livre qui prouve mon incompétence.

Oui, le Maître [Note : Dr Jowett, Maître de Balliol.] a raison : profitez autant que possible de votre vie : utilisez-la dans le but le meilleur et le plus noble : ne le faites pas, quand vous êtes vieux et brisé comme moi, asseyez-vous au milieu des ruines de Carthage que vous avez vainement conquises, comme je le fais maintenant.

Maintenant, au revoir. Gardez toutes mes lettres qui vous paraissent dignes d'être conservées. Cela me fera mieux écrire. J'en garde un grand nombre. Vous ne perdrez jamais un coin chaleureux au centre du cœur de votre ami

JA SYMONDS.

PS Vivez bien. Vivre heureux. Ne m'oublie pas. J'aime penser à toi dans la plénitude de vie et d'activité. Je ne serais pas désolé pour vous si vous vous cassiez le cou sur le terrain de chasse. Mais, comme le Maître, je veux que vous vous assuriez de la vie jeune et puissante que vous avez – avant que l'inévitable, douloureuse, longue et sombre nuit n'approche.

Plus tard, à propos de sa traduction de l'Autobiographie de Benvenuto Cellini, il écrit :

Je suis si heureuse que vous aimiez mon Cellini. Le livre a été un succès ; et j'en suis content, même si sa vente ne m'intéresse pas. L'éditeur m'a payé 210 L pour mon travail, ce que je considérais comme un très bon salaire.

MA CHÈRE MARGOT,

Je vous ai écrit très précipitamment hier, et avec quelques pensées inquiétantes en arrière-plan de ma tête.

donc pas dit à quel point j'appréciais votre regard critique sur les points de mon Introduction à Cellini. Je n'accorde pas autant d'importance à cet écrit que vous. Mais vous y avez « repéré » le meilleur : le syllogisme décrivant l'état d'esprit de Cellini quant à la mort de Bourbon.

C'est vrai, je pense, ce que vous dites : que je suis devenu plus nerveux et moins élaboré dans mon style ces dernières années. C'est très naturel. On commence dans la vie avec une susceptibilité sensuelle à la beauté, avec un fort sentiment de couleur et de cadence mélodieuse, et aussi avec une manière impulsive et enthousiaste de s'exprimer. Cela donne l'impression que le travail des jeunes est décoré et laborieux , alors qu'il est très souvent très spontané et précipité, plus instructif et plus simple que le travail de la vie intermédiaire. J'écris maintenant avec beaucoup plus de difficulté et plus lentement, et avec beaucoup moins d'intérêt pour mon sujet qu'avant. Cela me donne plus de maîtrise du véhicule et de la langue qu'avant. J'écris ce qui me plaît moins, mais ce qui frappe probablement davantage les autres.

C'est un long discours ; mais pas autant sur moi-même qu'il y paraît. J'ai été frappé de votre perspicacité, et j'ai voulu vous dire comment j'analyse le changement de style que vous signalez, et qui résulte, je pense, d'un effort plus froid, plus laborieux, plus ennuyeux à mesure qu'on avance en âge.

L'artiste ne doit jamais être commandé par son sujet ou son véhicule d'expression. Mais jusqu'à ce qu'il cesse de les aimer tous deux d'une passion aveugle, il en sera probablement ainsi ordonné. Et puis son style apparaîtra décoratif, fleuri, mixte, inégal, travaillé . C'est la sobriété d'un enthousiasme repus ou émoussé qui fait l'artiste littéraire. Il doit se souvenir de ses humeurs dithyrambiques, mais ne plus y être soumis ni y aspirer.

Savez-vous que je viens tout juste de trouver le temps, pendant mes longues journées et nuits au lit avec la grippe et la bronchite, de lire Marie Bashkirtseff ? (Est-ce qu'un nom aussi déroutant est déjà apparu sur l' Ygdrasil , même dans la vie russe ?)

À ce moment -là , vous devez être assez fatigué d'entendre vos amis dire à quel point Marie Bashkirtseff leur rappelle vous.

Je ne peux pas l'aider. Je dois le répéter une fois de plus. Je suis tellement fossile que je me permets les remarques les plus antédiluviennes, si je crois qu'elles contiennent une part de vérité. Bien sûr, les différences sont aussi frappantes que les ressemblances. Il n'y a pas deux feuilles identiques sur un tilleul. Mais toi et elle, détachés de la forêt de la vie, me paraissez comme des feuilles cueillies sur la même espèce d'arbre.

C'est un livre très merveilleux. Si seulement messieurs les romanciers pouvaient photographier l'expérience dans leur fiction comme elle l'a fait dans certaines de ses pages ! L'épisode de Pachay , si court soit-il, est magistral, hors de portée de Balzac ; combien loin au-dessus du vol laborieux et coléoptère d'Henry James ! Au-dessus même de George Meredith. C'est ce que James donnerait sa main droite pour faire une fois. L'épisode d'Antonelli est très bon aussi, mais pas aussi exquis que l'autre.

Il y a quelque chose de pathétique à la fois dans « Asolando » et dans « Demeter », ces fleurs ratatinées de vieux lauriers robustes touchés par le gel de l'hiver et de la vieillesse. Mais je trouve peu de choses sur lesquelles m'attarder dans l'un ou l'autre. Browning a plus de sève de vie, Tennyson une maîtrise plus mûre et plus douce. Chacun reproduit ici pour l'essentiel son maniérisme.

Je vous écris, voyez-vous, comme si je n'étais pas resté si longtemps silencieux. Je vous prends au mot et j'attends de Margot qu'elle soit toujours la même envers un camarade.

Si seulement tu étais là ! Keats a dit que "les mélodies entendues sont douces, mais celles qui ne sont pas entendues sont plus douces". Comme c'est faux !

Oui, c'est ainsi : quelque part par moi
Inouïes, par moi insensibles, inconnues, Tes notes riantes et ondulantes
résonnent encore ; tandis que je suis seul à m'asseoir et à soupirer et à dire :
La musique inouïe est douce comme eux.

Il ne s'agit pas d'une ambiance momentanée, ni d'une légère bulle de vers improvisés. Il exprime ce que je ressens souvent lorsque, après une longue nuit de travail, j'allume ma bougie et que je regarde, avant de me coucher, ton portrait au coin de mon poêle.

J'ai travaillé intensément sur mon autobiographie. Il est bloqué et certaines parties sont écrites pour de bon. Mais une chose de ce genre devrait être l'œuvre finale d'un maître – et c'est très épuisant à réaliser.

AM HOF, DAVOS PLATZ, SUISSE, 27 septembre 1891.

MA CHÈRE MARGOT,

Je vous renvoie vos deux procès-verbaux dactylographiés. Ils sont tous deux très intéressants, l'un comme étant autobiographique et une étude de votre famille, l'autre comme une image vivante et, je pense, à juste titre critique de Gladstone. Il aura un jour une grande valeur littéraire. Je ne me sens pas vraiment avec Jowett, qui vous l'a dit, n'est-ce pas ? que vous lui aviez fait COMPRENDRE Gladstone. Mais je pense que vous avez proposé une conception extrêmement puissante et brillante, impressionnante et convaincante en raison de votre sincérité évidente et de votre largeur de vue. La valeur purement biographique et littéraire de cet ouvrage me semble très grande et me fait souhaiter vivement que vous enregistriez de la même manière toutes vos expériences intéressantes et vos études de première main sur des personnalités exceptionnelles.

Peu à peu, en faisant cela, vous accumulerez du matériel d'une réelle importance ; bien meilleur que les romans ou les histoires, et plus précieux que les expressions passionnées d'émotions personnelles.

Vous ai-je déjà montré le compte rendu que j'ai imprimé en privé d'une soirée passée chez Woolner , le sculpteur , lorsque Gladstone a rencontré Tennyson pour la première fois ? Si j'avais pu profiter davantage de tels incidents, j'aurais aussi dû rédiger des documents. Mais mes opportunités ont été limitées. Pour les futurs historiens, la valeur éclairante de tels écrits sera incomparable.

Je suppose que je dois renvoyer les deux morceaux à Glen. Ce que je ferai avec cette lettre. Laissez-moi voir ce que vous écrivez. Je pense que vous avez un aperçu très pénétrant du personnage, qui vient d'un parfait désengagement et d'une sympathie contrôlée par un sens critique. L'absence d'égoïsme est un excellent point.

la mort de Symonds , j'ai perdu mon meilleur tuteur intellectuel ainsi qu'un de mes plus chers amis. J'aurais aimé suivre ses conseils et essayer sérieusement d'écrire il y a des années, mais, à l'exception de quelques croquis de magazines, je n'ai jamais écrit une ligne à publier de ma vie. Je n'ai tenu qu'un journal minutieux et précis. [Note : De tous mes journaux, j'ai à peine pu citer cinquante pages, car en les relisant, je découvre qu'ils sont non seulement pleins de secrets du Cabinet, mais saccadés, décousus et dangereusement frank.] et ici, dans l'intérêt de mes éditeurs et au risque de passer pour égoïste, il n'est pas inapproprié que je publie les lettres suivantes en relation avec ces journaux et mes écrits :

21 MANOIRS CARLYLE, CHEYNE WALK, SW

9 avril 1915.

MA CHÈRE MARGOT ASQUITH,

Par quelle félicité de divination vous a-t-il inspiré de m'envoyer, il y a quelques jours, ce merveilleux journal sous clef ? — vous sentant si justement sûr, je veux dire, du degré particulier et de l'intérêt particulier que j'y trouverais ? Je ne m'étonne pas, en effet, de votre présomption générale à cet effet, mais l'ambiance, le moment et la résolution elle-même ont conspiré ensemble pour moi, et j'ai absorbé chaque mot de chaque page avec la plus vive appréciation, et je pense que je pourrait dire l'intelligence. J'ai lu la chose intimement, et je vous tire mon chapeau comme au Balzac même des chroniqueurs. Il est plein de vie, de force et de couleur , d'un instinct remarquable pour se rapprocher des gens et des choses et pour presser, dans le cas des portraits résolus de certains de vos personnages éminents, surtout la dernière goutte de vérité et de sens hors de eux - du moins dans la mesure où les originaux affectaient VOTRE vision singulièrement approfondie. Heureux donc ceux qui avaient, de cette essence, le moins de secrets ou de vies tortueuses à vous livrer, car plus certains d'entre eux paraissent compliqués et inimaginables, plus vous me semblez les avoir saisis et maîtrisés. Ensuite, je me suis retrouvé accroché à votre impression dans chaque cas avec le suspense et l'émerveillement les plus vifs, tant l'expression la suit de manière passionnante et la traduit réellement. Ceci et votre extraordinaire richesse d'opportunités font de ce dossier un document anglais des plus précieux, une rare révélation de l'intériorité humaine de la vie politique dans ce pays, et une image des mœurs et des caractères personnels comme « honorable » dans l'ensemble (au pays) tant il est franc et aigu. La beauté est que vous écrivez avec une telle autorité, que vous avez tant vu, tant vécu et tant bougé, et qu'ayant la chance d'observer, de ressentir et de discerner à la lumière de tant de pression, vous n'avez pas été le moins du monde effrayé, mais vous avez affronté, assimilé et représenté pour tout ce que vous valez.

J'ai vécu, voyez-vous, entièrement en dehors du cercle restreint de la vie politique, et pourtant plus ou moins étonné, pendant des années, de beaucoup de ses apparences extérieures, et en contact superficiel - bien que cela, en effet, soit assez ancien maintenant - avec divers acteurs et personnages, se détachant d'eux sur un terrain tout différent et ne pouvant ni ne voulant être du métier du mystère (préférant, pour ainsi dire, mes propres personnages pauvres et privés, tels qu'ils l'ont été) et pourtant avec toutes sortes de curiosités, de désirs et d'imaginations insatisfaits dans votre direction générale et effrayante. Eh bien, vous me prenez par la main et vous me conduisez en arrière et en dedans, et toujours dedans, et vous arrangez les choses magnifiquement pour moi – TOUTES mes pertes, mes ratés, mes exclusions et mes privations – et vous le faites en ayant pris toutes les bonnes notes, en appréhendant tout. les bonnes valeurs et ont bénéficié de toutes les bonnes réactions, c'est-à-dire par les bonnes, celles qui ont dû le plus susciter l'intérêt et l'émotion ; celles que je t'ai vaguement fait croire en train de prendre pendant que j'écrasais mon nez contre la vitrine et que tu étais là à l'intérieur, mangeant les tartes, dirai-je, ou les tendant sur le comptoir ? C'est aujourd'hui comme si vous aviez pris toute la peine pour moi et m'aviez enfin laissé tout l'accroissement non mérité ou le beau gain psychologique ! J'ai tourné avec un peu de nostalgie autour de deux ou trois de vos personnalités distinguées (dans le passé) ; mais vous ouvrez des abîmes, ou autres, qui m'ont vraiment manqué, et le flambeau que vous brandissez dessus est souvent d'une lumière sinistre. Je trouve donc mon expérience, l'expérience de simplement vous lire (vous ayant vécu tout le reste) véritablement romantique. Mais j'ai tellement envie de continuer que je déplore votre apparente arrestation — Saint Simon est en quarante volumes — pourquoi mettre Margot dans un seul ? Votre propre portrait est une chose extraordinairement patiente, détachée et retouchée ; mais le livre lui-même constitue réellement une image de vous par sa force de sentiment et son ton individuel vivant. Un admirable portrait de dame, sans fin de finition et de style, est ainsi projeté, et si je ne m'arrête pas maintenant, je le qualifierai de véritable chef-d'œuvre. S'il vous plaît, croyez combien je suis vraiment touché par votre confiance en votre fidèle, bien que vieil ami,

HENRY JAMES.

Mon cher et distingué ami Lord Morley m'a envoyé la lettre suivante du 15 septembre 1919, et c'est à la suite de cette lettre que, deux mois après, le 11 novembre 1919, j'ai commencé à écrire ce livre :

FLOWERMEAD, PRINCES ROAD, WIMBLEDON PARK, SW, 15 SEPTEMBRE 1919.

CHÈRE MADAME. ASQUITH,

Vos lettres les plus aimables m'ont procuré un plaisir rare, tant personnel que littéraire. Personnel, parce que j'aime savoir que nous sommes toujours des amis affectueux, comme nous l'avons été pendant des années si longues, importantes et éprouvantes. Littéraire – parce que c'est un brillant exemple de cette écriture de personnages dans laquelle les Français nous ont si incontestablement battus. Si vous le voulez, vous pouvez être aussi vif, brillant et pénétrant que Mme de Sévigné ou les meilleurs d'entre eux, et si j'étais éditeur, je vous tenterais par de gros émoluments et la certitude de la renommée. Vous me demandez de vous laisser un livre lorsque je quitterai cette vie. Si j'étais votre généreux bienfaiteur, je ne partirais pas, mais vous donnerais, maintenant de mon vivant, ma collection assez complète de Mémoires français. Eh bien, je suis en vérité votre bienfaiteur, mais j'ai tendance à léguer ma bibliothèque moderne à un corps public de dames, si vous me pardonnez cette expression étrange et inélégante. Je n'ai rien de bon ou d'intéressant à vous dire sur moi. Ma force ne supportera aucun impôt.

Le legs de mon vieil ami [Note : Andrew Carnegie.] en Amérique a été une agréable remise à jour, et cela m'a touché, compte tenu de nos différences de formation, de caractère, de goûts, de tempérament. Je lui ai été présenté pour la première fois avec les éloges de M. Arnold – un trio curieux, n'est-ce pas ?

Il pensait, et en était fier, que lui, AC, nous avait présenté, MA et moi, aux États-Unis.

J'observe les événements et les hommes ici avec une certaine vigilance, avec quel esprit bon et plein d'espoir vous pouvez imaginer. À votre retour, rendez-moi visite. Personne ne serait aussi tonique pour un octogénaire.

Toujours, toujours, ton ami affectueux,

J.M.

Alors que j'étais aux prises avec cette autobiographie depuis deux mois, j'ai écrit et raconté mon aventure à John Morley, et voici sa réponse :

FLOWERMEAD, PRINCES ROAD, WIMBLEDON PARK, SW (JANVIER 1920).

CHÈRE MADAME. ASQUITH,

Un oiseau dans les airs avait déjà murmuré l'affaire de votre aventure littéraire, et je n'avais ni n'avais aucun doute que l'éditeur savait très bien de quoi il s'agissait. Le livre sera brillant en connaissance réelle du monde ; riche en points de vie; sympathique avec la nature humaine, qui, dans sa force et sa faiblesse, n'est jamais mesquine ou petite.

Assurez-vous de VOUS CONFIANCE; et ne vous inquiétez pas des critiques. Vous n'avez pas besoin de mots pour vous dire à quel point je m'intéresse chaleureusement à votre superbe design. PERSÉVÉRER.

Comme c'est gentil de m'inviter à votre repas royal [Note : je l'ai invité à rencontrer le prince de Galles.] Mais je suis trop vieux pour une compagnie qui serait si nouvelle, alors ne le prenez pas mal, mes meilleurs amis, si je demande à être invité quand je devrais VOUS voir davantage. Vous ne savez pas à quel point un homme ennuyeux, une fois vif, peut dégénérer.

Tu es toujours affectueux et reconnaissant

J. MORLEY.

Pour revenir à ma jeunesse triomphante : je terminerai ce chapitre par une note que mon amie, Lady Frances Balfour — l'une des rares femmes d'une intelligence exceptionnelle que j'ai connue — m'a envoyée de la part de son père, le regretté duc d'Argyll, le merveilleux orateur dont on disait qu'il était comme un canon tiré par un canari.

Frances m'a demandé de le rencontrer lors d'un petit dîner et m'a placé à côté de lui. Au cours de notre conversation, il a cité ces paroles qu'il avait entendues dans un sermon prêché par le Dr Caird :

"Oh ! pour le temps où l'Église et l'État ne seront plus le mot d'ordre des armées opposées, où chaque homme sera prêtre et chaque prêtre sera roi, comme un prêtre vêtu de justice, comme un roi avec puissance !"

Je lui ai demandé de les écrire pour moi et nous avons longuement discuté de religion, de prédicateurs et de politique avant de rentrer chez moi.

Le lendemain matin , il écrit à sa fille :

ARGYLL LODGE, KENSINGTON.

CHÈRE FRANCES,

Comment oses-tu me demander de rencontrer une sirène .

Votre affectueux,

UN.

CHAPITRE II

CROQUIS DE PERSONNAGE DE MARGOT—PROJETS DE CRÉER UN MAGAZINE—RENCONTRE LE MAÎTRE DE BALLIOL ; L'ORTHODOXIE DE JOWETT ; SON INTÉRÊT ET SON INFLUENCE SUR MARGOT—ROSE DANS "ROBERT ELSMERE" IDENTIFIÉ COMME MARGOT—L'OPINION DE JOWETT SUR NEWMAN—JOWETT CONSEILLE À MARGOT DE SE MARIER—LE BLASPHÈME DE HUXLEY

J'ouvrirai ce chapitre de mon autobiographie par une esquisse de mon personnage, écrite à Glen lors d'un de nos jeux de crayon en janvier 1888. Presque tout le monde dans la salle devinait que j'étais le sujet, mais les opinions divergeaient quant au paternité. Certains pensaient que notre cher et intelligent ami Godfrey Webb l'avait écrit pour plaisanter.

"En apparence, elle était petite, avec des mouvements rapides et nerveux; énergique, jamais totalement disgracieuse, mais encline à l'agitation. Son visage ne trahissait pas l'intelligence qu'elle possédait, car ses yeux, bien que clairs et bien formés, étaient trop rapprochés. Son nez de faucon était courbé sur une lèvre supérieure courte et sa bouche dénuée de sens. Son menton présentait un caractère plus défini que ses autres traits, étant large, osseux et proéminent, et elle avait de jolis cheveux bouclés qui poussaient bien sur un front finement coupé. l'ensemble est sain et mobile, d'une manière facile, désinvolte, emphatique, enclin au bruit par excès et parfaitement maître de soi. Conversation graphique et exagérée, avide et concentrée, avec un don naturel d'expression. Son honnêteté est plus une particularité qu'une vertu. Décision plus instinctive que raisonnelle; un esprit désengagé totalement libre de préjugés. Très observatrice et un bon juge de ses semblables, trouvant tout intéressant et digne de ses spéculations. Elle n'était pas facilement déprimée par des circonstances antagonistes. ou des situations sociales qui lui étaient hostiles – au contraire, son moral s'élevait dans tous les jeux perdus. Elle a été aidée en cela par l'absence de vanité personnelle, une grande vitalité et une grande confiance en elle. Elle était complaisante, mais pas égoïste, et n'avait pas assez de maîtrise d'elle-même pour sa passion et son impétuosité ; c'était plus dû à son courage et à son courage qu'à une quelconque prévoyance qu'elle gardait à l'écart des difficultés. Elle se méfiait des conseils arides de beaucoup de gens, qui préfèrent inventer le mal plutôt que publier le bien. Elle manquait de crainte et ne respectait personne ; aimer les personnes âgées parce qu'elle ne les sentait jamais vieilles. Chaleureux et doté d'une grande puissance de dévouement, ne pensant qu'aucun problème n'est trop grand à prendre pour ceux que vous aimez, et étant d'accord avec le Dr

Johnson sur le fait que les amitiés doivent être constamment entretenues. Trop d'intérêts et trop de facettes. J'aime les gens, les animaux, les livres, le sport, la musique, l'art et l'exercice. Plus bohème qu'exclusif et avec un certain pouvoir d'investir des connaissances et même d'ennuyer avec intérêt. Amour passionné de la nature. Manquant de dévotion et de pratique religieuse ; autrement sensible et religieux. Sensible; pas facilement influencé pour le bien ou le mal. Jaloux, vif et fidèle en affection. Grand manque de persévérance, faisant beaucoup de choses avec des promesses et rien de bien. Une fine oreille musicale : pas d'exécution ; un bon œil pour le dessin : aucune connaissance ni pratique en perspective ; plus critique que constructif. Très cool et décidé avec les chevaux. Bon courage, bon fouet et bon cavalier. Intellectuellement autonome, ambitieux, indépendant et volontaire. Passionné d'admiration et d'amour de la part des hommes et des femmes, et capable de le donner."

J'ai envoyé ceci au Dr Jowett avec une autre esquisse du personnage de Gladstone. Après les avoir lus, il m'a écrit cette lettre :

BALLE. COLL. 23 octobre 1890.

MA CHÈRE MARGOT,

Je vous rends le livre que vous m'avez confié : il m'a beaucoup intéressé. Le croquis de Gladstone est excellent. Je vous en prie, écrivez-en davantage un jour : je le comprends mieux après l'avoir lu.

Le portrait qu'elle fait d'elle-même est tout à fait véridique et nullement flatté : dois-je y ajouter un trait ou deux ? « Elle est très sincère et extrêmement intelligente ; en fait, son intelligence équivaut presque au génie. Elle pourrait être une auteure distinguée si elle le voulait, mais elle perd son temps et ses dons à courir à travers le monde et à aller d'une maison de campagne à l'autre dans un voyage. manière peu agréable à regarder en arrière et encore moins agréable à penser dans vingt ans, lorsque la jeunesse se sera fabriquée des ailes et s'est enfuie.

Si vous la connaissez, lui direz-vous avec mon amour, que je n'aime plus lui donner de conseils, mais que je souhaite qu'elle se consulte elle-même. Elle a fait une grande situation, quoique glissante et dangereuse : n'y ajoutera-t-elle pas une vie noble et simple qui seule peut lui donner une vraie valeur ? Plus nous nous élevons, plus nous exigeons de l'autodiscipline, de la maîtrise de soi et de l'économie. C'est une chose difficile d'être dans le monde mais pas d'en être ; ressembler extérieurement aux autres tout en chérissant un idéal qui s'étend sur toute la vie et au-delà ; avoir un amour naturel pour tous , spécialement pour les pauvres ; se débarrasser, non de l'esprit ou de la bonne humeur , mais de la frivolité et de l'excitation ; vivre de manière «

désintéressée » selon la Volonté de Dieu et non selon les modes et les opinions des hommes et des femmes.

Stimulé par cela et par les encouragements de Lionel Tennyson, un nouvel ami, j'avais hâte de créer un journal. Quand j'étais petite à Glen, il y avait un journal scolaire intitulé "The Glen Gossip: The Tennant Tatler, ou The Peeblesshire Prattler". Je crois que mon frère Eddy y a écrit les vers les plus spirituels ; mais j'étais trop jeune pour m'en souvenir ou pour apporter quoi que ce soit. J'avais alors de nombreux amis distingués, qui avaient tous promis d'écrire pour moi. L'idée était de quatre ou cinq numéros illustrés par ma sœur Lucy Graham Smith et une brillante presse typographique, mais, malgré de nombreuses discussions entre nous, cela n'a abouti à rien. Je l'ai toujours regretté car, à voir les noms des contributeurs et le programme du premier numéro, je pense que cela aurait pu être une réussite. Le titre du journal nous a donné d'infinies ennuis. Nous avons fini par adopter une suggestion de ma part, et notre nouvelle entreprise devait s'appeler « Demain ». Voici la liste des personnes qui ont promis d'écrire pour moi, et les noms qu'elles ont suggérés pour le journal :

Encre sympathique de Lord et Lady Pembroke.
Le stylo inactif. Le courrier. Le cerf-volant. Encre bleue.

M. A. Lyttelton La poule.
Le poussin.

M. Knowles Le Papillon.
M. AJ Balfour La Nouvelle Eve.
Anonyme. Mme Grundy.

M. Oscar Wilde L' améliorateur de vie.
La fille de Mme Grundy.

Dame Ribblesdale, Jane.
Psyché. Le masque.

Margot Tennant La Mutilation.
Veille. Dolly Varden .
Demain.

M. Webb Le jupon.

Mme Horner Elle.

Mlle Mary Leslie Le Sphinx.
Églantine. Voile bleu. Tablier.

Sir A. West Le Spinnet .
La roue qui tourne.

MJA Symonds Muses et Grâces.
Causeries en peignoir.
L'esprit et l'humour d'une femme .

Les contributeurs de notre personnel devaient être Laurence Oliphant, JK Stephen, M. Wilfrid Blunt, l'hon. George Curzon, George Wyndham, Godfrey Webb, Doll Liddell, Harry Cust, M. Knowles (l'éditeur du XIXe siècle), l'hon. A. Lyttelton , M. A. J. Balfour, Oscar Wilde, Lord et Lady Ribblesdale, Mme (maintenant Lady) Horner, Sir Algernon West, Lady Frances Balfour, Lord et Lady Pembroke, Miss Betty Ponsonby (l'actuelle Mme Montgomery), John Addington Symonds, le Dr Jowett (le maître de Balliol), M. Coquelin, Sir Henry Irving, Miss Ellen Terry, Sir Edward Burne - Jones, M. George Russell, Mme Singleton (alias Violet Fane, ensuite Lady Currie), Lady de Grey, Lady Constance Leslie et l'hon. Lionel Tennyson.

Notre programme pour le premier numéro devait être le suivant :

DEMAIN

Leader Personnes et Politique Margot Tennant.

Le zodiaque social Ascension et chute des
beautés professionnelles Lady de Grey.

Articles occasionnels Le Fane Violet aux yeux verts (nom-
Monstre de-plume de Mme Singleton).

Notes occasionnelles Potins étrangers et coloniaux
Harry Cust.

Croquis de personnages hommes et femmes Margot Tennant.

Histoire d'Oscar Wilde.

Poème Godfrey Webb.

Lettres aux hommes George Wyndham.

Livres examinés par John Addington
Symonds.

Conversations Mlle Ponsonby.

Voici ce que j'ai écrit pour le premier numéro :

"PERSONNES ET POLITIQUE

"En politique, l'opinion commune est que les mesures sont la chose importante, et que les hommes ne sont que les instruments que chaque génération produit, égaux ou inégaux à leur accomplissement.

"C'est une erreur. La majorité des humains ne désirent rien tant que d'être dirigés. Ils n'ont pas d'opinions propres et, moitié par prudence, moitié par paresse, sont prêts à laisser la responsabilité à toute personne plus forte. C'est une erreur. la personnalité de l'homme qui fait que les masses se tournent vers lui, donne de l'influence à ses idées pendant sa vie et fait qu'on se souvient de lui après sa mort et celle de son œuvre. Depuis l'époque de Moïse jusqu'à l'époque de Moïse, l'histoire abonde en de tels exemples. Au cours du siècle actuel, Napoléon et Gladstone se sont peut-être imposés de la manière la plus spectaculaire dans l'esprit du public et, dans une moindre mesure, Disraeli et Parnell. Les plus grands hommes du passé ont été supérieurs à leur époque et ne se sont associés à sa gloire que dans de telles circonstances. dans la mesure où ils y ont contribué. Mais de nos jours, le mouvement du temps est trop rapide pour que nous puissions reconnaître un tel homme : dans les conditions modernes, il doit être supérieur, non pas tant à son époque, qu'aux hommes de son époque. et absorber toute la gloire qu'il peut dans sa propre personnalité.

"Le Code Napoléon demeure, mais, au-delà de cela, pratiquement aucune des grandes réalisations de Napoléon ne survit en tant qu'incarnation vivante de son génie. Jamais un tissu aussi vaste n'a été si rapidement créé et si rapidement dissous. Au moment où l'individu a été capturé et expulsé, le Le monde français ensorcelé revenait à lui-même, et la renommée de l'armée et le prestige de la France n'étaient que de simples échos du tonnerre en retraite. Si morts que soient les résultats des mesures et des actions de Bonaparte, personne ne mettrait en doute la vitalité permanente de son nom. Il évoque une image dans le cerveau le plus ennuyeux ; et parmi toutes les célébrités historiques, il est celui que la plupart d'entre nous auraient aimé rencontrer.

« La question du Home Rule, qui a longtemps faussé le jugement du public et qui revêt une grande importance dans le moment politique actuel, illustre admirablement le pouvoir de la personnalité. Son importance a été exagérée ; l'octroi du Home Rule ne sauvera pas l'Irlande ; son refus ne fera pas honte. Angleterre. Ses proportions gonflées sont entièrement dues aux sentiments personnels passionnés que M. Gladstone seul inspire parmi les hommes d'État vivants. « Il est si puissant que ses pensées sont presque des actes », comme quelqu'un a écrit de lui ; et à un âge où la plupart les hommes seraient poussés au coin de la cheminée, il est à la tête d'une majorité précaire et conserve encore suffisamment de force pour s'assurer de son soutien indivis.

"Le pouvoir de M. Chamberlain naît de la concentration d'une nature singulièrement exempte de complexité. L'étendue de son esprit est étroite, mais jusqu'à son horizon l'ensemble est éclairé par la même lumière forte et un peu criarde . L'absoluité de ses convictions n'est jamais ombragé ou adouci par un quelconque jeu d'imagination ou de perspicacité sympathique. Ce n'est pas en vertu d'une qualité exceptionnellement belle ou attrayante, que ce soit d'intellect ou de caractère, que M. Chamberlain est devenu une figure dominante. une croyance agressive et contagieuse en lui-même : ce sont là les notes d'une individualité irrésistible qui ont fait de lui ce qu'il est. D'un autre côté, la culture, la polyvalence intellectuelle, le jugement sain et exercé , qui ont été éprouvés et rarement trouvés à défaut dans situations délicates, voire dangereuses, n'a pas suffi dans le cas de M. Matthews à racheter les défauts d'une personnalité diffuse et inefficace.

" D'une manière différente, les remarquables dons de M. Goschen sont neutralisés par les mêmes limitations. Il a une ingéniosité infinie, mais il ne peut ni initier ni propulser ; intrépide débatteur dans le conseil et dans l'action, il est en proie à une invincible indécision.

« Si la fortune d'un gouvernement dépend moins de ses mesures que du caractère des hommes qui le composent, le nouveau ministère démarre avec toutes les chances de succès.

"Lord Rosebery est l'un de nos rares hommes d'État dont l'individualité est clairement reconnue par le public, tant au pays qu'à l'étranger.

"Lord Spencer, sans la moindre trace de génie, est une personne. Sir W. Harcourt, le plus brillant et le plus spirituel de tous, n'est peut-être rien de plus qu'une imitation réaliste d'un homme fort. M. John Morley a la conviction, le courage et la ténacité ; mais une trop grande délicatesse d' organisation nerveuse et un certain manque d'esprit animal le disqualifient d'être un chef d'hommes.

"Il est prématuré de critiquer les nouveaux membres du Cabinet, dont le plus remarquable est M. Asquith. Au-delà de ses capacités et de son éloquence, il y a en lui beaucoup de force tranquille et une certaine veine d'austérité méprisante. Son mépris suprême pour le superficiel et son indépendance d'esprit pourraient le mener loin.

" L'avenir ne dévoilera pas ses secrets, mais la personnalité gouverne toujours le monde, et la voie est ouverte à l'homme, où qu'il se trouve, qui peut contrôler et ne sera pas contrôlé par les modes d'opinion et le mouvement changeant des causes et des causes. pleure."

Mon article n'est pas du tout bon, mais je l'ai mis dans cette autobiographie simplement comme une prophétie politique.

Être imitateur et ininfluenceable – bien que ce soit une combinaison courante – est une mauvaise chose. Je ne suis pas tenté d'être imitateur sauf, je l'espère, dans le meilleur sens du terme, mais je regrette d'avouer que je ne suis pas non plus très influençable.

Jowett (le maître de Balliol en 1888-1889), mon médecin, Sir John Williams (d'Aberystwyth), mon fils Anthony et la vieille Lady Wemyss (la mère de l'actuel comte) ont eu plus d'influence sur moi que n'importe quel autre individu au monde. .

La défunte comtesse de Wemyss , décédée en 1896, était un grand personnage sans pour autant faire partie d'un personnage. Elle m'a dit qu'elle faisait peur aux gens, ce qui la bouleversait. Comme je n'ai pas facilement peur, cela m'a intrigué. Après y avoir réfléchi, j'étais convaincu que c'était parce qu'elle avait un nœud dur à résoudre en elle-même : elle possédait un tempérament jaloux, passionné, juvénile, une formidable exigence du bien et du mal, un accueil distingué et plutôt sévère , un esprit bas, énoncé lent et sincérité terrifiante. C'était le genre de personne que j'avais rêvé de rencontrer et que je n'avais jamais su que Dieu avait créée. Elle m'a dit un jour que j'étais le meilleur ami qu'un homme, une femme ou un enfant puisse avoir. Après ce merveilleux compliment, nous avons noué un profond attachement, qui a duré jusqu'à sa mort. Elle avait un pouvoir unique de dévotion et d'humilité fondamentale. J'ai gardé toutes les lettres qu'elle m'a écrites.

Lorsque nous avons quitté Downing Street au bout de dix jours – après y avoir passé plus de neuf ans – et que nous n'avions pas de toit pour nous couvrir la tête, nos nouveaux amis sont venus à notre secours. Je dois ajouter que beaucoup d'anciens n'avaient pas de place pour nous et que certains vivaient à la campagne. Lady Crewe [Note de bas de page : La marquise de Crewe.] — assez jeune pour être ma fille, et une femme d'une rare honnêteté et d'une rare clarté d'esprit — a accueilli notre fils Cyril à Crewe House. Lady Granard[Note : La Comtesse de Granard.] a hébergé mon mari ; Mme Cavendish-Bentinck, la tante de Lady Granard et l'une des propres de Dieu, se lia d'amitié avec ma fille Elizabeth ; Mme George Keppel[Note de bas de page : L'hon. Mme Keppel.] toujours au grand cœur et gentille - m'a donné un étage entier de sa maison dans Grosvenor Street pour y vivre, pendant autant de mois que je le souhaitais, et Mme McKenna [Note de bas de page : Mme McKenna, la fille de Lady Jekyll et nièce de Lady Horner.] a accueilli mon fils Anthony. Personne n'a eu d'aussi merveilleux amis que moi, mais personne n'a autant souffert en découvrant l'instabilité des êtres humains et le peu de pouvoir d'aimer que possèdent beaucoup de gens.

Peu d'hommes et de femmes abandonnent leur volonté ; et c'est une atteinte à leur dignité que de reconnaître qu'ils ont tort. Je ne me remets jamais de mon étonnement face à ce genre de valeur personnelle, cela dépasse toute ma compréhension. C'est la vanité et ce manque fondamental d'humilité qui sont à l'origine de presque toutes les querelles.

C'est grâce à ma bien-aimée Lady Wemyss que j'ai rencontré pour la première fois le Maître de Balliol. Un soir de 1888, alors que les hommes revenaient du tournage, nous prenions le thé dans la grande salle de marbre de Gosford. [Note de bas de page : Gosford est la campagne du comte de Wemyss et est située entre Édimbourg et North Berwick.] Je portais généralement une jupe accordéon au thé, car Lord Wemyss aimait que je danse sur lui. Quelqu'un jouait du piano et j'improvisais sur les chaises, quand, en train de faire une dernière révérence, je me pris le pied dans ma jupe et tombai aux pieds d'un vieux ecclésiastique assis à la fenêtre. Alors que je me levais, un fort « Merde ! » retentit dans la pièce. Retrouvant ma présence d'esprit, je dis en levant les yeux :

"Vous êtes un ecclésiastique et j'ai bien peur de vous avoir choqué !"

"Pas du tout", a-t-il répondu. "J'espère que vous continuerez ; j'aime énormément votre danse."

J'ai provoqué beaucoup d'amusement en demandant ensuite à la famille si le curé dont je n'avais pas remarqué la présence était leur ministre à Aberlady . J'ai alors appris qu'il s'agissait du célèbre Dr Benjamin Jowett, maître de Balliol.

Avant de raconter comment s'est développée mon amitié avec le Maître, je reviendrai sur les événements d'Oxford qui lui ont donné sa connaissance de l'être humain et lui ont causé bien des souffrances silencieuses.

En 1852, la mort du Dr Jenkyns rendit vacante la maîtrise de Balliol. La renommée de Jowett en tant que tuteur était grande, mais elle s'accompagnait d'un soupçon de « rationalisme ». On murmurait que le grand précepteur était entaché de vues allemandes. Cela a indûment réagi sur ses collègues; et, lorsque les élections eurent lieu, il fut rejeté par une seule voix. Sa déception est profonde, mais il se lance plus que jamais dans son travail. Il m'a dit qu'un de ses passages favoris de Marc Aurèle : "Faites toujours quelque chose qui soit utile à l'humanité et que cette générosité constante soit votre seul plaisir, sans oublier le respect qui est dû à Dieu" - lui avait été d'une grande aide à cette époque. .

Les cours qui intéressaient le plus ses élèves étaient ceux sur Platon et saint Paul ; à la fois comme précepteur et examinateur, on peut dire qu'il a stimulé l'étude de Platon à Oxford : il en a fait un rival de celle d'Aristote.

« Aristote est mort, disait-il, mais Platon est vivant.

Jusqu'à présent, il avait peu publié – un essai anonyme sur Pascal et quelques articles littéraires – mais, sous l'impulsion de la déception, il acheva sa part de l'édition des Épîtres de Saint-Paul, entreprise en collaboration avec Arthur Stanley. Tous deux ont publié leurs livres en 1855 ; mais tandis que les

Corinthiens de Stanley suscitaient un intérêt langoureux, les Galates, Thessaloniciens et Romains de Jowett provoquaient une clameur parmi ses amis et ses ennemis. Vers cette époque, il fut nommé à la chaire grecque d'Oxford, ce qui lui plut beaucoup ; mais sa joie fut plutôt anéantie par un article hostile dans la Quarterly Review, insultant lui et ses écrits religieux. Le vice-chancelier, le docteur Cotton, lui demanda une nouvelle signature des articles de l'Église d'Angleterre. Lors de l'entretien, interpellé par deux hommes – l'un expliquant pompeusement que c'était un acte nécessaire s'il voulait conserver son vêtement et l'autre s'excusant de lui avoir infligé une humiliation – il s'est contenté de dire :

"Donne moi le stylo."

Son essai sur l'Interprétation des Écritures, paru en 1860 dans le célèbre volume Essays and Reviews, augmenta le cri de l'hétérodoxie contre lui ; et les chanoines de Christ Church, y compris le Dr Pusey, ont persisté à lui refuser un salaire supplémentaire, sans lequel la dotation de la chaire grecque valait 40 L. Ce scandale ne fut supprimé qu'en 1864, après qu'il eut été exclu de la chaire universitaire. Il continua à travailler dur à la traduction de tout Platon ; il avait déjà publié des notes sur la République et des analyses du dialogue. Cela lui prit tout son temps jusqu'en 1878, date à laquelle il devint maître de Balliol.

Le pire de la controverse sur les essais et les critiques était qu'elle avait porté atteinte à la réputation de Jowett. Pendant des années, on a cru qu'il était un grand hérésiarque présidant un collège d'infidèles et d'hérétiques. Son article mis en accusation sur l'interprétation des Écritures pourrait aujourd'hui être publié par n'importe quel ecclésiastique. Son crime a été de dire que la Bible devait être critiquée comme les autres livres.

Dans son introduction à la République de Platon, il exprime la même pensée :

Un Grec du temps de Platon n'attachait aucune importance à la question de savoir si sa religion était un fait historique. … Les hommes n'ont commencé à soupçonner que les récits d'Homère et d'Hésiode étaient des fictions que lorsqu'ils les ont reconnus immoraux. Ainsi en est-il dans toutes les religions : la considération de leur moralité vient d'abord, ensuite la vérité des documents dans lesquels ils sont consignés, ou des événements, naturels ou surnaturels, qui sont racontés à leur sujet. Mais dans les temps modernes, et peut-être plus encore dans les pays protestants que catholiques, nous avons été trop enclins à identifier l'historique avec le moral ; et certains ont refusé de croire en la religion, à moins qu'une exactitude surhumaine ne soit discernée dans chaque partie du récit. Les faits d'une histoire ancienne ou religieuse sont parmi les plus importants de tous les faits, mais ils sont souvent incertains, et nous n'apprenons la véritable leçon qui doit en être tirée que lorsque nous nous plaçons au-dessus d'eux.

Quelqu'un écrit aujourd'hui, le 11 décembre 1919, dans le Literary Supplement of the Times :

"Une indifférence presque animale à l'égard du raffinement mental caractérise notre grand public."

C'est tout à fait vrai, et c'était sans doute vrai à l'époque de Jowett, non seulement du grand public mais aussi de l'Église établie.

Catherine Marsh, l'auteur de The Life of Hedley Vicars, a écrit à Jowett pour l'assurer de sa totale croyance en la sincérité de ses opinions religieuses et exprimer son indignation qu'il ait dû signer à nouveau les trente-neuf articles. Je donne sa réponse. Le post-scriptum est caractéristique de sa gentillesse, de son caractère doux et de sa sagesse pratique.

LE 16 MARS 1864. Chère Madame,

Recevez mes meilleurs remerciements pour votre aimable lettre et pour les livres que vous avez eu la gentillesse de m'envoyer.

J'espère certainement (bien que conscient du peu que je suis capable de faire) que je consacrerai ma vie au service de Dieu et des jeunes d'Oxford, que je désire considérer comme une confiance qu'il m'a confiée. Mais je crains, si j'en juge par la teneur de votre lettre, de ne pas m'exprimer tout à fait comme vous le faites sur les sujets religieux. La différence ne réside peut-être pas dans les mots. Je n'entrerai donc pas plus avant dans la grave question suggérée par vous, sauf pour dire que je suis sûr que je serai meilleur grâce à vos aimables vœux et à la lecture de vos livres.

L'affaire récente d'Oxford n'a aucune conséquence réelle et ne vaut pas la peine d'en parler, même si je vous suis très reconnaissant, ainsi qu'à d'autres, de vous être sentis « indignés » par ce refus.

Avec un sincère respect pour vos travaux , Croyez-moi, chère Madame,

Très sincèrement vôtre,

B. JOWETT.

PS : j'ai relu votre lettre ! Je crois que je devrais te dire que, si tu n'avais pas été un parfait étranger, tu n'aurais pas eu une si bonne opinion de moi. Je sens la bonté de votre lettre, mais en même temps, si je croyais ce que vous dites de moi, je deviendrais bientôt un « coquin très complet ». Toute lettre comme la vôtre, écrite avec tant de sérieux et à une époque de maladie, est un sérieux appel à réfléchir sur la religion. Je n'ai pas l'intention de négliger cela car je ne suis pas enclin à utiliser le même langage.

Lorsque Jowett devint Maître, ses élèves et amis se rassemblèrent autour de lui et surmontèrent le bavardage de l'Église. Il était le tuteur, vice-chancelier et maître le plus travailleur qu'Oxford ait jamais eu. Balliol, sous son régime, a grandi en nombre et a produit plus d'érudits, plus de penseurs et plus d'hommes politiques de renom que tout autre collège de l'université. Il avait une autorité et un prestige unique. On disait du Dr Whewell de Trinity que « la connaissance était son point fort et l'omniscience sa faiblesse » ; la même chose aurait pu être dite du Maître et était exprimée dans une épigramme universitaire écrite par un étudiant de premier cycle. Après la mort de Jowett, j'ai extrait ce qui suit d'un magazine d'Oxford :

L'auteur d'un vers célèbre et souvent mal cité sur le professeur Jowett m'a écrit une note sur ses lignes qui peut être insérée à juste titre ici. « Plusieurs versions, écrit-il, sont apparues ces derniers temps, et ma vanité ne les considère pas comme des améliorations. Les lignes étaient écrites :

'D'abord, moi, je m'appelle Jowett,
il n'y a aucune connaissance mais je le sais. Je suis le Maître de ce Collège.
Ce que je ne sais pas, ce n'est pas la connaissance.

"Le 'Premier arrivé' faisait référence à un masque du Collège dans lequel les boursiers, les érudits, etc. apparaissaient dans l'ordre. Les phrases courtes et déconnectées étaient intentionnelles, car elles étaient caractéristiques. Une phrase telle que 'Tout ce qui peut être je le sais" (que certains journaux ont substitué à la ligne 2) exprimerait une faiblesse whewellienne plutôt vulgaire de l'omniscience, qui était tout à fait étrangère à la nature du Maître ; la ligne telle qu'elle était écrite à l'origine était destinée à exprimer la manière plutôt triste et maussade du Maître. Maître avait à prononcer ses oracles, comme s'il était spectateur de tous les temps et de toutes les existences, et qu'il avait pénétré le mystère des choses. Bien entendu, la dernière ligne exprimait, avec une exagération nécessaire, quelle était, en fait, son attitude envers certains sujets auxquels il refusait de s'intéresser, comme la métaphysique allemande moderne, la philologie et les inscriptions grecques.

Quand j'ai rencontré le Maître en 1887, j'étais jeune et lui était vieux ; mais, que ce soit par insolence ou par perspicacité, je n'ai jamais senti cette différence. Je ne pense pas avoir été un bon juge de l'âge, car j'ai toujours aimé les personnes plus âgées que moi ; et j'imagine que c'est à cause de cette inconscience que nous sommes devenus de si merveilleux amis. Jowett était plus jeune que la moitié des jeunes que je connais maintenant et nous nous comprenions parfaitement. Si je suis pressé de me faire des amis et que je saute la préface, je la lis toujours après.

De nombreuses controverses ont surgi au sujet de la prétention de grandeur du Maître par une partie de la jeune génération. Il n'est pas nié que Jowett était un homme d'influence. Des hommes aussi différents que Huxley, Symonds, Lord Lansdowne, Lord Bowen, Lord Milner, Sir Robert Morier et d'autres m'ont dit en termes respectueux et affectueux combien ils lui devaient et à son influence. On ne nie pas qu'il était un homme bon ; infiniment généreux, attentionné et bon avec l'argent. On peut nier qu'il ait été un excellent érudit de premier ordre, comme Munro ou Jebb , bien que personne ne nie ses contributions à l'érudition ; mais la vraie question demeure : était-il un grand homme ? Il y a des hommes grands, des hommes d'intelligence, des hommes intellectuels, des hommes de talent et des hommes d'action ; mais le grand homme est difficile à trouver, et il faut, outre le discernement, une certaine grandeur pour le trouver. Le Tout-Puissant est un merveilleux handicapeur : il ne nous donnera pas tout. Je n'ai jamais rencontré de femme d'une beauté suprême, dotée d'une intelligence plus qu'médiocre, ce par quoi je n'entends pas l'intelligence. Il y en a peut-être, mais j'écris seulement ma propre vie et je ne les ai pas rencontrés. Une personne au magnétisme, au tempérament et à l'intelligence vive peut n'avoir ni intellect ni caractère. J'ai connu un homme dont le génie résidait dans sa compréhension rapide et sensible, son esprit réel, son charme étonnant et sa candeur apparente , mais dont la méchanceté, l'ingratitude et l'instabilité blessaient tout ce qu'il touchait. On ne peut découvrir l'ingratitude ou l'instabilité qu'après des années d'expérience, et peu d'entre nous, je suis heureux de le penser, soupçonnent jamais la méchanceté de nos semblables ; la découverte est aussi douloureuse quand on la trouve que la découverte d'un ver au cœur d'une rose. Un homme peut avoir un bon caractère et être taciturne, têtu et stupide. Un autre peut être brillant, ensoleillé et généreux, mais indulgent, sans cœur et menteur. Il n'y a aucune contradiction que je n'ai rencontrée chez les hommes et les femmes : la combinaison la plus rare est de trouver l'humilité fondamentale, la liberté de soi, le courage intrépide et le pouvoir d'aimer ; lorsque vous les rencontrez, vous pouvez être tout à fait sûr que vous êtes en présence de la grandeur. L'être humain est constitué d'un grand nombre de morceaux. Nature, caractère, intellect et tempérament : en gros, ces rubriques couvrent tout le monde. Les hommes et les femmes que j'ai le plus aimés ont été ceux dont la nature était riche et douce ; mais, hélas, à quelques exceptions près, tous ont eu des caractères bizarres ; et les qualités que j'ai aimées chez eux ont finalement été submergées par l'auto-indulgence.

L'actuel archevêque de Cantorbéry fait partie de ces exceptions : il a un caractère doux et riche, un bon caractère et est tout à fait inaltérable . Je n'ai qu'un seul reproche à faire à Randall Davidson : il a trop de modération pour son intellect ; mais j'ose dire qu'il n'aurait pas dirigé l'Église à travers tant de bas-fonds s'il n'avait pas eu cet attribut. Je le connais depuis l'âge de dix ans (il nous a tous baptisés, confirmés, mariés et enterrés) ; et sa foi dans les qualités de tête et de cœur que je possède n'a jamais faibli. Il me rappelle Jowett par la solidité de sa nature et son absence totale de vanité, bien qu'il n'y ait jamais deux hommes moins semblables. Le premier élément de la grandeur est l'humilité fondamentale (à ne pas confondre avec la servilité) ; la seconde est la liberté de soi ; le troisième est le courage intrépide, qui, pris dans son interprétation la plus large, va généralement de pair avec la vérité ; et le quatrième, le pouvoir d'aimer, bien que je l'aie mis en dernier, est le plus rare. Si ceux-ci constituent l'étoffe d'un grand homme, Jowett les possédait tous. Il aurait pu se moquer de la compréhension limitée d'Oxford et dénoncer l'arrogance, la vanité et le conformisme de l'Église ; le mépris intellectuel et même l'amertume auraient pu lui venir ; mais, avec une patience infinie et une sérénité imperturbable, il conservait sa foi en ses semblables.

"Il y avait en lui une simple confiance dans la parole des autres hommes qui lui a valu un dévouement et un service que la discipline n'aurait jamais pu évoquer." [Note de bas de page :] J'ai lu ces mots dans une notice nécrologique l'autre jour et j'ai pensé à quel point j'aurais aimé qu'ils soient écrits à mon sujet. Que ses critiques de la Bible aient ébranlé la foi des clapets d'Oxford, ou que ses longs silences aient rendu les étudiants encore plus stupides qu'ils ne l'auraient été autrement, cela m'importe peu : je sais seulement qu'il était ce que j'appelle grand et qu'il avait une influence ennoblissante sur ma vie. Il craignait ma réputation sociale ; et dans notre correspondance, qui commençait dès notre séparation à Gosford, il me donnait constamment de sages conseils. Il était extrêmement simple d'esprit et avait une croyance pathétique dans les belles manières, le ton élevé, la vaste éducation et le noble exemple de l'aristocratie britannique. Cela l'a choqué que je ne le partage pas ; Je ressentais ses avertissements comme un canard qui nageait ressentirait les gloussements d'une poule sur la rive ; néanmoins, j'aimais ses exhortations. Dans une de ses lettres , il me prie de renoncer à chasser des ours avec le prince de Galles en Russie. C'était la première fois que j'en entendais parler ! Dans une autre de ses lettres, il terminait ainsi :

Mais je ne dois pas vous ennuyer avec de bons conseils. Enfant, pourquoi ne fais-tu pas un meilleur usage de tes nobles dons ? Et pourtant, vous ne faites rien de mal, seulement ce que font les autres, mais avec plus de succès. Et vous êtes très fidèle à vos amis. Et donc, que Dieu vous bénisse.

Il a été très choqué d'apprendre que je fumais. Voici ce qu'il dit :

Que faites-vous ? briser le cœur d'un jeune homme ; ni la première fois, ni la deuxième, ni la troisième, je crois ? Pauvres gars ! ils vous ont fait le plus grand compliment qu'un gentleman puisse faire à une dame, et méritent tout votre amour. Dois-je vous donner un petit conseil ? Il est préférable pour vous et c'est un devoir pour eux que leurs passions déçues ne soient jamais connues d'une seule personne, car comme vous le savez bien, un confident signifie tout le monde , et le monde bon enfant, qui est bien sûr très jaloux de toi, on te traitera de cruel et de briseur de cœur, etc. Je ne considère pas ce conseil, mais simplement une envie de vous faire voir les choses comme les autres les voient ou presque. Les filles Symonds de Davos m'ont dit que tu fumais !!! ce qui me choque, car ce n'est pas la manière des dames en Angleterre. Je t'imagine toujours avec un long narguilé en train de souffler, de souffler, depuis que j'ai entendu ça ; abandonnez-le, ma chère Margaret, cela vous fera une mauvaise réputation. Veuillez noter que je suis toujours sérieux lorsque j'essaie de me moquer. J'espère que vous profitez de la vie, des amis et du beau temps : et croyez-moi

Bien   à   vous,
B. JOWETT.

Il m'a demandé un jour si j'avais déjà raconté à quelqu'un qu'il m'avait écrit, ce à quoi j'ai répondu :

"Je devrais plutôt le penser ! Je le dis à tous les porteurs de chemin de fer !"

Cela l'a affligé. Je lui ai dit qu'il avait évidemment honte de mon amour pour lui, mais que j'en étais fier.

JOWETT (après un long silence) : " Voudrais-tu que ta vie soit écrite, Margaret ? "

MARGOT : "Pas grand-chose, à moins qu'il dise toute la vérité sur moi et sur tout le monde et qu'il soit indiscret. Si je pouvais avoir un biographe comme Froude ou Lord Hervey, ce serait divin, car personne ne s'ennuierait en le lisant. Qui le fera avez-vous choisi d'écrire votre vie, Maître ? »

JOWETT : "Personne ne sera en mesure d'écrire ma vie, Margaret." (Pendant quelque temps , il m'a appelé Margaret ; il pensait que cela lui semblait moins familier que Margot.)

MARGOT : "Quelle absurdité ! Comment peux-tu l'empêcher ? Si tu n'es pas très gentil avec moi, je peux même l'écrire moi-même !"

JOWETT (souriant) : "Si j'avais pu en être sûr, je n'aurais pas dû brûler toute ma correspondance ! Mais vous êtes une jeune femme oisive et vous ne vous seriez certainement jamais concentrée sur un sujet aussi ennuyeux."

MARGOT (indignée) : "Voulez-vous dire que vous avez brûlé toutes les lettres de George Eliot, de Matthew Arnold, de Swinburne, de Temple et de Tennyson ?"

JOWETT : « J'ai gardé une ou deux lettres de George Eliot et de Florence Nightingale ; mais les grands hommes n'écrivent pas de bonnes lettres. »

MARGOT : "Connaissez-vous Florence Nightingale ? J'aurais aimé le faire."

JOWETT (visiblement surpris de n'avoir jamais entendu les rumeurs liant son nom à Florence Nightingale) : "Pourquoi veux-tu la connaître ?"

MARGOT : "Parce qu'elle était amoureuse du père de mon ami George Pembroke [Note de bas de page : George, comte de Pembroke, oncle du comte actuel.]."

JOWETT (avec prudence) : "Oh, en effet ! Je t'emmènerai la voir et tu pourras ensuite lui poser des questions sur tout ça."

MARGOT : "J'adorerais ça ! Mais peut-être qu'elle ne s'intéresserait pas à moi."

JOWETT : "Je ne pense pas qu'elle s'occupera de toi, mais ça te dérangerait ?"

MARGOT : "Oh, pas du tout ! Je suis assez peu féminine dans ce sens-là. Quand les gens quittent la pièce, je ne me dis pas : "Je me demande s'ils m'aiment", mais "Je me demande si je les aime bien". "

Cela a fait une impression sur le Maître, sinon je n'aurais pas dû m'en souvenir. Quelques semaines plus tard, il m'emmena voir Florence Nightingale dans sa maison de South Street. Des groupes d'infirmières de l'hôpital attendaient dehors, dans le couloir, pour la voir. Quand nous sommes entrés, j'ai remarqué son visage beau, beau et bien élevé. Elle était allongée sur un canapé, avec un châle blanc autour des épaules et, après lui avoir serré la main, le Maître et moi nous sommes assis. Elle montra le magnifique imprimé Richmond de Sidney Herbert, accroché au-dessus de sa cheminée, et me dit :

"Je suis intéressé de vous rencontrer, car j'ai entendu dire que George Pembroke, le fils de mon vieil et cher ami, vous est dévoué. Voulez-vous me dire à quoi il ressemble ?"

J'ai décrit Lord Pembroke, tandis que Jowett restait assis dans un silence de pierre jusqu'à ce que nous quittions la maison.

Un jour, quelques mois après cette visite, je conduisais dans les environs d'Oxford avec le Maître et je lui dis :

"Tu ne me parles jamais de tes relations et tu ne me dis jamais si tu étais amoureux quand tu étais jeune ; je t'ai tant parlé de moi !"

JOWETT : "Avez-vous déjà entendu dire que j'étais amoureux de quelqu'un ?"

Je n'ai pas aimé lui dire que, depuis notre visite à Florence Nightingale, j'avais entendu dire qu'il voulait l'épouser, alors j'ai dit :

"Oui, on m'a dit une fois que tu étais amoureux."

JOWETT : "Une seule fois ?"

MARGOT : "Oui."

Après cela, un silence complet s'abattit sur nous : je le rompis enfin en disant :

"Comment était votre amoureuse, cher Maître ?"

JOWETT : « Violent… très violent. »

Après cette description déconcertante, nous retournons à Balliol.

Le roman de Mme Humphry Ward « Robert Elsmere » venait d'être publié et était dédié à ma sœur Laura et à Thomas Hill Green, le rival de Jowett à Oxford. Voici ce que le Maître m'a écrit à ce sujet :

28 novembre 1888.

CHER Mlle TENNANT,

Je viens de terminer mon examen pour les bourses Balliol : une grande institution dont vous avez peut-être entendu parler. À quoi dois-je le comparer ? Ce n'est pas sans rappeler un homme qui jette dans la mer un grand filet et, lorsqu'il est plein de poissons, il le remonte et en retire des poissons, bons, mauvais et indifférents, et rejette à la mer les mauvais et les indifférents. Parmi les bons poissons, il y avait l'archevêque Tait, Dean Stanley, AH Clough, M. Arnold, Lord Coleridge, Lord Justice Bowen, M. Ilbert , etc., etc., etc. L'institution a été fondée il y a une soixantaine d'années.

J'ai dîné seul assez tristement, et maintenant j'imagine que je reçois la visite d'une jeune dame d'environ vingt-trois ans, qui m'anime par ses bavardages. Est-ce elle ou son ange ? Mais je crois que c'est un ange, pâle, volatile et comme Laodamia dans Wordsworth, prêt à disparaître à tout moment. Je pourrais écrire une description d'elle, mais je ne suis pas sûr de pouvoir lui rendre justice.

J'aimerais pouvoir dire n'importe quoi pour te réconforter, ma chère Margot, ou même pour te faire rire. Mais personne ne peut en réconforter un autre. Le souvenir d'un beau personnage est "une joie pour toujours ", surtout de celui qui vous était lié par des liens d'amitié parfaite. J'ai vu ce qu'était votre sœur [Note : Mme Gordon Duff.] grâce à deux courtes conversations que j'ai eues avec elle et à la manière dont on parlait d'elle à Davos.

Je vous envoie le livre dont j'ai parlé, même si je ne sais pas si c'est un cadeau approprié ; en tout cas, je ne m'attends pas à ce que vous le lisiez. Il m'a fallu l'année dernière pour le réviser et, en partie, le réécrire. Son grand intérêt réside dans le fait qu'il appartient à une époque différente de l'esprit humain, dans laquelle il y a tant de choses qui nous ressemblent et qui nous diffèrent également. Beaucoup de nos lieux communs et de nos mots courants sont pensés pour la première fois par Platon. Ajoutez à cela que, dans l'original, ce livre est l'œuvre d'art la plus parfaite du monde. Je me demande si cela aura un sens ou un intérêt pour vous.

Vous m'avez demandé une fois si je désirais faire de vous une Sœur de la Charité. Certainement pas (bien qu'il existe des métiers pires) ; je ne désire pas non plus faire quoi que ce soit. Mais le fait que vous parliez de projets de vie m'amène à penser à ce qui serait le meilleur et le plus heureux pour vous. Je ne m'oppose pas à la chasse et aux voyages à Florence et à Rome, mais ne devrait-il pas y avoir une fin plus élevée vers laquelle ces étapes seraient ? Je pense que vous pourriez volontiers occuper une grande partie de votre vie en littérature (je suis convaincu que vous avez un talent considérable et que vous pourriez devenir éminent) et une petite partie en œuvres de bienfaisance, histoire de nous garder dans l'amour et la charité envers nos pauvres. voisins ; et pour le reste, je n'en veux pas à la société et à la chasse. Pensez-vous que je suis un maître d'œuvre acharné ? Pas grand-chose, je pense. D'autant plus que vous ne vous laisserez pas emporter par mes bons conseils. Vous voyez que je ne peux pas supporter de penser à vous en train de chasser et de danser lorsque vous êtes « blonde, grosse et âgée de quarante-cinq ans ». Préparez-vous à cet âge horrible.

Je suis allé voir Mme H. Ward l'autre jour : elle insiste pour en découdre avec le critique du Quarterly, et pense à un autre roman, dont le sujet sera la libre pensée des honnêtes ouvriers de Paris et autre part. On dit que dans « Robert Elsmere », Rose est destinée à vous, Catherine à votre sœur Laura, le Squire à Mark Pattison, le Provost à moi, etc., et M. Gray au professeur Green. Tous les portraits sont à peu près également différents des originaux.

Au revoir, tu es assis avec moi depuis près d'une heure, et maintenant, comme Laodamia ou Protésilas , tu disparais. J'ai été le meilleur pour votre entreprise. Un mot sérieux : Que Dieu vous bénisse et vous aide dans cette situation et dans toutes les autres grandes blessures de la vie.

Toujours à toi,

B. JOWETT.

Je publierai ensemble toutes ses lettres, car, si délicieuses que soient les lettres, je trouve qu'elles m'ennuient lorsqu'elles sont dispersées tout au long d'une autobiographie.

11 mars 1889.

MA CHÈRE MARGARET,

Comme vous le dites, les amitiés s'ennuient si deux personnes ne prennent pas soin de s'écrire. Je commençais à penser que vous n'appréciiez pas mes critiques censurées sur votre vie de jeunesse et votre bonheur.

La jeunesse peut-elle être sérieuse sans cesser d'être jeunesse ? Je pense que c'est possible. Le désir de promouvoir le bonheur des autres plutôt que le vôtre peut toujours être une « intrusion ». Comme dirait ma pauvre sœur (dont je vous parlerai un jour) : « Quand les autres sont heureux, alors je suis heureuse. Elle avait l'habitude de louer la religion de Sydney Smith : « Ne jamais laisser passer un jour sans faire du bien à quelqu'un » — et je pense que vous comprenez quelque chose à cela ; sinon vous ne seriez pas aussi populaire et aimé.

Vous me demandez quelles personnes j'ai vues dernièrement : je doute qu'elles vous intéresseraient. M. Welldon , le directeur de Harrow, un homme très honnête et compétent avec une longue vie devant lui, et s'il n'est pas trop honnête et ouvert, il n'est pas improbable qu'il soit archevêque de Cantorbéry. M. JM Wilson, directeur du Clifton College — un homme très bon, génial et compétent — il y a beaucoup de lui et en lui — pas un homme de bon jugement, mais très dévoué — un homme de premier ordre à sa manière. Ensuite, j'ai beaucoup vu Lord Rosebery – très capable, timide, sensible, ambitieux, ces deux dernières qualités plutôt en guerre l'une contre l'autre – très probablement un futur Premier ministre. J'aime aussi Lady Rosebery, très sensée et de principes élevés, pas du tout encline à abandonner son judaïsme pour plaire au reste du monde. Ils sont un peu surchargés de richesses et de belles maisons : ils sont tous deux très gentils. J'aime aussi Lady Leconfield [Note : Lady Leconfield était une sœur de Lord Rosebery et une de mes plus chères amies.], que j'ai vue à Mentone. Ensuite, j'ai rendu visite à Tennyson, qui souffre d'une maladie persistante depuis six mois, peut-être mortelle, car il a quatre-vingts ans. C'était agréable de voir comment il le prend, très patient et sans peur de la mort, contrairement à son état d'esprit antérieur. Bien qu'il soit si sensible, il m'a semblé supporter sa maladie comme un grand homme. Il a un volume de poèmes qui attendent de paraître, certains d'entre eux étant aussi bons qu'il ait jamais écrit. Y a-t-il déjà eu un poète octogénaire auparavant ?

Le docteur Johnson avait l'habitude de dire qu'il n'avait jamais mangé autant de fruits qu'il le désirait de sa vie. Je pense que je ne t'ai jamais parlé autant que je le désirais. Tu m'as dit un jour que tu me montrerais ton roman. [Note : j'en ai commencé deux, mais ils n'étaient pas du tout intelligents et ont disparu depuis longtemps.] Est-ce une réalité ou un mythe ? Je serais intéressé de le voir si vous souhaitez m'envoyer cela ou tout autre écrit de votre part.

"Robert Elsmere", comme me le dit l'auteur, en a vendu 60 000 en Angleterre et 400 000 en Amérique ! Il a un mérite considérable, mais son succès tient en réalité au fait qu'il dit ce que tout le monde pense. Je suis étonné qu'elle en sache autant sur la théologie allemande : c'est une vraie érudite et elle aborde les choses de la bonne manière. Je ne crois pas que Mme Ward ait jamais dit « qu'elle avait pulvérisé le christianisme ». Ces choses sont inventées sur les gens par les orthodoxes, c'est-à-dire . e., le monde infidèle, dans l'espoir qu'ils leur feront du mal. Que pensez-vous d'être « mort de rire » ? Ce serait comme être chatouillé à mort.

Au revoir,

Toujours à toi,

B. JOWETT.

COLLÈGE BALLIOL, 22 mai 1891.

MA CHÈRE MARGARET,

C'est très gentil de votre part de m'écrire un si gentil mot. J'espère que vous allez mieux. Je crois plutôt que les gens peuvent se guérir eux-mêmes de nombreuses maladies s'ils sont assez prudents et s'ils ont un grand esprit.

J'ai aimé vos deux amis qui m'ont rendu visite dimanche dernier et j'espère me faire d'eux des amis. Asquith est un homme capital et possède des capacités qui peuvent s'élever aux plus hautes sphères du droit et de la politique. Il est également très agréable socialement. J'aime bien ton amie. Elle a à la fois « du sens et de la sensibilité » et est libre de « l'orgueil et des préjugés ». Elle m'a dit qu'elle avait été élevée par une grand-mère évangélique et qu'elle ne s'en portait pas plus mal.

Je commence à penser que le lit est un endroit très agréable, et j'en vois beaucoup, non pas entièrement par paresse, mais parce que c'est la seule manière dont je suis capable de travailler.

Je viens de lire la vie de Newman, qui était un personnage étrange. Il me semble qu'il a été l'homme le plus artificiel de notre génération, plein d'amours et de haines ecclésiastiques. Compte tenu de ce qu'il était réellement, il est merveilleux de voir quel espace il a rempli aux yeux de l'humanité. En spéculation, il était habituellement menteur et ne s'améliorait guère en pratique. Sa conscience avait été ôtée et l'Église mise à sa place. Pourtant, c'était un homme de génie, et un homme bon, dans le sens où il était désintéressé. La vérité est très souvent gênante, mais ni le monde ni l'individu ne peuvent s'en passer.

Voici le facteur qui apparaît à midi, personnage aussi désagréable que le percepteur.

Puissiez-vous bien dormir et faire de beaux rêves. J'ai toujours hâte de vous voir avec Lady Wemyss .

Croyez-moi toujours,

Affectueusement vôtre,

B. JOWETT.

COLLÈGE BALLIOL, 8 septembre 1892.

MA CHÈRE MARGARET,

Votre aimable lettre m'a été une très douce consolation. C'était comme si tu pensais à un ami en difficulté.

Le pauvre Nettleship, que nous avons perdu, était un homme qui ne peut être remplacé – certainement pas à Oxford. C'était un homme très bon et il y avait en lui une touche de génie considérable. Il semble être mort courageusement, disant aux guides de ne pas être des lâches, mais de leur sauver la vie. Il leur chantait aussi pour les tenir éveillés, disant (cela lui ressemblait tellement) qu'il n'avait pas de voix, mais qu'il ferait de son mieux. Il a probablement chanté cette chanson de Salvator Rosa que nous avons si souvent entendue de lui. Il était merveilleusement aimé des étudiants, car ils savaient qu'il se souciait d'eux plus que de toute autre chose au monde.

De ses écrits, il n'y a pas grand chose, à part ce que vous avez lu, et un long essai sur Platon dans un livre intitulé « Hellénisme » — très bon. Il commençait à écrire et je pense qu'il aurait bien écrit. Il était également un excellent orateur et conférencier—M. Asquith vous parlerait de lui.

J'ai reçu beaucoup de lettres à son sujet, mais aucune ne m'a autant touché que la vôtre. Merci très cher.

Je vois que vous êtes sérieux au sujet de l'écriture – sans négligence ni manque de connexion. Écrire demande des loisirs illimités et est un travail infini , mais il y a aussi un très grand plaisir à cela. Je serai ravi de lire vos croquis.

BALLIOL COLLEGE, 27 décembre 1892.

MA CHÈRE MARGARET,

J'ai lu les deux articles de Lady Jeune . Je suis heureux que vous ne les ayez pas écrits et que vous n'ayez jamais rien écrit de tel. Ces critiques sur la société dans laquelle certains d'entre nous « vivent, bougent et ont leur être » sont erronées. En premier lieu, tout le tissu social est un grand mystère avec lequel nous ne devons pas prendre de libertés et dont nous ne devrions parler qu'à voix basse lorsque nous comparons nos expériences, que ce soit au cours d'une promenade ou en tête-à-tête. , ou "par-dessus les cheveux" avec une confidente fidèle et réservée. Et il y a aussi beaucoup de choses douloureuses dans l'absence de liberté dans la division des rangs et dans l'ascension ou la chute d'une place à une autre. Je suis convaincu que c'est une chose dont il ne faut pas parler ; ce que nous pouvons faire pour l'améliorer ou lui faire du bien – que ce soit moi, directeur d'un collège à Oxford, ou une jeune femme de la mode (je sais que vous n'aimez pas qu'on vous appelle ainsi) – doit être fait en silence.

Lady Jeune pense que le monde entier irait bien, ou du moins irait bien mieux, sans les Nouveaux Riches. Certains maîtres d'Eton me parlent de la même manière. Je suis d'accord avec notre chère amie, Lady Wemyss , que la vérité est que « les vieux pauvres sont tellement jaloux d'eux ». Nous devons étudier les arts d'unir la société dans son ensemble, sans nous accrocher à une seule catégorie de celle-ci, de ce qui est possible et souhaitable à ce qui est impossible et indésirable.

J'espère que vous n'êtes pas plus mal à cause de vos efforts considérables. Vous savez que cela m'intéresse de savoir de quoi vous parlez si vous avez le temps et l'envie d'écrire. J'ai vu votre ami, M. Asquith, hier soir : très gentil et pas du tout enflé de son grand bureau [Note : The Home Office.]. Le sort du ministère semble très incertain. Il existe une tendance à suivre Lord Rosebery au sein du Cabinet. Certains pensent que le Home Rule Bill sera poussé en deuxième lecture, puis abandonné, et qu'une nouvelle redistribution des cartes aura lieu sous Lord Rosebery : cela me semble très probable. Le ministère a très peu de ressources et ne gagne pas de terrain, et les Anglais commencent à haïr les Irlandais et les prêtres.

J'espère que tout se passera bien pour vous. Faites-moi part de certaines de vos réflexions. J'ai lu le livre de M. Milner avec une grande satisfaction – très intéressant et très important. Je crains de vous avoir écrit une épître ennuyeuse et sinueuse.

Toujours à toi,

B. JOWETT.

COLLÈGE BALLIOL, 13 février 1893. MA CHÈRE MARGARET,

Hier soir, j'ai commencé à vous écrire à midi moins dix, mais comme le facteur est arrivé à midi moins cinq, cela a naturellement été interrompu. Puis-je commencer là où je me suis arrêté ? J'aimerais vous parler de beaucoup de choses. J'espère que vous ne direz pas, comme Johnson le dit à Boswell : « Monsieur, vous n'avez que deux sujets, vous et moi, et j'en ai profondément marre des deux.

J'ai été ravi du succès de M. Asquith. Il a en lui la certitude d'un grand homme – une telle force, une telle simplicité, une telle indépendance et une supériorité sur le monde et les clubs. Vous me semblez très chanceux d'avoir trois amis comme M. Asquith, M. Milner et M. Balfour. Je crois que vous pouvez faire beaucoup pour eux, et ils sont probablement les premiers hommes de leur temps, ou presque.

M. Balfour n'est pas un aussi bon leader de l'opposition à la Chambre des communes qu'il l'était lorsqu'il était au pouvoir. Il est trop agressif et pas assez digne. J'ai peur qu'il perde du poids. Il ferait mieux de ne pas coquetter avec la chose stupide et peu pratique du « bimétallisme », ni d'écrire des livres sur le « doute philosophique » ; car il y a beaucoup de choses auxquelles nous devons certainement croire, n'est-ce pas ? C'est largement suffisant soit pour l'idéalisme le plus élevé, soit pour la vie ordinaire. Il devra probablement, comme Sir R. Peel, changer nombre de ses opinions au cours des trente prochaines années et il devrait être sur ses gardes à ce sujet, ou il s'engagera de telle manière qu'il devra peut-être se retirer. de la politique (de la monnaie, de l'Église, du socialisme).

Est-ce que ce sera le dernier jour de la vie de Gladstone à la Chambre des communes ? Il est très pathétique de penser à un homme âgé faisant sa dernière grande démonstration presque en opposition avec les convictions de toute sa vie. J'espère qu'il s'en acquittera bien et noblement, et alors peu importe qu'il meure ou non comme Lord Chatham quelques jours après. Il me semble que son Ministère n'a pas mal fait ces quinze derniers jours. Ils ont, dans une large mesure, fait disparaître l'impression qu'ils avaient créée en Angleterre selon laquelle ils étaient les amis du désordre. Savez-vous que je ne peux m'empêcher de sentir que j'ai plus d'éléments libéraux en moi que d'éléments conservateurs ? Cette rivalité entre les partis, surprenant chacun par leur libéralité, a fait beaucoup de bien au peuple anglais.

HEADINGTON HILL, près d'OXFORD, le 30 juillet 1893.

MA CHÈRE MARGARET, Avez-vous déjà lu ces lignes ?—

On dit que les mariages se font là-haut.
Peut-être, quelques-uns, peut-être, par amour. Mais à cause de l'odeur de soufre , je devrais dire
qu'ils doivent faire des MATCHS ici toute la journée.

(Orphée revenant du monde inférieur dans une farce intitulée « Les Diables olympiques », à laquelle on jouait quand j'étais jeune.)

Miss Nightingale me parle des « sentiments habituellement appelés amour », mais elle est alors une héroïne, peut-être une déesse.

Faire l'amour est une affaire très sérieuse, bien que la société s'en moque, peut-être pour tester la vérité et le sérieux des amants.

Cher, je suis un vieil homme, ce que le poète appelle « au seuil de la vieillesse » (Homère), et je ne suis pas très romantique ou sentimental à ce sujet, mais je ferais tout ce que je peux pour sauver quiconque s'en soucie. moi de faire une erreur.

Je pense que vous avez bien raison de ne pas courir de risque sans une modeste résidence à la campagne.

Le vrai doute dans cette affaire, c'est la famille ; Veux-tu y réfléchir et en parler avec ta mère ? L'autre jour, vous étiez à un bal masqué , comme vous me l'avez dit : dans quelques mois vous aurez, ou plutôt vous aurez peut-être la garde de cinq enfants, avec tous les maux, les misères et les désagréments des enfants (à la différence des enfants de certains de vos amis) et non les vôtres, même si vous devrez être une mère pour eux, et cet état de choses durera la plus grande partie de votre vie. Le contraste n'est-il pas plus que ce que la nature humaine peut supporter ? Je sais que c'est, comme vous l'avez dit, une manière de vivre plus noble, mais êtes-vous à la hauteur d'une telle lutte. Si c'est le cas, je peux seulement dire : « Que Dieu vous bénisse, vous êtes une fille courageuse. » Mais je ne voudrais pas que vous vous dissimuliez la nature du procès. Il n'est pas possible d'être un leader de la mode et de faire son devoir envers les cinq enfants.

D'un autre côté, vous avez à vos pieds un homme d'une capacité exceptionnelle et d'un caractère élevé, et qui a atteint une position extraordinaire – bien meilleure que n'importe quelle latte ou perche aristocratique ; et vous pouvez lui apporter l'aide la plus matérielle possible grâce à vos capacités et à votre connaissance du monde. La société vous fera grâce parce que vous êtes une personne grata, et tout le monde vous souhaitera bonne chance parce que vous avez fait le sacrifice. Vous pouvez mener une vie bien plus élevée si vous y êtes vous-même à la hauteur.

Aujourd'hui, j'ai lu la vie de Hume — par lui-même — de manière très frappante. Vous le trouverez généralement au début de son Histoire d'Angleterre. Il y a eu aussi des saints parmi les infidèles, par exemple Hume et Spinoza, au nom desquels je crois qu'il est de notre devoir de dire quelque chose, puisque l'Église les a consacrés aux flammes éternelles. Pour reprendre une expression allemande : « Ils étaient des « chrétiens inconscients ». » Cela décrit un bon nombre de personnes. Je crois qu'en tant que chrétiens, nous devrions nous débarrasser de bon nombre de phrases douteuses et parler uniquement à travers nos vies.

Croyez-moi, ma chère Margaret,

Cordialement et affectueusement vôtre,

B. JOWETT.

BALLIOL, dimanche. 1893.

MA CHÈRE MARGARET,

Je suis tout à fait d'accord avec toi que ce que nous voulons le plus dans la vie, c'est le repos et la paix. Pour agir à la hauteur de nos plus belles lumières, cela suffit amplement ; il n'y a pas lieu de s'inquiéter des dogmes, qui nous sont à peine intelligibles, ni des faits historiques, y compris les miracles, dont la vision du monde a naturellement changé au cours des âges. J'inclus dans cela des questions telles que celle de savoir si Notre Seigneur est ressuscité des morts dans un sens naturel des mots. C'est une toute autre question de savoir si nous devons l'imiter dans sa vie.

Je suis heureux que vous réfléchissiez à ces questions et je serai ravi de vous en parler. Ce que j'ai à dire de la religion est contenu dans deux mots : Vérité et Bonté, mais je n'aurais pas l'une sans l'autre, et si j'avais à choisir entre eux, je serais peut-être disposé à donner la première place à la Vérité. Je pense aussi qu'on pourrait présenter la religion d'une autre manière, comme une résignation absolue à la Volonté de Dieu et à l'ordre de la nature. Il pourrait y avoir d'autres définitions, également vraies, mais aucune ne convenait mieux qu'une autre au caractère des hommes, comme l'imitation du Christ, ou la vérité dans toutes les religions, qui en seraient une description adéquate. La religion chrétienne me semble s'étendre à toutes les parties et à tous les modes de vie, puis revenir à nos cœurs et à nos consciences. Je pense que la meilleure façon de l'envisager, et la plus intéressante, est de la considérer telle qu'elle peut être vue dans la vie des hommes de bien partout, qu'ils soient chrétiens ou soi-disant païens : Socrate, Platon, Marc Aurèle, saint Augustin. , ainsi que dans la vie du Christ, de Bunyan ou de Spinoza. L'étude de la biographie religieuse me paraît un des meilleurs moyens d'entretenir le sentiment chrétien.

Quant à la question de la dissolution, je ne suis pas comme M. Balfour, j'hésite plutôt, mais, dans l'ensemble, je suis d'accord avec M. Gladstone, certainement à propos de l'Église galloise. Les églises sont tellement mondaines et tellement alliées aux intérêts des classes supérieures. Je pense qu'une personne qui appartient à une Église doit toujours s'efforcer de vivre au-dessus de son Église, au-dessus du sermon et d'une bonne partie de la prière, au-dessus du Symbole d'Athanase et de la forme de l'ordination, au-dessus des passions des sentiments de parti et des réunions publiques. . Les meilleurs individus ont toujours été meilleurs que les églises, même si je ne vais pas aussi loin qu'un professeur allemand, qui pense que les gens ne seront jamais religieux tant qu'ils n'auront pas cessé d'aller à l'église, mais je suis d'avis que dans chaque congrégation les auditeurs devraient tenter de s'élever au-dessus du ton du prédicateur et du service.

Je suis désolé d'apprendre que M. Balfour, qui a tant de libéralisme en lui, soit d'un avis extrêmement opposé. Mais j'estime avoir assez parlé d'un sujet qui ne vous intéresse peut-être pas, mais dont j'aimerais vous reparler lors de notre rencontre. Il me semble probable que l'Église sera dissoute, parce qu'elle l'a déjà été dans la plupart des pays d'Europe et parce que l'école prend partout sa place.

J'attendrai avec impatience que vous veniez me voir si je suis gravement malade : « Soyez avec moi quand ma lumière est faible ». Mais je ne pense pas que cette maladie dont je souffre actuellement soit assez grave pour inquiéter aucun de mes amis, et il serait plutôt gênant que mes amis viennent me prendre congé si je guéris, ce que j'ai l'intention de faire. , pour ce que je pense être une bonne raison – parce que j'ai TOUJOURS beaucoup à faire.

B. JOWETT.

Mon ami bien-aimé est décédé en 1893.

L'année précédant sa mort, il souffrit de la dangereuse maladie à laquelle il fait allusion dans la lettre ci-dessus. Tout le monde pensait qu'il allait mourir. Il dictait des lettres d'adieu à tous ses amis par sa secrétaire et gouvernante, Miss Knight. En recevant le mien de sa part à Glen, j'étais tellement ennuyé par son ton que j'ai télégraphié :

Collège Jowett Balliol d'Oxford.

Je refuse d'accepter ceci comme votre lettre d'adieu. Vous avez écouté une femme idiote et cru ce qu'elle dit. Amour. MARGOT.

Ce télégramme a eu un effet magique : il s'est progressivement amélioré et m'a écrit une merveilleuse lettre. Je me souviens que la raison pour laquelle j'étais contrarié était parce qu'il croyait à un rapport selon lequel j'avais affronté un potentat étranger à Rotten Row pour un pari, ce qui était non seulement faux mais ridicule, et je devenais un peu impatient face à l'agressivité et à la crédulité. du West-end de Londres.

Mes week-ends à Balliol étaient différents de mes autres visites. Le Maître se souciait infiniment d'eux. Un jour, à mon arrivée, il m'a demandé avec lequel d'un ou deux hommes j'aimerais m'asseoir au dîner. J'ai dit que je préférerais M. Huxley ou Lord Bowen, ce à quoi il a répondu :

"Je voudrais que vous ayez de votre autre côté, ce soir ou demain, mon ami Lord Selborne :" [Note de bas de page : feu comte de Selborne .]

MARGOT (avec surprise) : "Depuis quand est-il ton ami ? J'avais l'impression que tu ne l'aimais pas."

JOWETT : "Votre impression était juste, mais même les plus jeunes d'entre nous ont parfois tort, comme l'a dit le Dr Thompson, et je considère désormais Lord Selborne comme un ami. J'espère n'avoir rien dit contre lui."

MARGOT : "Oh mon Dieu, non ! Tu as seulement dit qu'il aimait les hymnes et qu'il n'avait aucun sens de l'humour ."

JOWETT (d'un ton sec) : " Si tel est le cas, Margaret, j'ai fait une remarque extrêmement stupide. Je vous mettrai entre Lord Bowen et Sir Alfred Lyall. N'était-il pas étrange que vous ayez dit de Lyall à Huxley qu'il vous rappelait un croisé fané et que vous le soupçonniez de porter une cotte de mailles sous son drap, ce à quoi, vous vous en souviendrez, Huxley a fait remarquer : « Vous voulez dire une cotte de mailles sans laquelle aucun homme n'est sauvé ! Votre sœur, Lady Ribblesdale, m'a dit exactement la même chose à son sujet. »

Cela m'intéressait, car Charty et moi ne nous étions pas parlé de Sir Alfred Lyall, qui était une de nos nouvelles connaissances.

MARGOT : « Je suis sûre, Maître, que vous ne lui avez pas donné la même réponse que M. Huxley m'a donnée ; vous n'avez pas une bonne opinion de mon sexe, n'est-ce pas ?

JOWETT : "Tu n'es pas à me faire des reproches, Margaret : l'autre semaine encore, je t'ai reproché d'avoir dit que les femmes étaient souvent ennuyeuses, parfois dangereuses et toujours déshonorantes . J'aurais pu ajouter qu'elles étaient rarement raisonnables et toujours courageuses. Seriez-vous d'accord pour ce?"

MARGOT : "Oui."

Je me suis assis entre Sir Alfred Lyall et Lord Bowen ce soir-là au dîner. Il y avait plus de bouquet que de corps chez Sir Alfred et, pour parodier Gibbon, l'esprit de Lord Bowen n'était pas obscurci par l'enthousiasme ; mais il n'y eut jamais deux hommes plus charmants. Après le dîner, Huxley est venu me voir dans la pièce et m'a dit que le Maître avait avoué qu'il l'avait fait s'asseoir à côté de moi, alors est-ce que je lui parlerais ? Nous nous sommes assis ensemble et notre conversation s'est ouverte sur la religion.

Il n'y avait pas grand-chose de juste milieu chez Huxley. Il a commencé en disant que Dieu n'était là que parce que les gens croyaient en Lui, et que l'incognito fastidieux « Je suis celui que je suis » était son idée de l'humour , etc., etc. Il a terminé en disant qu'il ne croyait aucun homme de l'action a toujours été inspirée par la religion. J'ai pensé appeler à mon aide Lord Bowen, qui se tenait sans but au milieu de la pièce. Il a immédiatement répondu et nous a amené une chaise. Je lui ai dit:

"M. Huxley me met au défi de produire tout homme d'action directement inspiré par la religion."

BOWEN (AVEC UN SOURIRE ÉLÉGANT) : "Entre nous, nous devrions pouvoir lui répondre, Miss Tennant, je pense. Qui est votre homme ?"

Chaque idée semblait sortir de mon cerveau. J'ai proposé au hasard :

"Gordon."

J'avais peut-être lu ses pensées, car il se trouvait que Huxley adorait le général Gordon.

HUXLEY : "Ah ! Voilà, tu préfères m'avoir !"

Il en avait visiblement assez de moi, car, changeant la position de sa chaise, comme pour engager Bowen dans un tête-à-tête, il dit :

"Mon cher Bowen, Gordon était l'homme le plus remarquable que j'aie jamais rencontré. Je le connais bien; il était sincère et désintéressé, tout à fait incapable de dire quelque chose qu'il ne pensait pas. Vous me croirez à peine, mais un jour il dit d'un ton de conviction passionnée que s'il marchait au coin de la rue et se faisait arracher la cervelle, il ne ferait que être transféré dans une sphère de gouvernement plus large. »

BOWEN : "Est-ce que l'absence de cerveau lui aurait été d'une quelconque aide ?"

Après cela, notre bonne humeur mutuelle a été rétablie et je n'ai eu que le temps de parler avec Mme Green avant que la soirée ne soit gâchée par Jowett nous emmenant à travers le quad pour entendre de la musique modérée dans la hideuse salle Balliol . Parmi toutes les amies du Maître, je préférais infiniment Mme TH Green, la sœur de John Addington Symonds. Elle fait partie des rares femmes qui possèdent toutes les qualités que je leur refuse dans les moments de désillusion.

J'ai passé mon dernier week-end à Balliol lorsque la santé de Jowett semblait s'être complètement rétablie. Le lundi matin, après le départ de ses invités, je me rendis comme d'habitude dans son bureau pour lui parler. Mon télégramme reçu sa lettre sur son lit de mort l'avait amusé mais affligé ; et à mon arrivée il me pressa de lui dire ce qu'il avait écrit qui m'avait offensé. Je lui ai dit que je n'étais pas offensé, seulement blessé. Il m'a demandé quelle était la différence. J'aurais aimé pouvoir lui donner la réponse que ma fille Elizabeth a donnée à Lord Grey [Note : Vicomte Gray de Fallodon .] lorsqu'il lui a posé la même question, se promenant dans le jardin de Fallodon à l'occasion de sa première visite à la campagne :

"L'un touche votre vanité et l'autre votre cœur."

Je ne sais ce que j'ai dit, mais je lui ai dit que j'étais tout à fait inoffensif et sans susceptibilité, mais que sa lettre contenait tous les défauts d'un maître d'école et d'un clerc et non l'amour d'un ami. Il m'a écouté avec sa patience et sa douceur habituelles et m'a exprimé ses regrets.

Le lundi matin dont j'écris et où nous avons eu notre dernière conversation, j'avais décidé que, comme j'avais gâché beaucoup de bonnes conversations en parlant trop moi-même, je tiendrais ma langue et laisserais le Maître passer un moment. une fois, faites le premier pas. Je n'avais pas beaucoup d'expérience de ses silences classiques et dévastateurs et je l'avais souvent défendu contre l'accusation ; mais il était temps de voir ce qui se passerait si je parlais moins.

Lorsque nous sommes entrés dans la pièce et qu'il a fermé la porte, j'ai choisi distraitement la seule chaise confortable et nous nous sommes assis l'un à côté de l'autre. Un long et répressif silence suivit l'allumage de ma cigarette. Me sentant plutôt désemparé, j'ai réfléchi à quelques indications scéniques – « ici affaire de mouchoir, etc. » – et j'ai ajusté les boucles de mes chaussures. J'ai regardé quelques photos et j'ai touché un coupe-papier et des bricoles sur la table près de moi. Le silence oppressant continua. Je me suis dirigé vers les étagères des livres et, sous le couvert d'un exemplaire de « Country Conversations », j'ai jeté un coup d'œil au Maître. Il semblait ignorer complètement mon existence.

« Rien à faire », me dis-je en remettant le livre.

Quelque chose l'avait éteint, comme s'il avait été la lumière électrique.

Enfin, rompant le silence avec beaucoup d'impatience, je dis :

" Vraiment, Maître, il y a très peu d'excuse pour votre silence ! Vous avez sûrement quelque chose à me dire, quelque chose à me dire ; vous avez vécu une expérience depuis que nous nous parlons que je n'ai jamais eue : vous avez frôlé la Mort. ".

JOWETT (pas du tout contrarié) : "Je n'ai ressenti aucun ravissement, aucun bonheur." (Me regardant soudain et me prenant la main.) "Mon cher enfant, tu dois croire en Dieu malgré ce que dit le clergé."

CHAPITRE III

CHASSE RAPIDE ET FURIANTE DANS LE LEICESTERSHIRE – FÊTE À LA CAMPAGNE ET UN NOUVEL ADMITEUR – AMITIÉ AVEC LORD AND LADY MANNERS

Mon amitié avec Lord et Lady Manners, [Note de bas de page : Avon Tyrrell, Christchurch, Hants. Lady Manners était une Miss Fane.] d'AvonTyrrell, a probablement fait plus de différence dans le cours de ma vie que tout ce qui s'y était passé.

L'équitation était ce que je connaissais et ce qui me tenait le plus à cœur ; et j'ai rêvé du High Leicestershire. J'avais chassé dans le Cheshire, où l'on tuait trois renards par jour et on se retrouvait soit en train de claquer parmi les chaumières et les cordes à linge, soit bloqué par les voitures et la foule ; Je connaissais la charrue raide et les beaux chevaux du Yorkshire et l'herbe pourrie du Bicester ; J'avais lutté pour franchir les grandes clôtures et les petits enclos du Grafton et j'avais été une héroïne dans les champs sélectionnés et les grands réseaux avec le Burton ; et le Beaufort avait vu l'aube de ma chasse au renard ; mais Melton était un nom qui a amené l'hon. Crasher devant moi et m'a ouvert une vue sur mon avenir de tout ce qui était rapide, furieux et à la mode.

Lorsqu'on m'a annoncé que j'allais m'asseoir à côté du Maître du Quorn pour le dîner, mon excitation n'a eu aucune limite.

Gordon Cunard – dont le frère Bache possédait les célèbres chiens de Market Harborough – avait insisté pour que je le rejoigne à une fête à la campagne organisée pour un bal. En recevant l'invitation, j'avais refusé, car je connaissais à peine notre hôtesse, la jolie Mme Farnham, mais après avoir reçu un télégramme plein d'entrain de mon nouvel admirateur, l'un des meilleurs hommes de chasse du Leicestershire, j'ai changé d'avis. A la suite de cette décision, un double événement eut lieu. Je suis tombé amoureux de Peter Flower, un frère de feu Lord Battersea, et je me suis attaché à un couple dont le dévouement et la bonté envers moi pendant plus de vingt ans ont encouragé et embelli ma glorieuse jeunesse.

Lord Manners, ou « Hoppy », comme nous l'appelions, était l'un des rares hommes que j'ai rencontré que le mot « déterminé » décrivait. Son sens de l'honneur n'avait d'égal que son sens de l'humour ; et aucun être réel plus original, tendre, véridique, non cynique n'a jamais existé. C'était un excellent sportif et il avait remporté le Grand Militaire lorsqu'il était dans les Grenadiers, chevauchant l'un de ses propres chasseurs ; il fut également le deuxième gentleman en Angleterre à remporter le Grand National en 1882, sur un pur-sang appelé Seaman, qui n'était en aucun cas le cheval de tout le monde. Pour les autres, il ne se souciait pas. " Décision je n'aime pas les autres ", aurait-il dit, pour citer mon gendre Antoine Bibesco .

Sa femme disait souvent cela, mais sans elle, il n'aurait pas demandé à une créature à l'intérieur de la maison ; Quoi qu'il en soit, aucun hôte et hôtesse n'aurait pu être plus socialement réceptif ou offrir à ses invités un accueil plus chaleureux que Con et Hoppy Manners.

Ce que j'aimais et admirais chez lui, c'était son enthousiasme et son irréprochable éloignement du monde. Il était parfaitement indépendant de l'opinion publique et aussi libre de toute rancœur que de toute peur, méchanceté ou acerbe. Il n'a jamais dit une bêtise. Certaines personnes diraient que ce n'est pas un compliment, mais la quantité de bêtises que j'ai entendu dire par des gens intelligents me fait souvent me demander ce qui reste aux stupides.

Sa femme était très différente, bien que tout aussi exempte de rhétorique.

Sous un extérieur encalminé, Con Manners était un peu fragile et avait du mal à dire qu'elle avait tort ; cette impénitence causait à certains de ses amants une souffrance dont elle n'avait pas conscience ; c'est un défaut mineur qui me paraît stupide, mais dont j'ai découvert depuis qu'il est non seulement commun, mais presque universel. J'ai souvent averti les gens du sourire dangereux de Con lorsque je les voyais faire des gaffes ; mais bien qu'elle fût inégale dans ses capacités de pardon, la grave querelle de sa vie fut finalement réglée sans réserve. Lady Manners était intelligente, aimable et compréhensive ; elle était plus mondaine, plus aventureuse et moins dépréciante que son mari ; les gens comptaient beaucoup pour elle ; et tout Londres était à ses pieds, à l'exception de ces hommes et femmes solitaires qui se spécialisent dans la collecte des objets célèbres, comme on collectionne les mille-pattes.

Pour faire une parenthèse ici. J'ai demandé un jour à mon ami M. Birrell comment trouver le juste milieu, pour une personne entreprenante, entre courir après les grands hommes de l'époque et les rater ; et il a dit:

"Je te conseillerais de vivre parmi tes supérieures, Margot, mais d'être des leurs."

Con était l'une des rares femmes dont on pouvait dire qu'elle était à la fois une merveilleuse épouse, une mère, une sœur et une amie. Le charme de ses manières et la tendresse de son regard donnaient à son visage une beauté indépendante, presque rivale des beaux traits, et elle était une sainte de bonté.

Son amour des fleurs rendait radieuse chaque pièce de sa maison, à l'intérieur comme à l'extérieur ; et son sens de l'humour et son amour du divertissement stimulaient les esprits et les paresseux.

Pendant dix-neuf ans, je l'ai vue vaquer à ses occupations quotidiennes avec une grâce tranquille et une sérénité infiniment reposante à vivre, et quand j'ai été séparé d'elle, cela m'a presque brisé le cœur. A propos de l'amour que Con et moi avions l'un pour l'autre, j'ajouterai seulement une vieille citation française :

"Par grâce infinie Dieu les brumes au mande ensemble."

Ma chère amie, Mme Hamlyn, était la châtelaine du célèbre Clovelly, dans le Devonshire, et la sœur de Con. Elle avait l'esprit d'une éternelle jeunesse et était pleine d'admiration à couper le souffle. Je n'ai presque jamais rencontré quelqu'un qui tirât autant de plaisir et de surprise de la vie ordinaire. Elle était aussi peu critique et tolérante envers ceux qu'elle aimait qu'elle était étroite et véhémente envers ceux qui l'avaient offensée de manière inexplicable. Elle avait un sens de l'humour bouillant et vorace et était déconcertée et eblouie par les gens titrés, aussi vulgaires et ridicules soient-ils. Je n'entends pas par là qu'elle était snob ; au contraire, elle se faisait et entretenait des amis parmi les gens mal lotis et les obscurs, auxquels elle montrait une fidèle hospitalité ; mais elle était démodée et pensait que toutes les duchesses étaient des dames.

Christine Hamlyn était un personnage : mais, si la machinerie permettant d'éliminer ses préjugés n'était pas inventée, aucun tank ne pourrait la détourner de ses amis. C'est à travers les Âmes et ces amis que j'ai essayé de décrire que j'entrai dans une nouvelle phase de ma vie.

CHAPITRE IV

MARGOT TOMBE DE NOUVEAU AMOUREUSE : "HAVOC" DANS LE CHAMP DE CHASSE ; UNE CHUTE ET UN DUCKING—LA CÉLÈBRE MME. BO ; CONSEILS INÉTENUS D'UN RIVALE—UNE QUERELLE D'AMANTS—PETER SAUTE PAR LA FENÊTRE—LE TROTTEUR AMÉRICAIN—UN AUTRE AMANT INTERVIENT—PETER RETOURNE D'INDE; L'ILLUMINATION D'UNE FEMME NOIRE

La première fois que j'ai vu Peter Flower, c'était à Ranelagh, où il avait emmené ma sœur Charty Ribblesdale assister à un match de polo. Ils étaient assis ensemble à une table en fer, sous un cèdre, en train de manger des glaces. Je portais une robe de mousseline grise avec une ceinture noire et un chapeau noir, avec des perles de corail autour du cou, et je l'entendis dire alors que je m'approchais d'eux :

"Dix-neuf ? Pas possible ! J'aurais dû dire quinze ! C'est celui-là qui monte si bien ?"

Après m'être serré la main, je me suis assis et j'ai regardé autour de moi.

Je remarque toujours ce que portent les hommes ; et Peter Flower était l'homme le mieux habillé que j'aie jamais vu. Je ne sais pas qui aurait pu porter ses vêtements lorsqu'ils étaient neufs ; mais il ne l'a certainement jamais fait. Après ses vêtements, ce qui m'a le plus frappé, c'est sa grâce particulière, presque animale, ses épaules puissantes et inclinées, son rire fascinant et sa vitalité contagieuse.

Laurence Oliphant m'a dit un jour : « Je divise le monde en ceux qui donnent la vie et ceux qui la prennent » ; et j'ai souvent eu des raisons de ressentir la vérité à ce sujet, étant donné que je suis extrêmement sensible à la bonne humeur. En parcourant la galerie de mes connaissances, je ne trouve pas plus de trois ou quatre personnes aussi tenaces que Peter l'était : Lady Desborough , Lady Cunard, mon fils Anthony et moi-même. Il existe diverses sortes de bonne humeur : les unes sont si grossières et si grossières qu'elles vicient ce qu'elles touchent et éloignent toute personne sensible, et certaines sont si insistantes qu'elles fatiguent et étouffent ; mais la vitalité de Pierre a ravivé et restauré tous ceux avec qui il est entré en contact ; et, quand je lui ai dit au revoir ce jour-là à Ranelagh, bien que je ne me souvienne pas d'une seule phrase intéressante prononcée par lui ou par moi, mon esprit était absorbé par la pensée du moment et de la manière dont je pourrais le revoir.

Au cours de l'hiver de la même année , je suis allé avec les Ribblesdale chez le frère de Peter, Lord Battersea, pour chasser. J'ai emmené avec moi les meilleurs chapeaux et habitudes ainsi que deux mercenaires aux longues jambes et décolorés, dans l'espoir d'acquérir une monture. Charty s'étant tordu le genou le lendemain de notre arrivée, cela me permit de monter le cheval sur lequel Peter devait la monter ; et pleins d'entrain, nous sommes tous partis à la rencontre des chiens de Bicester. J'avais à peine dit trois mots à mon bienfaiteur, mais Ribblesdale lui avait dit, assez imprudemment, que j'étais le meilleur cavalier de chasse en Angleterre.

Lors de la compétition, j'ai examiné ma monture de près pendant que l'homme allongeait mon étrier. Havoc, comme on l'appelait, était un châtain foncé, 16,1, avec un pelage comme le dos d'un violon et une petite tête méchante. Il en avait énormément; et j'étais heureux de voir une lanière de cuir sous la gourmette.

Quand je fus monté, Pierre resta près de moi et dit :

"Vous êtes au top ! Emmenez-le où vous voulez, mais suivez votre propre ligne."

Ce à quoi j'ai répondu :

"Pourquoi ? Est-ce qu'il se précipite ? J'avais pensé à te suivre."

PETER : "Pas du tout, mais il peut vous tirer un peu, alors restez à l'écart du champ ; la clôture n'est pas faite pour qu'il ne puisse pas sauter ; et quant à l'eau, c'est une hirondelle ! J'aimerais pouvoir dire le moi aussi ! Nous avons par ici un ruisseau avec des berges pourries, il attrapera les meilleurs ! Mais, si nous sommes proches l'un de l'autre, il faut vous approcher et passer le premier et le mien vous suivra très probablement. Je ne le fais pas. Je ne veux pas passer la nuit dans ce ruisseau bestial.

C'était une bonne journée parfumée et nous n'avons pas mis longtemps à trouver. Je suis resté fidèle à Peter Flower pendant que les chiens de Bicester couraient à travers l'herbe épaisse vers un double laid et poilu. Malgré la quincaillerie dans la bouche de Havoc, je n'avais pas le moindre contrôle sur lui, alors j'ai dit à Peter :

"Vous savez, M. Flower, je ne peux pas arrêter votre cheval !"

Il m'a regardé avec un charmant sourire et m'a dit :

"Mais pourquoi le devriez-vous ? Les chiens courent !"

MARGOT : "Mais je ne peux pas le transformer !"

PETER : "Ce n'est pas grave ! Ils courent tout droit. Salut ! Attention ! Attention à Hydy !"

Nous allions avec de bonnes armes. J'ai vu un homme devant moi ralentir au ralenti, alors je lui ai crié :

« Écartez-vous de mon chemin ! Écartez-vous de mon chemin !

J'étais certain qu'au rythme où il allait, il ferait une lourde chute et que je devrais être au-dessus de lui. Alors qu'il était en train de se retourner pour voir qui criait, son cheval volontaire s'est arrêté et je l'ai dépassé, lui enlevant l'éperon de ma jupe d'habit. J'ai entendu une volée de jurons alors que je sautais dans la jungle. Havoc, cependant, n'aimait pas les ronces et, se redressant en atterrissant, se cambra avec l'activité d'un chat par-dessus une haute rampe de l'autre côté du double ; Je me suis retourné et j'ai vu le cheval de Peter tout près derrière moi heurter la rampe et picorer lourdement à l'atterrissage, ce à quoi Peter lui en a donné un sur l'épaule et a semblé furieux.

Je ne me faisais aucune illusion ! J'étais sur un cheval que rien ne pouvait arrêter ! Voyant une rangée de saules devant moi, j'ai crié à Peter de me suivre, car je pensais que si le ruisseau était devant nous , je ne pourrais pas rester près de lui, à cette allure. À ma grande surprise et avec grand plaisir, alors que nous approchions des saules, Peter m'a dépassé et l'eau s'est élargie devant nous ; J'ai vu à son visage figé que c'était le cou ou rien avec lui. Le chaos se passait bien en lui-même, mais son compagnon d'écurie était précipité et agité ; et avant que je sache ce qui s'était passé, Peter était au milieu du ruisseau et je sautais par-dessus sa tête. À l'atterrissage, j'ai fait un grand cercle autour du champ en m'éloignant des chiens, en essayant de m'arrêter ; et quand j'ai pu me retourner, je me suis retrouvé face au ruisseau, avec Peter dégoulinant sur la berge la plus proche de moi. Havoc lui dressa les oreilles, le dépassa comme un éclair et sauta de nouveau le ruisseau ; mais la berge à l'atterrissage était marécageuse et pendant que nous pataugions , je l'ai tiré en mettant la bride sous mon pommeau et, épuisé et affligé, j'ai sauté. Pierre éclata de rire.

"Nous semblons séparés pour la vie", a-t-il déclaré. "Regarde mon foutu cheval !"

J'ai regardé l'eau et j'ai vu l'animal debout jusqu'aux genoux, grignotant l'herbe et la boue de la berge avec un calme parfait.

MARGOT : "Je crois vraiment que Havoc sauterait ce ruisseau une troisième fois et je serais alors à tes côtés. Quelle chance que tu ne sois pas trempé jusqu'aux os ; n'aurais-je pas mieux fait de faire attention aux deuxièmes cavaliers ? Des chiens par maintenant je serai à la mer et j'avoue que je ne peux pas monter ton cheval : est-ce qu'il tire toujours comme ça ?

PETER : "Oui, il s'accroche un peu, mais que veux-tu dire ? Tu l'as magnifiquement monté. Salut ! Qu'est-ce qu'il fait cet éperon dans ta jupe ?"

MARGOT : "Je l'ai enlevé à l'homme que tu appelles ' Hydy ', qui était tellement collant au double quand on a commencé."

PETER : "Pauvre vieux Clarendon ! Je te conseille de garder son éperon, il ne devinera jamais qui l'a pris ; et, si je sais quelque chose de lui, il n'y aura pas d'amour perdu entre vous même si vous le lui rendez ! "

J'avais envie d'un autre cheval, car je ne supportais pas l'idée de rentrer chez moi. À ce moment, une seule file de seconds cavaliers apparut ; et le serviteur bien dressé de Pierre, monté sur un cheval pur-sang gris, s'approcha de nous au trot conventionnel. Pierre alluma un cigare et, désignant le ruisseau, dit à son homme :

"Va chercher une corde et pends cette brute ! Ou traîne-le dehors, veux-tu ? Et donne-moi mon déjeuner."

Nous étions à des kilomètres de toute habitation humaine et je me sentais déprimé.

"Peut-être que je ferais mieux de rentrer chez moi avec votre homme", dis-je en regardant Peter avec hésitation.

"À la maison ! Pour quoi faire ?" a-t-il dit.

MARGOT : "Tu es sûre qu'Havoc n'est pas fatigué ?"

PETER : "Je souhaite à Dieu qu'il le soit ! Mais j'ose dire que cette herbe infernale de Bicester, qui est plus lourde que tout ce que j'ai vu dans le Yorkshire, l'a un peu stabilisé ; vous verrez qu'il ira bien mieux avec vous cet après-midi. Je Je suis vraiment désolé et je te mettrais sur mon deuxième cheval, mais ce n'est pas le mien et on me dit qu'il est un peu colérique ; si tu franchis cette porte , nous déjeunerons ensemble. ... Prends une cigarette ?"

J'ai souri et secoué la tête; ma bouche était aussi sèche qu'un jouet japonais et je me sentais brisée par la fatigue. Le sol sur lequel je me tenais était profond et j'avais peur de marcher de peur d'y laisser mes bottes, alors j'ai tapoté l'arrière des boulets de Havoc jusqu'à ce qu'il soit étiré et je suis monté avec une grande habileté. Cela remplit Pierre d'admiration ; et, soulevant son chapeau, il dit :

"Eh bien ! Vous êtes la toute première femme que j'ai jamais vue monter sans deux hommes et un garçon accroché à la tête du cheval."

Je me dirigeai vers la porte et Peter me rejoignit quelques minutes plus tard sur son deuxième cheval. Il a fait l'éloge de ma conduite et a promis qu'il me monterait n'importe quel jour de la semaine si seulement je pouvais demander à quelqu'un de m'inviter à Brackley où il gardait ses chevaux ; il a dit que le Grafton était le pays où chasser et que, bien que Tom Firr , le chasseur du Quorn, soit le plus grand homme d'Angleterre, Frank Beers était difficile à battre. J'étais heureux de son admiration pour ma circonscription, mais je savais que Havoc n'avait pas bougé d'un cheveu et que si je continuais à chasser, je devrais me tuer, soit Peter, soit quelqu'un d'autre.

"N'es-tu pas nerveux quand tu vois une femme sans défense monter sur un de tes chevaux ?" Je lui ai dit.

PIERRE : "Non, j'ai seulement peur qu'elle fasse mal à mon cheval ! Je l'enlève assez vite, je peux te le dire, si je pense qu'elle va gâcher ma vente ; mais je ne monte jamais de femme. Ta sœur est une magnifique " Cavalière, sinon je ne l'aurais jamais mise sur ce cheval. Maintenant, viens et avec un peu de chance, tu seras seul avec des chiens cet après-midi et Havoc sera renversé à Tattersalls pour cinq cents guinées. "

MARGOT : "Tu es sûre que tu veux que je continue ?"

PETER : "Tu crois que je veux que tu rentres à la maison ? Très bien ! Si tu y vas… *j'y* vais !"

J'avais très envie d'avoir le courage de dire : « Rentrons tous les deux à la maison », mais je savais qu'il penserait que je m'en foutais et qu'il était encore tôt dans la journée. Il m'a regardé fixement et a dit :

"Je ferai exactement ce que tu veux."

Je l'ai regardé, mais à ce moment-là, les chiens sont apparus et ma dernière chance était passée. Nous sommes passés à la reprise suivante, Havoc aussi doux que du lait. J'étais étonné du courage de Peter : si l'un de mes chevaux avait pris si complètement en charge son cavalier, j'aurais été dans un état d'angoisse jusqu'à ce que je les ai séparés ; mais il roulait devant moi, parlant et riant de la plus haute humeur. Ce manque de sensibilité m'irritait et mon cœur se serra. Avant d'atteindre la couverture, Peter est venu vers moi et m'a suggéré de changer la pièce de Havoc. Je m'aperçus alors qu'il n'était pas aussi heureux que je le pensais ; et cela m'a déterminé à tenir le coup. Je le remerciai modestement et ajoutai, avec un léger haussement d'épaules souriant :

"Je crains que rien ne puisse me sauver aujourd'hui, merci."

Ce à quoi Peter dit avec une irritabilité visible :

"Oh, pour l'amour de Dieu, alors ne nous laissons pas continuer ! Si vous détestez mon cheval, je vote pour que nous n'allions pas plus loin !"

"Quel homme croisé !" Me suis-je dit en le voyant rouge et vif ; mais un « Halloa ! » retentissant. a mis un terme brutal à nos délibérations.

Havoc et moi avons descendu la route, passant devant le champ de fanfaronnades ; et, sautant par-dessus une brèche, nous nous trouvâmes près des chiens qui couraient à toute vitesse vers une belle maison de campagne perchée sur une colline. Un parc est ce que je déteste le plus lorsque je chasse : les chiens perdent invariablement la ligne, le champ s'égare et je m'emporte.

J'ai regardé autour de moi pour voir si mon bienfaiteur était près de moi, mais il n'était nulle part en vue. Huit ou dix cavaliers durs étaient derrière moi ; ils ont crié:

"N'entrez pas dans le bois ! Tournez à gauche ! N'entrez pas dans le bois !"

J'ai vu devant moi un portail fantaisie en chêne jaune poli, au bout d'une des allées d'herbe dans la forêt, et ce qui ressemblait à des pelouses au-delà. Je ne pus tourner à gauche avec mes compagnons, mais m'enfonçai dans les arbres où les chiens s'arrêtaient : ce n'était pas le cas de Havoc, qui, malgré la profondeur du terrain, tirait toujours à gros canon. Une dame derrière moi, devinant ce qui s'était passé, quitta ses compagnons et réussit tant bien que mal à me dépasser dans le trajet ; et, tandis que j'approchais du portail jaune, elle me le tenait ouvert. Je lui ai crié mes remerciements et elle m'a répondu :

"Descendez quand vous vous arrêtez !"

C'était ma détermination, car j'avais observé que la langue de Havoc était sur le mors et qu'il ne se rendait pas compte que quelqu'un était sur son dos, qu'il n'était pas non plus le moins fatigué et qu'il aurait sans aucun doute franchi la porte jaune avec facilité.

Après avoir quitté mon sauveur , j'ai été rejoint par mes anciens compagnons. Les chiens avaient repris et nous laissions derrière nous le portail, le bois et la campagne. Toujours très forts, nous nous sommes tous transformés en un champ de craie avec une route blanche enfoncée entre deux hautes berges menant à un gué. Je restais sur le dessus de la berge, car j'avais peur d'éclabousser les gens dans l'eau, voire de les renverser. Deux hommes se tenaient près de la clôture devant moi, qui me séparait de ce qui semblait être une rivière ; et je savais qu'il devait y avoir une chute considérable devant moi. Ils ont levé la main en guise d'avertissement alors que j'arrivais au galop ; J'ai retiré mon pied de l'étrier et en laissant tomber mes rênes, je me suis cru perdu, mais malgré le ralentissement de Havoc, il allait trop vite pour s'arrêter ou tourner. Il fit un effort magnifique, mais je vis l'eau scintiller au-dessous de moi ; et après cela, je n'en savais plus.

Quand je revins à moi, j'étais allongé sur un lit-clos dans un cottage, avec Peter et la dame qui tenait le portail jaune agenouillés à mes côtés.

"Je pense que tu es fou de mettre quelqu'un sur ce cheval !" Je l'entendis dire avec indignation. « Vous savez combien de fois il a changé de mains ; et vous-même, vous pouvez à peine le monter.

Havoc avait essayé de descendre la berge qui, heureusement pour moi, n'était pas immédiatement sous la clôture, mais cela n'a pas pu être fait, alors nous avons fait un saut périlleux dans le ruisseau, ce qui était très alarmant pour les gens dans le gué. Cependant, comme l'eau était profonde à l'endroit où j'ai atterri, je n'ai pas été blessé, mais je me suis évanoui de peur et d'épuisement.

La misère de Pierre était profonde ; Blanc comme de la glace et en proie à la peur, il me réchauffait les pieds avec ses deux mains pendant que je l'observais tranquillement. J'ai été ramené à la maison dans un coupé par mon aimable amie, qui s'est avérée être Mme Bunbury, une sœur de John Watson, le maître des chiens de Meath , et la fille du vieux M. Watson, le maître du Carlow et du meilleur cavalier de chasse à courre d'Angleterre.

C'est ainsi que Peter et moi avons vraiment fait connaissance ; et après cela, ce n'était qu'une question de temps avant que notre amitié ne se transforme en une histoire d'amour sérieuse. Je suis resté avec Mme Bunbury dans la région de Grafton cet hiver-là pendant plusieurs semaines et j'ai été monté par tout le monde .

Comme Peter était une sorte de héros dans le domaine de la chasse et qu'on ne l'avait jamais vu monter une femme, j'étais l'objet de beaucoup de jalousie. La première scène de ma vie s'est produite à Brackley , où lui et un de ses amis, appelé Hatfield Harter, partageaient ensemble un box de chasse.

Il y avait dans les environs une dame charmante et belle qui s'appelait Mme Bo. On disait qu'elle s'était bien comportée avec la chienne dans sa jeunesse, mais je ne l'avais jamais vue sauter une brindille. Elle nous rejoignait souvent lorsque Peter et moi changeions de cheval et une ou deux fois elle était rentrée chez nous avec nous. Peter ne semblait pas beaucoup l'apprécier, mais j'étais trop occupé pour le remarquer d'une manière ou d'une autre. Un jour, je lui ai dit que je le trouvais plutôt snob avec elle et j'ai ajouté :

"Après tout, elle devait être une très jolie femme quand elle était jeune et je ne pense pas que ce soit gentil de ta part de montrer une telle irritation lorsqu'elle nous rejoint."

PETER : "La traitez-vous de vieille ?"

MARGOT : "Eh bien, un peu vieille, devrais-je dire. Elle doit avoir plus de trente ans, n'est-ce pas ?"

PETER : "Est-ce que tu appelles ça vieux ?"

MARGOT : "Je ne sais pas ! Quel âge as-tu, Peter ?"

PETER : "Je ne vous le dirai pas."

Un jour, je revenais de la chasse à cheval, mouillé jusqu'aux os. J'avais laissé le coupé Bunbury dans les écuries de Peter mais je n'aimais pas y retourner avec des vêtements mouillés ; alors, après avoir vu mon cheval confortablement épuisé, je me dirigeai vers la maison de la charmante dame pour emprunter des vêtements secs. Elle était sortie, mais sa femme de chambre m'a donné un manteau et une jupe qui, quoique beaucoup trop grands, servaient à mon usage.

Après avoir pris le thé avec Peter, qui était malade et alité, je suis arrivé en voiture pour remercier la dame pour ses vêtements. Elle était allongée sur un long canapé aux coussins épais, fumant une cigarette dans un boudoir qui sentait la violette. Elle m'a accueilli froidement ; et j'allais m'en aller lorsqu'elle jeta sa cigarette dans le feu et, se redressant tout à coup, elle dit :

"Attends ! J'ai quelque chose à te dire."

J'ai vu à l'expression de son visage que je n'avais aucune chance de m'enfuir, même si j'étais fatigué et me sentais étrangement désavantagé dans mes jupes fluides.

MME. BO : « Ne vous semble-t-il pas qu'aller prendre le thé avec un homme au lit est une chose que personne ne peut faire ?

MARGOT : "Aller voir un homme malade ? Non, certainement pas !"

MME. BO : "Eh bien, alors laisse-moi te dire pour ton information comment cela va frapper les autres. Je suis une femme beaucoup plus âgée que toi et je te préviens, tu ne peux pas continuer à faire ce genre de choses ! Pourquoi devrais-tu venir ici-bas, parmi nous tous qui sommes amis, qui faisons des bêtises et créons des discussions ? »

J'ai eu froid jusqu'aux os et, en me levant, j'ai dit :

"Je pense que je ferais mieux de te quitter maintenant, car je suis fatigué et tu es en colère."

MME. BO (se levant et s'approchant tout près de moi) : " Ne sais-tu pas que je soignerais Peter Flower de la fièvre jaune ! Mais, même si j'habite à côté de lui depuis trois ans, je n'aurais jamais songé à faire ce que toi j'ai fait aujourd'hui.

L'expression de son visage était si intense que je me suis senti désolé pour elle et j'ai dit aussi doucement que possible :

"Je ne vois pas pourquoi vous ne devriez pas le faire ! Surtout si vous êtes tous amis ici-bas comme vous le prétendez. Cependant, chacun a une idée différente de ce qui est bien et mal. …Je dois y aller maintenant !"

J'étais déterminé à ne pas rester un instant de plus et je me dirigeai vers la porte, mais elle avait perdu la tête et dit d'une voix dure et amère :

"Vous dites que chacun a une idée différente du bien et du mal, mais je devrais dire que vous n'en avez aucune !"

Sur ce, j'ai quitté la pièce.

Quand j'ai raconté à Mme Bunbury ce qui s'était passé, elle m'a simplement dit :

"Chat ! Elle est jalouse ! Avant que tu viennes ici, Peter Flower était amoureux d'elle."

Ce fut un grand choc pour moi et j'ai décidé de quitter le pays de Grafton, car j'avais déjà été trop longtemps loin de mon propre peuple ; alors j'ai écrit à Peter pour lui dire que j'étais désolé de ne pas lui dire au revoir, mais que je devais rentrer chez moi. Le lendemain, c'était dimanche. J'ai reçu ma lettre d'amour habituelle de Peter - qui, que je le voie ou non, m'écrivait quotidiennement - me disant que sa température avait encore augmenté et qu'il me donnerait lundi ses deux meilleurs chevaux, car il n'était pas autorisé à le faire. quitter sa chambre. Après que nous ayons fini de déjeuner, Peter est arrivé, l'air malade et furieux. Mme Bunbury le salua gentiment et lui dit :

"Tu devrais être au lit, tu sais; mais puisque tu es là, je laisse Margot s'occuper de toi pendant que Jacky et moi faisons le tour des écuries."

Quand nous fûmes livrés à nous-mêmes, Pierre, me regardant, dit :

"Eh bien ! J'ai reçu votre lettre ! De quoi s'agit-il ? Ne savez-vous pas qu'il y a deux chevaux qui viennent d'Irlande cette semaine et que je veux particulièrement que vous montiez pour moi ?"

J'ai vu qu'il était complètement bouleversé et je lui ai dit que je rentrais chez moi, car j'étais déjà trop loin.

"Est-ce que vos gens vous ont écrit ?" il a dit.

MARGOT : "Ils écrivent toujours. …"

PETER : (voyant l'évasion) : « Qu'est-ce qui ne va pas ?

MARGOT : "Que veux-tu dire ?"

PIERRE : "Tu sais bien que personne ne t'a demandé de rentrer chez toi. Quelque chose s'est produit ; quelqu'un t'a dit quelque chose ; tu as été mis à la porte. Après tout, c'était seulement hier que nous parlions de chaque rencontre ; et tu as promis de me donner un tour. Que s'est-il passé depuis pour te changer ?

MARGOT : "Oh, qu'importe ? Je pourrai toujours revenir ici plus tard."

PIERRE : "Comme vous manquez de franchise ! Vous n'êtes pas du tout comme je pensais que vous étiez !"

MARGOT (doucement) : "Non…?"

PETER : "Pas du tout ! Vous êtes une femme ordinaire. D'une manière ou d'une autre, j'ai pensé différemment à vous !"

MARGOT : "Vous pensiez que j'étais un amateur de chiens ou un cavalier brutal, n'est-ce pas, avec une peau bien épaisse ?"

PIERRE : "Je ne vous comprends pas ! Faites-vous allusion aux manières de mes chevaux ?"

MARGOT : "Non, à tes amis."

PETER : "Ah ! Ah ! Nous y sommes ! … Comment peux-tu être aussi enfantin   !
Que t'a dit Mme Bo ?"

MARGOT : "Oh, épargne-moi de me mêler des affaires de tes amis !"

PIERRE (rouge de colère, mais essayant de se contenir) : "Qu'importe ce que dit une vieille femme dont le nez est détraqué dans le champ de chasse ?"

MARGOT : "Tu m'as dit qu'elle était jeune."

PETER : "Quel horrible mensonge ! Tu as dit qu'elle était jolie et je ne suis pas d'accord avec toi." Silence. " Que t'a-t-elle dit ? Je te dis qu'elle est jalouse de toi sur le terrain de chasse ! "

MARGOT : "Non, elle ne l'est pas ; elle est jalouse de moi dans ta chambre et dit que je ne distingue pas le bien du mal."

PETER (surpris d'abord puis éclatant de rire) : "Il n'y a rien de très original là-dedans !"

MARGOT (indignée) : "Tu veux dire que c'est une platitude ? Et que je NE SAIS PAS distinguer le bien du mal ?"

PETER (prenant mes mains et les embrassant avec un soupir d'intense soulagement) : "Je me demande !"

MARGOT (se levant) : " Eh bien, après cela, plus rien ne m'incitera à rester ici ni à monter à nouveau aucun de vos chevaux ! Aucun régiment de soldats ne me retiendra ! "

PIERRE : " Vraiment, chéri, comment peux-tu être si stupide ! Qui aurait pensé que c'était mal d'aller voir un pauvre diable malade au lit ! Tu devais monter mon cheval jusqu'à son écurie et c'était ton devoir de venir demander après moi et remercie-moi pour toute ma gentillesse envers toi et les bons chevaux que je t'ai montés!"

MARGOT : « Évidemment, dans ce pays, je ne suis pas recherchée, Mme Bo l'a dit ; et vous auriez dû me prévenir que vous étiez amoureux d'elle. Vous avez dit que je n'étais pas la femme que vous pensiez : eh bien, je peux dire que pareil pour toi!"

Alors Peter se leva et tous ses rires disparurent.

"Voulez-vous dire ce que vous dites ? Est-ce l'impression que vous avez eue en parlant à Mme Bo ?"

MARGOT : "Oui."

PIERRE : « Dans ce cas, j'irai la voir et je lui demanderai lequel de vous deux ment ! Si c'est vous, vous n'avez pas besoin de vous embêter à quitter ce pays, car je vendrai mes chevaux. …Je souhaite Mon Dieu , je ne t'avais jamais rencontré ! »

Je me sentais très mal à l'aise et malheureux, car dans mon cœur je savais que Mme Bo n'avait jamais dit que Peter était amoureux d'elle ; elle n'avait pas du tout fait allusion à ses sentiments pour elle. Je me levai pour l'empêcher de quitter la pièce et me plaçai devant la porte.

MARGOT : "Vraiment, pourquoi faire des scènes ! Il n'y a rien de si fatigant ; et tu sais bien que tu es malade et que tu devrais te coucher. Est-ce que ça sert à quoi de parcourir la campagne pour discuter de moi ?"

PETER : "Va-t'en, tu veux ? Je suis malade et je veux m'en aller."

Je n'ai pas bougé; J'ai vu qu'il était blanc de rage. L'idée de parcourir le pays pour parler de moi était plus qu'il ne pouvait supporter ; alors j'ai dit, essayant de l'apaiser :

"Si vous voulez discuter de moi, je suis toujours prêt à vous écouter ; il n'y a rien que j'aime autant que parler de moi."

C'était trop tard. Tout ce qu'il m'a dit, c'est :

"Ça te dérange de quitter cette porte ? Tu me fatigues et il commence à faire noir."

MARGOT : "Je vais vous laisser partir, mais promettez-moi que vous n'irez pas chez Mme Bo aujourd'hui ; ou, si vous le faites, dites-moi d'abord ce que vous allez lui dire."

PETER : "Tu ne m'as encore jamais dit ce qu'elle t'a dit, sauf que j'étais amoureux d'elle, alors pourquoi devrais-je te dire ce que je me propose de lui dire ! Pour une fois, tu ne peux pas faire tout ce que tu veux. Tu êtes TELLEMENT gâtés depuis que vous êtes ici que…"

J'ai ouvert la porte en grand et, avant qu'il ait pu terminer sa phrase, j'ai couru dans ma chambre.

Peter était curieusement bouleversant pour le sens féminin ; il voulait le cacher et le dévoiler en même temps, pensant que cela pourrait éveiller ma jalousie. Il m'en voulait particulièrement d'avoir dansé avec le roi Édouard, alors prince de Galles. Je lui ai dit que s'il apprenait à valser au lieu de caracoler, je danserais avec lui, mais qu'en attendant, je devrais choisir mes propres partenaires. Nous avons eu une grande dispute à ce sujet ; et, après avoir assisté à deux danses avec le prince, j'ai enfilé mon manteau et j'ai marché jusqu'au 40 Grosvenor Square sans dire bonsoir à Peter. J'étais en robe de chambre, avec mes cheveux - mon seul titre de beauté - dressés tout autour de ma tête, quand j'entendis du bruit dans la rue et, baissant les yeux, j'aperçus Peter debout sur le mur de notre porche, regardant à travers un angle de la zone dans la fenêtre ouverte de notre bibliothèque, en contemplant, présumais-je, en y sautant ; J'ai couru en bas pour arrêter cette folie dangereuse, mais j'étais trop tard et, alors que j'ouvrais la porte de la bibliothèque, il avait fait un bond semblable à celui d'un chat, faisant tomber un pot de fleur dans la zone, et était à mes côtés. J'ai allumé deux bougies sur le bureau et je l'ai réprimandé pour son imprudence. Il m'a dit qu'il avait gagné beaucoup d'argent en sautant d'un stand sur des tables et autres et qu'une fois, il avait gagné 500 L en sautant sur une cheminée alors que le feu brûlait. Pendant que nous parlions, j'ai entendu des voix dans les environs ; Peter, avec l'instinct d'un cambrioleur, s'est immédiatement couché à plat ventre derrière le canapé, la tête sous le liseré du persan, et moi je suis resté près du bureau, fumant ma cigarette ; tout cela a été fait en une seconde. La porte s'ouvrit ; J'ai regardé autour de moi et j'ai été aveuglé par la lueur d'une lanterne à œil de bœuf. Lorsqu'on l'a retiré de mon visage, j'ai vu deux policiers, un inspecteur et le domestique de mon père. Je me levai lentement et, la tête en l'air, m'assis sur le bras du canapé, bloquant la seule possibilité que Peter soit vu de toute sa longueur.

MARGOT (avec beaucoup de dignité) : "C'est une plaisanterie ?"

L'INSPECTEUR (froidement) : "Pas du tout, madame, mais il est juste de vous dire qu'un fiacre nous a informé qu'en passant devant cette maison il y a quelques minutes, il avait vu un homme sauter par cette fenêtre."

Il s'est éloigné de moi et, brandissant sa lanterne au-dessus de la zone, a regardé en bas et a vu le pot de fleur cassé. Je savais que mentir était plus qu'inutile et, comme la vérité m'avait toujours bien servi, je dis en donnant au domestique de mon père, qui avait l'air endormi, un violent coup de pied sur le cou-de-pied :

"C'est tout à fait vrai ; un de mes amis a sauté par cette fenêtre, il y a environ un quart d'heure ; mais (baissant les yeux avec un doux et modeste sourire) ce n'était pas un cambrioleur..."

HENRY HILL (serviteur de mon père) : « Combien de fois vous ai-je dit, mademoiselle, que tant que Maître Edward perdra ses clefs, il n'y aura rien à faire et quelque chose arrivera forcément ! Un jour il ne le fera plus. il ne perdra que la clé, mais sa vie. »

INSPECTEUR : "Je suis désolé de vous avoir effrayé, Madame, je vais maintenant noter vos noms..."

MARGOT (anxieuse) : "Oh, je vois, il faut que tu le rapportes aux journaux de police, n'est-ce pas ? Le cocher t'a-t-il donné son nom ? Il aurait dû être récompensé, il aurait pu nous sauver tous !"

Je sentais que j'aurais pu étrangler le cocher, mais, me ressaisissant, j'enlevai une bougie de la table à écrire et, soufflant l'autre, je me dirigeai vers la porte de la bibliothèque, en disant lentement :

"Margaret… Emma… Alice Tennant. Dois-je ajouter ma profession ?"

INSPECTEUR (occupé à écrire sur un petit carnet) : "Non, merci." (Se tournant vers Hill) "Votre nom, s'il vous plaît."

Le domestique de mon père était tout à fait réveillé et je regrettai mon coup de pied quand d'une voix de tonnerre il dit :

"Henry Hastings Appleby Hill."

J'étais sûr que mon père apparaîtrait en haut de l'escalier et que tout serait alors fini ; mais, par la fortune qui suit les braves, un silence parfait régnait dans toute la maison. Je m'éloignai lentement, tandis que Hill conduisait les trois policiers dans le hall. Une fois la porte d'entrée fermée et verrouillée, j'ai dévalé l'escalier de service en courant et j'ai dit avec un sourire éclatant :

"Je vais tout raconter à mon père ! Vous avez très bien fait ; bonne nuit, Hill."

Lorsque la voie fut libre, je retournai à la bibliothèque le cœur battant et fermai la porte. Peter s'était détaché du canapé et enlevait les peluches de son manteau d'un air de désengagement heureux ; Je lui ai dit avec insistance que j'étais foutu, que mon nom figurerait le lendemain dans les journaux de la police et que j'étais bien sûr, à en juger par l'expression de l'inspecteur, qu'il savait exactement ce qui s'était passé ; que tout cela venait du caractère infernal de Peter, de sa jalousie idiote et de son manque total de maîtrise de soi. Agité et éloquent, j'étais bon pour encore dix minutes d'insultes ; mais il m'interrompit en me disant de son ton le plus caressant :

"L'inspecteur va bien, ma chère ! C'est un de mes amis ! Pour rien au monde je n'aurais manqué ça : vous étiez magnifique ! Lequel allons-nous récompenser, le policier, le cocher ou Hill ?"

MARGOT : "Ne sois pas ridicule ! Que proposes-tu de faire ?"

PETER (essayant de baiser mes mains que j'avais volontairement mises derrière mon dos) : "Je propose de discuter avec l'inspecteur Wood puis avec Hastings Appleby."

MARGOT : "Comment connaissez-vous l'inspecteur Wood, comme vous l'appelez ?"

PETER : "Il a rendu un très bon service à un de mes amis une fois."

MARGOT : "Quel genre de tour ?"

PETER : "Sugar Candy m'a insulté au Turf et je l'envoyais en gelée dans Brick Street, quand Wood est intervenu et lui a sauvé la vie. Je peux vous assurer qu'il ferait n'importe quoi au monde pour moi et je ferai tout cela. c'est vrai ! Il aura un beau cadeau.

MARGOT : "Comme c'est vulgaire ! Une bagarre à Brick Street ! Comment es-tu arrivée dans l'East-end ?"

PETER : "East-end ! Eh bien, c'est à côté de Down Street, à la sortie de Piccadilly."

MARGOT : "C'est très mal de soudoyer la police, Peter !"

PETER : "Je ne vais pas le soudoyer, gouvernante ! Je vais lui donner mon Airedale terrier."

MARGOT : "Quoi ! Cette brute qui a tué le petit chien de la dame ?"

PIERRE : "C'est pareil !"

MARGOT : "Que Dieu aide le pauvre Wood !"

Peter était tellement ravi de cette escapade fracassante qu'une semaine après, à l'occasion d'une autre dispute au cours de laquelle je soulignais qu'il était l'homme le plus égoïste du monde, je l'ai entendu siffler sous la fenêtre de ma chambre à minuit. Craignant qu'il ne réveille mes parents, j'ai couru en robe de chambre pour ouvrir la porte d'entrée, mais rien n'a fait bouger la chaîne. C'était une habitude nouvellement acquise des domestiques, commencée par Henry Hill dès la nuit où il avait interdit l'accès à la police. Étant un mécanicien désespéré et particulièrement faible dans mes doigts, j'ai abandonné et me suis dirigé vers la fenêtre ouverte de la bibliothèque. Je le suppliai de s'en aller, car rien ne me ferait pardonner, et je lui dis que mon papa venait à peine de se coucher.

Pierre, impassible, m'ordonna d'enlever les pots de fleurs du rebord de la fenêtre, sinon il les renverserait et ferait un bruit horrible qui réveillerait toute la maison. Après que j'ai refusé de le faire, il a dit qu'il se briserait très probablement le cou en sautant, car pour nettoyer les pots, cela signifierait se cogner la tête contre le cadre de la fenêtre. Craignant une explosion de colère, j'enlevai faiblement les pots de fleurs et observai avec délice son exploit acrobatique.

Nous n'avions pas parlé sur le canapé depuis plus de cinq minutes lorsque j'entendis un bruit de pas devant la porte de la bibliothèque. Je me levai avec une rapidité fulgurante et éteignis les deux bougies sur le bureau avec la paume de mes mains, retournant sans bruit aux côtés de Peter sur le canapé, où nous étions assis dans l'obscurité noire. La porte s'ouvrit et mon père entra tenant un bougie de chambre à la main ; il se mit à marcher furtivement dans la pièce, regardant ses photos. Le canapé sur lequel nous étions assis était près de la fenêtre et n'avait derrière lui que des rideaux de carrelage. Il tenait sa bougie haute et proche de chaque tableau tour à tour et, levant la tête, il les scrutait avec tendresse et amour. J'ai vu le chapeau et le bâton idiots de Peter sous le Gainsborough et je n'ai pas pu m'empêcher de lui donner un coup de coude alors que "Les dames Erne et Dillon" s'approchaient lentement. Une bougie tenue près du visage est la plus aveuglante de toutes les choses et, après avoir inspecté les épaules inclinées et les traits anémiques des dames de Gainsborough, mon père, fredonnant doucement pour lui-même, retourna dans son lit.

Les choses ne se sont pas toujours déroulées aussi bien entre nous. Un soir, Peter m'a suggéré de m'éloigner du bal avec lui et d'essayer un trotteur américain qui lui avait été prêté par un ami. Comme c'était une soirée magnifique, j'ai pensé que cela pourrait être plutôt amusant, alors nous avons descendu Grosvenor Street jusqu'à Park Lane ; et là se tenait le buggy sous une lampe. Les trotteurs américains semblent toujours difformes ; ce sont comme des estampes colorées qui ne sont pas tout à fait du dessin et qui ne m'ont jamais attiré.

Après que nous nous soyons installés fermement dans le buggy branlant, Peter dit à l'homme en prenant les rênes :

« Laissez-le partir, s'il vous plaît ! »

Et il s'en alla, avec un curieux dandinement rapide et ondulant. Il n'y avait pas de circulation et nous avons tourné à grande vitesse sur Edgware Road en direction de Hendon, mais Peter était un mauvais conducteur et après un petit moment, il a dit que ses bras lui faisaient mal et qu'il pensait qu'il était temps que ce "maudit" cheval soit obligé de s'arrêter.

« On me dit que le seul moyen d'arrêter un trotteur américain, dit-il, est de le frapper à la tête. À ce moment-là, j'ai retiré le fouet de la douille et je l'ai jeté sur la route.

Peter, exaspéré par mon action, m'a mis les rênes dans les mains, disant qu'il sauterait. Je ne prêtai pas la moindre attention à cette menace, mais je relâchai les rênes, après quoi nous avançâmes assez lentement. Inutile de dire que Peter n'a pas sauté le pas, mais a suggéré avec sévérité que nous devrions retourner chercher le fouet.

C'était la dernière chose que j'avais l'intention de faire, alors quand nous nous sommes retournés , je me suis penché en arrière sur mon siège et j'ai tiré le trotteur de toutes mes forces, et nous sommes rentrés chez nous sans prononcer un seul mot.

J'étais un excellent conducteur, mais cette nuit-là avait mis à rude épreuve toutes mes forces et, lorsque nous nous sommes arrêtés au coin de Grosvenor Square, j'avais mal dans tous les membres. Nous n'avions pas l'habitude d'arriver ensemble à la porte d'entrée ; et après qu'il m'ait déposé sur le trottoir, je me suis senti plutôt mal à l'aise : je n'avais aucune envie de rompre le silence, mais je ne voulais pas non plus enlever le manteau de Peter que je portais, alors j'ai dit avec hésitation :

« Dois-je vous donner votre manteau de protection ? »

PETER : "Ne sois pas enfantin ! Comment peux-tu retourner à la porte d'entrée avec ta robe de bal ? Si quelqu'un regardait par la fenêtre, que penserait-il ?"

C'était vraiment plus que ce que je pouvais supporter. J'arrachai son manteau et le plaçai fermement sur son bras et dis :

"La plupart des gens, s'ils sont sensés, dorment profondément à cette heure de la nuit, mais je vous remercie tout de même de votre considération."

Nous nous sommes détournés l'un de l'autre avec humeur et je suis rentré seul chez moi. Quand j'ai atteint notre porte d'entrée , mon père l'a ouverte et, me voyant dans ma robe de tulle blanc, était hors de lui de rage. Il m'a demandé si je voulais bien lui expliquer ce que je faisais, marchant dans les rues en robe de bal à deux heures du matin. Je lui ai raconté exactement ce qui s'était passé et je l'ai prévenu de manière apaisante de ne jamais acheter de trotteur américain ; il m'a dit que ma réputation était ruinée, que la sienne l'était aussi et que mon comportement tuerait ma mère ; J'ai mis mes bras autour de son cou, je lui ai dit d'une manière apaisante que je ne m'étais pas vraiment amusé du tout et je lui ai promis que je ne recommencerais plus jamais. A ce moment-là, ma mère était sortie de sa chambre et était penchée au-dessus de l'escalier, en robe de chambre. Elle dit d'une voix suppliante :

" Je vous en prie, ne vous agitez pas, Charlie. Vous avez fait une très mauvaise action, Margot ! Vous devriez vraiment avoir plus de considération pour votre père : personne ne sait à quel point il est impressionnable. ... S'il vous plaît, dites à M. Flower que nous n'approuvons pas. de lui du tout ! ..."

MARGOT : "Tu as tout à fait raison, chère maman, et c'est exactement ce que je lui ai dit plus d'une fois. Mais ne t'inquiète pas, personne ne nous a vu. Couchons-nous, chéri, je suis fatiguée." !"

Peter était totalement indifférent à l'argent et était un grand joueur ; il m'a dit un jour avec tristesse que sa seule chance d' économiser était de vendre ses chevaux et d'aller en Inde chasser du gros gibier, échappant ainsi à ses créanciers.

Quand Peter est allé en Inde , j'étais très malheureux, mais pour plaire à mon peuple, je leur ai dit que je lui dirais au revoir et que je ne lui écrirais pas pendant un an, promesse qui a été fidèlement tenue.

Pendant son absence, un jeune homme de rang et de fortune est tombé amoureux de moi alors qu'il chassait. Il n'a jamais proposé, il s'est seulement déclaré. Je l'aimais particulièrement, mais son attention se tournait légèrement vers moi ; Cela l'a plutôt agacé et il m'a dit un jour, en rentrant chez lui dans le noir, qu'il était sûr que je devais être amoureux de quelqu'un d'autre. J'ai dit que cela ne suivait pas du tout et que, s'il était sage , il arrêterait de parler d'amour et irait s'acheter de bons chevaux pour le Leicestershire, où j'allais dans une semaine chasser avec Lord Manners. Nous logions ensemble au château de Cholmondeley, dans le Cheshire, avec mon amie bien-aimée, Winifred Cholmondeley, [Note de bas de page : La marquise de Cholmondeley.] puis Lady Rocksavage . Mon nouveau jeune homme suivit mon conseil et monta à Londres, promettant qu'il me prêterait « deux des meilleurs que l'argent puisse acheter » pour les emmener à Melton, où il se proposa de me suivre sous peu.

Lorsqu'il arriva à Tattersalls, plusieurs étalons de chevaux bien connus étaient vendus : ceux de Jack Trotter, de Sir William Eden et de Lord Lonsdale. Parmi ces derniers se trouvait un célèbre chasseur, nommé Jack Madden, qui avait appartenu autrefois à Peter Flower ; et mon ami a décidé qu'il l'achèterait pour moi. Quelqu'un lui dit :

"Je ne te conseille pas d'acheter ce cheval, car tu ne pourras pas le monter !"

(Le type qui m'a raconté cela a ajouté : "Comme vous le savez, Miss Tennant, c'est la seule manière sûre par laquelle vous pouvez vendre un cheval.")

Un autre homme a dit : "Je ne suis pas d'accord avec vous, le cheval va bien ; quand il appartenait à Flower , j'ai vu Miss Margot monter dessus comme un oiseau. ..."

MON AMI : « Est-ce que Miss Tennant montait les chevaux de Flower ?

A cela, l'autre homme dit :

"Eh bien, mon cher homme, où habitiez-vous ! …"

Quelques mois après avoir monté Jack Madden et mes propres chevaux dans le haut Leicestershire, mon ami est venu me voir et m'a demandé de jurer sur mon serment biblique que je ne le révélerais pas à cause d'un secret qu'il avait l'intention de me révéler.

Après avoir prêté serment solennel, il a déclaré : « Votre ami Peter Flower en Inde allait être traduit en justice et expulsé de tous les clubs de Londres ; alors je suis allé voir Sam Lewis et j'ai payé sa dette, mais je ne le fais pas. Je ne veux pas qu'il le sache et il n'en aura jamais besoin, à moins que vous ne le lui disiez.

MARGOT : "Que doit-il ? Et à qui le doit-il ?"

MON AMI : « Il doit dix mille livres, mais je ne suis pas libre de vous dire à qui cela appartient ; c'est un de mes amis et un très bon garçon. Je peux vous assurer qu'il a attendu plus longtemps que la plupart des gens ne le feraient. Flower pour le payer et je pense qu'il a fait la bonne chose."

MARGOT : "Peter Flower est-il un de tes amis ?"

MON AMI : "Je ne le connais pas de vue et je ne lui ai jamais parlé de ma vie, mais c'est l'homme dont tu es amoureuse et cela me suffit."

. . . .

Lorsque l'année fut écoulée et que Peter, pour autant que je sache, était encore en Inde, j'avais décidé que, quoi qu'il arrive, je ne renouerais jamais, sous aucun prétexte, mes relations avec lui.

Cet hiver-là, je restais chez les Manners, comme d'habitude, et je me trouvais en retard pour une courte rencontre à travers le pays. Alouetter est toujours une chose stupide à faire ; les chevaux qui n'ont jamais commis d'erreur refusent généralement le moindre obstacle, et plutôt que de les contrarier en début de journée, on finit par passer la porte, ce qu'il aurait mieux fait de faire d'abord.

J'avais une jument appelée Molly Bawn, donnée par mon fiancé , qui était la meilleure sauteuse de bois du Leicestershire, et, voyant les gens présents à la compétition me regarder alors que je m'approchais, je n'ai pas pu résister, par pure fanfaronnade, à sauter. une porte énorme. Je me suis dit à quel point Peter aurait été dégoûté de ma vulgarité ! Mais en même temps , cela m'a mis de bonne humeur. Quelque chose cependant me fit me retourner ; J'ai vu un homme derrière moi, sauter la clôture à côté de mon portail ; et il y avait Peter

Flower ! Il était en larmes et m'a raconté avec empressement à quel point il avait tourné une nouvelle page et n'avait jamais eu l'intention de refaire ceci, cela ou autre, dans la mesure où il lui était arrivé la chose la plus merveilleuse qui soit jamais arrivée à quiconque .

"Je suis sous une bonne étoile, Margie ! Par le ciel, je le suis ! Et la joie de vous voir est TELLEMENT GRANDE que je ne ferai pas allusion à la porte, ni à Molly Bawn, ni à vous, ni à quoi que ce soit de laid ! Profitons-en." pour une fois ; et pour l'amour de Dieu, ne me grondez pas. Êtes-vous content de me voir ? Laisse-moi te regarder ! Qu'aimes-tu le plus, Molly Bawn ou moi ? Ne réponds pas mais écoute.

Il m'a ensuite raconté comment ses dettes avaient été payées par Sam Lewis, le prêteur d'argent, par l'intermédiaire d'un bienfaiteur inconnu et comment il avait supplié Lewis de dire de qui il s'agissait, mais qu'il avait refusé, ayant prêté serment de ne jamais révéler. le nom. Mon cœur battait et j'ai dit une chose remarquablement stupide :

" Comme c'est merveilleux ! Mais tu devras le rembourser, Peter, n'est-ce pas ? "

PETER : "Oh, en effet ! Alors peut-être pourrez-vous me dire de qui il s'agit..."

MARGOT : "Comment puis-je ?"

PETER : « Savez-vous qui c'est ? »

MARGOT : "Je ne le fais pas."

Je sentais que le coq aurait dû chanter, mais je n'ai rien dit ; et Peter était tellement occupé à saluer ses amis sur le terrain que j'ai prié pour qu'il n'ait pas remarqué mon visage coupable.

Quelques jours après, il y eut une réunion de course à Leicester. Lord Lonsdale a pris une spéciale à Oakham pour l'occasion et les Manners, Peter et moi sommes tous allés aux courses. Quand je suis entré dans le paddock, j'ai vu mon nouvel ami, le propriétaire de Jack Madden, parler au prince de Galles. Lorsque nous les rejoignîmes, le Prince nous proposa d'aller voir partir le cheval de Mme Langtry, car c'était un grand coquin et difficile à monter.

Alors que nous approchions du cheval Langtry, la foule nous fit place et je trouvai mon ami à côté de moi ; de son autre côté se trouvaient Peter Flower puis le Prince . Le cheval avait les yeux bandés et une de ses pattes antérieures était tenue par un palefrenier. Lorsque le jockey fut relevé et que le bandage fut retiré, il sauta en l'air et donna un coup violent et étendu. Je me tenais si près que j'ai senti le courant d'air de son coup de pied dans mes cheveux. A cela, mon ami poussa un léger cri et, passant son bras autour de moi, m'attira vers lui. Un échec équivaut à un kilomètre, alors après l'avoir remercié pour sa protection, j'ai discuté joyeusement avec le prince de Galles.

Il n'y a rien de plus fatigant que de courir et nous sommes tous restés assis dans un silence parfait en rentrant chez nous pour la spéciale ce soir-là.

Ni au dîner ni après, je n'ai eu l'occasion de parler à Peter, mais j'ai observé sur son visage une expression singulièrement impassible. Le lendemain, c'était dimanche, je lui demandai de faire avec moi la visite des écuries après la messe ; il a refusé, alors j'y suis allé seul. Après le dîner, j'essayai de nouveau de lui parler, mais il ne voulut pas répondre ; il n'avait pas l'air en colère, mais il paraissait profondément triste, ce qui me déprimait. Il a dit à Hoppy Manners qu'il n'allait pas chasser cette semaine-là car il craignait de devoir être à Londres. Mon cœur se serra. Nous sommes tous allés dans nos chambres tôt et Peter est resté en bas pour lire. Comme il ne lisait jamais en hiver, je savais que quelque chose n'allait vraiment pas, alors je suis descendu en robe de thé pour le voir. Il était presque minuit. La pièce était vide et nous étions seuls. Il n'a jamais levé les yeux.

MARGOT : "Peter, tu ne m'as pas parlé une seule fois depuis les courses. Qu'est-ce qui a bien pu se passer ?"

PETER : "Je préférerais que tu me quittes, S'IL VOUS PLAIT. ... Je vous en prie, retournez dans votre chambre."

MARGOT (assise sur le canapé à côté de lui) : "Tu ne veux pas me parler et me raconter tout ça ?"

Peter posa son livre et, me regardant fixement, dit très lentement :

"Je préfère ne pas parler à un menteur !"

Je me suis levé comme si on m'avait tiré dessus et j'ai dit :

"Comment oses-tu dire une chose pareille !"

PETER : "Tu m'as menti."

MARGOT : "Quand ?"

PIERRE : "Tu le sais parfaitement ! Et tu es amoureux ! Tu le sais. Vas-tu le nier ?"

"Oh ! c'est ça qui t'inquiète, n'est-ce pas ?" dis-je gentiment. "Que diriez-vous si je vous disais que je ne l'étais PAS ?"

PETER : "Je dirais que tu mentais encore."

MARGOT : "Est-ce que je t'ai déjà menti, Peter ?"

PETER : "Comment puis-je le savoir ? (haussant les épaules) Vous avez menti deux fois, donc je suppose que depuis mon absence, vous en avez pris l'habitude."

MARGOT : "Pierre !"

PETER : "Un homme ne crie pas et ne met pas son bras autour d'une femme, comme D... ly l'a fait aux courses aujourd'hui, à moins qu'il ne soit amoureux. Veux-tu me dire qui a payé ma dette, s'il te plaît ?"

MARGOT : "Non, je ne le ferai pas."

PETER : "C'était D ... ly ?"

MARGOT : "Je ne vous le dirai pas. Je ne suis pas Sam Lewis ; et, puisque je suis un tel menteur, est-ce que ça vaut la peine de me poser ces questions stupides ?"

PETER : "Ah, Margot, c'est le pire coup de ma vie ! Je vois que tu me trompes. Je sais qui a payé ma dette maintenant."

MARGOT : "Alors pourquoi ME demander ? ..."

PETER : "Quand je suis allé en Inde, je n'avais jamais parlé à D... ly de ma vie. Pourquoi aurait-il dû payer mes dettes à ma place ? Tu ferais bien mieux de me dire la simple vérité et d'en finir : tout est réglé et toi" je vais l'épouser."

MARGOT : " Puisque j'ai pris l'habitude de mentir, tu pourrais peut-être t'épargner, à toi et à moi, ces questions vulgaires. "

PETER (SAISISSANT MES MAINS AVEC ANGUAIS) : "Dis que tu ne vas pas l'épouser… dis-moi, dis-moi que ce n'est PAS vrai."

MARGOT : "Pourquoi devrais-je le faire ? Il ne me l'a jamais demandé."

Après cela, la question du mariage allait inévitablement se poser entre nous. La première fois qu'on en a parlé, j'ai été rempli d'anxiété. Cela semblait mettre un terme au rayonnement de notre amitié et, pire que cela, cela me opposait à mon père, qui m'avait souvent dit : « Tu n'épouseras jamais Flower, tu dois épouser ton supérieur.

Peter lui-même, de manière subconsciente, avait pris conscience de la situation. Un soir, en rentrant chez lui, il dit :

"Margie, tu vois ça ?"

Il montra la flèche de l'église de Melton et ajouta :

"C'est ce que tu es dans ma vie. Je ne vaux pas le bouton de ta botte !"

Ce à quoi j'ai répondu :

"Je ne dirais pas cela, mais je ne trouve pas le bien à deux."

J'étais profondément malheureux. Vivre éternellement avec un homme incapable d'aimer autre chose que lui et moi, sans aucune ambition morale et chroniquement indifférent à la politique et à la religion, était un cauchemar.

Je lui ai dit:

"Je t'épouserai si tu trouves une occupation sérieuse, Peter, mais je n'épouserai pas un homme oisif ; tu ne penses qu'à toi et moi."

PETER : « À quoi, au nom de Dieu, voudriez-vous que je pense ? À la géographie ?

MARGOT : "Tu sais exactement ce que je veux dire. Ton pouvoir réside dans le fait de faire l'amour, pas dans le fait d'aimer ; tu n'aimes que toi-même."

À cela, Peter s'écarta de moi comme si je l'avais frappé et dit d'une voix basse et tendue :

"Je suis content de ne pas avoir dit cela. Je n'aurais pas aimé dire une chose aussi cruelle pour les chats, mais je plains l'homme qui t'épouse ! Il pensera - comme je l'ai fait - que tu es impulsivement, chaleureuse et gentille. et doux ; et il découvrira qu'il a épousé une gouvernante et un con ; et une femme dont le feu, dont elle se vante tant, détruit son âme.

J'ai écouté un Pierre que je n'avais jamais entendu auparavant, son visage m'a fait peur. Cela indiquait de la souffrance. J'ai posé ma tête contre la sienne et j'ai dit :

« Comment puis-je faire de vous un honnête homme, ma très chère ?

Je devenais assez intelligent avec les gens, car l'épisode de Mme Bo m'avait beaucoup appris.

Peu de temps après cette conversation, j'ai observé une belle femme brune poursuivant Peter Flower à chaque bal et à chaque fête. Il m'a dit, lorsque je le taquinais, qu'elle n'avait pas réussi à retenir son attention et que, pour la première fois de ma vie, je le flattais par ma jalousie. J'ai persisté et j'ai dit que je ne savais pas si c'était de la jalousie mais que j'étais convaincu qu'elle était une mauvaise amie pour lui.

PETER : " J'ai toujours remarqué que tu penses mal les choses quand elles ne te conviennent pas, mais pourquoi devrais-je te donner ma vie ? Que me donnes-tu en échange ? Je suis la risée de Londres ! Mais , si cela peut vous satisfaire, je vous dirai que je n'aime pas la dame noire, comme vous l'appelez, et que je ne la vois jamais sauf dans les fêtes.

J'ai connu Peter aussi bien qu'un chat sait se diriger dans le noir et j'ai senti la vérité de sa remarque : qu'est-ce que je lui ai donné ? Mais je n'étais pas d' humeur à discuter.

La dame me demandait souvent d'aller la voir, mais j'y répugnais et je n'étais jamais entré chez elle.

Un jour, j'ai dit à Peter que je le retrouverais à la Soane Collection à Lincoln's Inn Fields. A ma grande surprise, il me dit qu'il s'était engagé à rendre visite à sa sœur qui était malade et me fit remarquer en riant que ma gouvernante prenait racine. Il ajouta:

"Ça ne me dérange pas d'abandonner si tu peux passer tout l'après-midi avec moi."

Je lui ai dit que je ne le laisserais pas renoncer pour rien au monde à aller voir sa sœur.

Me trouvant désemparé, je crus rendre visite à la dame noire, car il était indigne de ma part d'avoir un tel préjugé contre quelqu'un que je ne connaissais pas. C'était une chaude journée à Londres ; des couleurs pâles , des étoffes fines, des gorges nues et de grands chapeaux étaient éparpillés dans les parcs et les rues.

Quand je suis arrivé, un garçon de hall a répondu à la sonnette de la dame et, entendant le piano, je lui ai dit qu'il n'avait pas besoin de m'annoncer. Quand j'ai ouvert la porte, j'ai vu Peter et la dame brune partageant le même siège devant le piano ouvert. Elle portait une robe de thé sans manches en satin noir, coupée bas au niveau du cou, avec un ruban corail autour de la taille, et elle avait collé une rose blanche dans ses cheveux de Carmen plutôt ébouriffés . Je restai immobile, surpris par sa beauté et abasourdi par le visage de Peter. Elle se leva, charmée de me voir, et exprima sa joie de la chance incroyable qui m'avait amené là-bas l'après-midi même, car elle avait un merveilleux Espagnol qui venait lui jouer après le thé et Peter lui avait souvent dit à quel point je suis musical. était, etc., etc. Elle espérait que je n'étais pas choqué par son apparence, mais elle vient de rentrer d'un studio et il faisait trop chaud pour s'attendre à ce que les gens mettent des vêtements décents. Elle était parfaitement à son aise et plus qu'accueillante ; Avant que je puisse répondre, elle a rallié Peter et lui a dit qu'elle avait plaidé coupable de l'avoir détourné du chemin de son devoir cet après-midi-là, se terminant par un léger scintillement :

"D'après ce qu'on m'a dit, Miss Margot, vous n'auriez JAMAIS fait quelque chose d'aussi méchant ? ..."

J'ai senti de la glace dans mon sang et j'ai dit :

"Tu n'as pas besoin de le croire ! Je l'ai détourné du chemin de son devoir ces huit dernières années, n'est-ce pas, Peter ?"

Il y eut un silence inconfortable et je cherchai un moyen de m'échapper, mais il me fallut un peu de temps pour en trouver un.

J'ai dit au revoir et j'ai quitté la maison.

Quand j'étais seul , je fermais la porte, je me jetais sur mon canapé et j'étais aveuglé par les larmes. Peter avait raison ; il avait dit : « Pourquoi devrais-je te donner ma vie ? Pourquoi en effet ! Et pourtant, après huit ans, cela me paraissait une fin terrible.

"Qu'est-ce que vous me donnez en retour?" Quoi en effet ? Quel droit avais-je à sa fidélité ? Je pensais que je donnais de l'or pour de l'argent, mais la dame noire aurait appelé cela du cuivre pour de l'or. Était-elle prête à tout donner pour rien ? Pourquoi devrais-je appeler ça rien ? Que savais-je de l'amour de Peter pour elle ? Tout ce que je savais, c'est qu'elle lui avait appris à mentir ; et il faut qu'il l'aime beaucoup pour faire cela : il ne m'avait jamais menti auparavant.

Je suis allé à l'opéra ce soir-là avec mon père et ma mère. Pierre entra dans notre loge dans un état de misère intense ; Je pouvais à peine le regarder. Il m'a tendu la main dans le cadre du programme et je l'ai prise.

A ce moment-là, la servante m'apporta un mot et me demanda de lui donner la réponse. Je l'ai ouvert et voici ce que j'ai lu :

"Si tu veux faire une chose très gentille , viens me voir ce soir après l'opéra. Ne dis pas non."

Je l'ai montré à Peter et il m'a dit : « Vas-y ». C'était de la dame noire ; Je lui ai demandé pourquoi elle me voulait et il a dit qu'elle était terriblement malheureuse.

"Ah, Peter," dis-je, "qu'as-tu fait ? …"

PETER : "Je sais... c'est tout à fait vrai ; mais j'ai rompu pour toujours avec elle."

Rien de ce qu'il aurait pu dire à ce moment-là n'aurait allégé mon cœur.

J'ai griffonné « Oui » sur le même papier et je l'ai rendu à la fille.

Quand j'ai dit bonne nuit à ma mère ce soir-là après l'opéra, je lui ai dit où j'allais. Peter se tenait dans le hall d'entrée et m'a emmené en fiacre chez la dame, en me disant qu'il m'attendrait au coin de la rue pendant que j'aurais mon entretien avec elle.

Il était minuit passé et je me sentais extrêmement fatigué. Ma belle rivale m'a ouvert la porte d'entrée et je l'ai suivie silencieusement jusqu'à sa chambre. Elle ôta ma cape d'opéra et nous nous assîmes l'un en face de l'autre. La pièce était grande et sombre, à l'exception d'une rangée de bougies sur la cheminée et de deux hautes lumières d'église de chaque côté d'un trumeau d'argent. Il y avait une table près de ma chaise avec des bricoles dessus et une odeur générale de parfum et de fleurs. Je l'ai regardée dans sa chemise de nuit en satin bleu et j'ai vu qu'elle pleurait.

"C'est gentil de votre part d'être venu", dit-elle, "et j'ose dire que vous savez pourquoi je voulais vous voir ce soir."

MARGOT : "Non, je ne sais pas, je n'en ai pas la moindre idée !"

LA DAME (L'AIR Plutôt Gênée, MAIS APRÈS UN MOMENT DE PAUSE)   :
"Je veux que tu me parles de toi."

Je sentais que c'était une mauvaise entrée : elle m'avait fait venir pour lui parler de Peter Flower et non de moi ; mais pourquoi devrais-je lui parler de nous deux ? Je n'avais jamais parlé de mes liaisons sauf à ma mère et à mes trois amies : Con Manners, Frances Horner et Etty. Desborough ... et on avait cessé de m'en parler ; pourquoi devrais-je m'asseoir avec un inconnu et discuter de moi à cette heure de la nuit ? J'ai dit qu'il n'y avait rien à dire. Elle a répondu en disant qu'elle avait rencontré tellement de gens qui tenaient à moi qu'elle avait l'impression de me connaître presque, ce à quoi j'ai répondu :

« Dans ce cas, pourquoi parler de moi ?

LA DAME : "Mais certaines personnes se soucient de nous deux."

MARGOT (Plutôt froidement) : "J'ose dire."

LA DAME : "Ne soyez pas dur, je veux savoir si vous aimez Peter Flower ... Avez-vous l'intention de l'épouser ?"

La question était alors venue : cette question terrible que ma mère ne m'avait jamais posée et que j'avais toujours éludée ! Fallait-il y répondre maintenant... et à un étranger ?

Avec un effort déterminé pour me contrôler, j'ai dit :

"Tu veux dire, suis-je fiancé ?"

LA DAME : "Je pense ce que je dis ; vas-tu épouser Peter ?"

MARGOT : "Je ne lui ai jamais dit que je le ferais."

LA DAME (TRÈS LENTEMENT) : "N'oubliez pas que ma vie est liée à votre réponse..."

Ses paroles semblaient brûlantes et j'éprouvais une sorte de pitié pour elle. Elle était penchée en avant, les yeux rivés sur les miens et les mains jointes entre ses genoux.

"Si tu ne l'aimes pas assez pour l'épouser, pourquoi ne le laisses-tu pas tranquille ?" dit-elle. "Pourquoi le gardez-vous lié à vous ? Pourquoi ne le libérez-vous pas ?"

MARGOT : "Il est libre d'aimer qui il veut ; je ne le garde pas, mais je ne le partage pas."

LA DAME : "Vous ne l'aimez pas, mais vous voulez le garder ; c'est du pur égoïsme et de la vanité."

MARGOT : "Pas du tout ! Je le livrerais demain et je le lui aurais dit mille fois s'il voulait se marier ; mais il n'est en mesure d'épouser personne ."

LA DAME : "Comment pouvez-vous dire une chose pareille ! Ses dettes viennent d'être payées par Dieu sait qui, une femme, je suppose ! et vous êtes riche vous-même. Qu'est-ce qui vous empêche de l'épouser ?"

MARGOT : "Ce n'était pas à cela que je pensais. Je ne crois pas que tu comprendrais même si je te l'expliquais."

LA DAME : "Si vous étiez vraiment amoureux , vous ne pourriez pas être aussi critique et censuré."

MARGOT : "Oh oui, je pourrais ! Tu ne me connais pas."

LA DAME : "Je l'aime d'une manière que vous ne comprendrez jamais. Il n'y a rien au monde que je ne ferais pas pour lui ! Aucune douleur que je ne souffrirais et aucun sacrifice que je ne ferais."

MARGOT : " Que pourrais-tu faire pour lui qui pourrait l'aider ? "

LA DAME : "Je quitterais mon mari et mes enfants et je partirais tout de suite avec lui."

J'avais l'impression qu'elle m'avait poignardé.

"Laissez vos enfants ! et votre mari !" J'ai dit . "Mais comment les ruiner eux et vous-même peut-il aider Peter Flower ? Je ne crois pas un seul instant qu'il ferait jamais quelque chose d'aussi ignoble."

LA DAME : "Vous pensez qu'il vous aime trop pour s'enfuir avec moi, n'est-ce pas ?"

MARGOT (avec indignation) : "J'espère peut-être qu'il tient trop à toi."

LA DAME (n'écoutant pas et se levant avec enthousiasme) : " Que savez-vous de l'amour ? J'ai eu cent amants, mais Peter Flower est le seul homme que j'ai jamais vraiment aimé ; et ma vie est finie si vous voulez. ne l'abandonnez pas. »

MARGOT : "Il n'est pas question que je le livre, il est libre, je vous le dis..."

LA DAME : "Je vous le dis, il ne l'est pas ! Il ne se considère pas libre, il me l'a dit cet après-midi... quand il a voulu rompre."

MARGOT : " Que veux-tu que je fasse alors ? … "

LA DAME : "Dites à Pierre que vous ne l'aimez pas de la bonne manière, que vous n'avez pas l'intention de l'épouser ; et ensuite laissez-le tranquille."

MARGOT : "Veux-tu dire que je dois te le laisser ?... L'aimes-tu comme il faut ?"

LA DAME : "Ne posez pas de questions stupides ... Je me suiciderai s'il m'abandonne."

Après cela, j'ai senti qu'il n'y avait plus rien à dire. Je lui ai dit que Peter avait parfaitement le droit de faire ce qu'il voulait et que je n'avais ni la volonté ni le pouvoir d'influencer sa décision ; que je partais avec ma sœur Lucy en Italie et que je ne le verrais de toute façon pas avant plusieurs semaines ; mais j'ajoutai que toute mon influence sur lui depuis des années avait eu pour but d'en faire le genre d'homme qu'il fallait épouser et que toute la sienne irait nécessairement dans la direction opposée. Ne sachant trop comment dire au revoir, je commençai à palper mon manteau ; voyant mon intention, elle dit :

« Attends juste un instant, d'accord ? Je veux savoir si tu es aussi bon que Peter me le dit toujours ; ne réponds pas avant que je voie tes yeux… »

Elle ôta deux bougies de la cheminée et les posa sur la table près de moi, un peu devant mon visage, puis s'agenouilla par terre ; J'ai regardé ses merveilleux yeux sauvages et j'ai tendu les mains vers elle.

"Absurdité!" J'ai dit . "Je ne suis pas du tout bon ! Lève-toi ! Quand je te vois agenouillé à mes pieds, je te plains."

LA DAME (se levant brusquement) : "Pour l'amour de Dieu, ne me plaignez pas !"

En réfléchissant à la situation dans le calme de ma chambre, je n'avais aucun scrupule ni à la fugue ni au suicide, mais j'éprouvais une répulsion envers Peter. Son manque d'indignation morale et de détermination, son intransigeance dans tout ce qui était sérieux et son incapacité à s'améliorer avaient creusé une division profonde bien qu'inconsciente entre nous pendant des années ; et je résolus, coûte que coûte, de lui dire ensuite adieu.

Quelques jours plus tard, Lord Dufferin est venu me voir à Grosvenor Square.

« Margot, dit-il, pourquoi ne te maries-tu pas ? Tu as vingt-sept ans et la vie ne continuera pas à te traiter aussi bien si tu continues à la traiter ainsi. En tant que vieil ami qui t'aime, laisse-toi aller. Je vous donne un conseil. Vous devriez vous marier même si vous êtes amoureux, mais jamais à cause de cela.

Avant mon départ pour l'Italie, Peter et moi, les yeux éclairés par la passion et le cœur palpitant, nous nous étions dit au revoir pour toujours.

Le soulagement de nos amis à notre départ fut si suffocant que je me cramponnai au refuge de mon nouvel ami, l'étranger de ce dîner de la Chambre des Communes.

CHAPITRE V

L'ARBRE GÉNÉALOGIQUE DES ASQUITH—MÈRE DE HERBERT H. ASQUITH—
PREMIER MARIAGE D'ASQUITH ; RENCONTRE MARGOT
TENNANT POUR LA PREMIÈRE FOIS — PARLEZ JUSQU'À
L'AUBE SUR LA TERRASSE DE LA CHAMBRE DES COMMUNES ;
AUTRES RÉUNIONS—FIANÇAILLES ALONDON SENSATION—
MARIAGE UN ÉVÉNEMENT

Le père de mon mari était Joseph Dixon Asquith, un marchand de tissus à Morley, à l'époque une petite ville à l'extérieur de Leeds. C'était un homme de grande moralité qui donnait des cours bibliques aux jeunes hommes. Il épousa une fille de William Willans , de Huddersfield, issue d'une vieille souche puritaine du Yorkshire.

Il meurt à l'âge de trente-cinq ans, laissant quatre enfants : William Willans , Herbert Henry, Emily Evelyn et Lilian Josephine. Ils furent élevés par leur mère, qui était une femme de génie. J'ai donné à ma fille unique [Note de bas de page : Princesse Bibesco .] le nom de la mère de Goethe, mais j'ai été heureux d'apprendre que sa grand-mère Willans s'appelait Elizabeth.

William Willans , qui est mort, était l'aîné de la famille et un petit homme intelligent. Il a enseigné au Clifton College pendant plus de trente ans.

Lilian Joséphine est décédée lorsqu'elle était bébé ; et Evelyn, l'une des meilleures femmes, est la seule proche parente de mon mari encore en vie.

La mère de mon mari, la vieille Mme Asquith, je ne l'ai jamais connue ; mon ami Mark Napier m'a dit qu'elle était une femme brillamment intelligente mais invalide. Elle avait des poumons délicats, ce qui l'obligeait à vivre sur la côte sud ; et, lorsque ses deux fils allèrent à la City of London School, ils vivaient seuls ensemble dans des logements à Islington et étaient à la fois pauvres et travailleurs.

Bien que la mère d'Henry fût invalide , elle exerça sur sa famille une influence morale, religieuse et intellectuelle qui ne peut être exagérée. Elle était une lectrice approfondie et une brillante causeuse et appartenait à ce qu'on appelait à l'époque le non-conformisme orthodoxe, ou congrégationalistes.

Après le premier mariage de mon mari, il a gagné de l'argent en écrivant, en donnant des cours et en examinant à Oxford. Lorsqu'il fut admis au Barreau, le succès ne lui vint pas immédiatement.

Il n'avait ni riche patron ni personne pour le faire avancer. Il s'était bâti une grande réputation à Oxford : il était un excellent érudit et avocat, mais il n'était pas connu socialement de beaucoup de gens.

On disait que Gladstone promouvait les hommes uniquement en fonction de leur ancienneté et sans jamais savoir avec précision à quoi ils ressemblaient, mais dans le cas de mon mari, ce n'était pas le cas.

Lord James of Hereford, puis Sir Henry James, était procureur général, surchargé par un important cabinet privé de barreau ; et, lorsque survint la grande affaire Bradlaugh , en 1883, on lui suggéra qu'un jeune homme vivant dans le même escalier pourrait lui opposer le projet de loi d'affirmation. Ce fut le début de la carrière d'Asquith : lorsque Gladstone vit le résumé de son discours, il remarqua la belle écriture et demanda qui l'avait écrit. Sir Henry James, l'homme le plus gentil et le plus généreux, fut ravi de l'observation de Gladstone et lui amena le jeune homme. À partir de ce moment, le procureur général et le premier ministre le distinguèrent ; il est passé sans intermédiaire d'un poste de sous-secrétaire d'un simple député à un ministre du Cabinet ; et lorsque nous nous sommes mariés en 1894, il était ministre de l'Intérieur. En 1890, j'ai coupé et caché cette prophétie dans certains journaux, sans penser que j'épouserais un membre du « New English Party ».

UNE NOUVELLE FÊTE ANGLAISE

Au milieu de toutes les inquiétudes, de tous les troubles et de toutes les ambitions de la politique irlandaise, un petit parti anglais se développe progressivement, dont on entendra davantage parler dans les jours à venir. Il s'agit d'une bande de radicaux philosophico -sociaux – pas du vieux type de politicien du laissez-faire, mais tout à fait autrement. En d'autres termes, ce que je peux appeler le socialisme pratique a fait son chemin à nouveau grâce à un groupe de jeunes députés intelligents qui siègent sous la passerelle du côté radical. Ce petit groupe comprend M. Haldane, intelligent, érudit et métaphysique, l'un des avocats émergents de son époque ; le jeune Sir Edward Grey, sincère, enthousiaste, avec un certain don pour l'oratoire, et aidé par une belle et intelligente épouse ; M. Sidney Buxton, qui a peut-être le génie le plus distinctif pour le travail pratique ; et enfin, bien qu'assez lâchement attaché aux autres, M. Asquith, brillant, cynique, froid, clair, mais tourné vers l'avenir. Les idées dominantes de ce petit groupe vont dans le sens du collectivisme modéré, c'est-à-dire du socialisme municipal.

J'ai rencontré mon mari pour la première fois en 1891, lors d'un dîner offert par Cyril, le frère de Peter Flower. [Note de bas de page : feu Lord Battersea.] Je n'avais jamais entendu parler de lui de ma vie, ce qui donne une idée de la façon dont je perdais mon temps sur deux mondes : je ne parle pas de celui-ci et du suivant, mais du sportif et dramatique, Melton en hiver et au Lycée en été. Mes cours de Coquelin et mes leçons de danse m'avaient conduit aux répétitions du ballet et du théâtre ; et pendant une courte période , j'étais aux pieds d'Ellen Terry et d'Irving. Je dis « court » à bon escient, car à l'époque comme aujourd'hui, je trouvais la société bohème plus ennuyeuse que n'importe quelle station d'eau anglaise. Chacun a une conception différente de l'Enfer et peu d'entre nous le relient aux flammes ; mais les dîners sur scène sont mon idée de l'enfer et, à l'exception d'Irving et Coquelin, Ellen Terry et Sarah Bernhardt, je n'ai jamais rencontré de héros ou d'héroïne en dehors de la scène qui ne soit finalement ennuyeux.

Le dîner au cours duquel j'ai été présenté à Henry a eu lieu à la Chambre des communes et je me suis assis à côté de lui. J'ai été extrêmement impressionné par sa conversation et son visage propre et cromwellien. Il était différent des autres et, bien qu'abominablement habillé, il avait tellement de personnalité que j'ai tout de suite décidé que c'était là un homme qui pourrait m'aider et qui comprendrait tout. Il ne m'est jamais venu à l'esprit qu'il était marié, et cela n'aurait eu aucune importance ; J'avais toujours eu plus envie que Peter Flower de se marier que moi, car il avait treize ans de plus que moi, mais le mariage n'était le but austère de aucune de nos vies.

Après le dîner, nous avons tous marché sur la terrasse et j'ai été flatté de retrouver mon nouvel ami à mes côtés. Lord Battersea m'a plaisanté avec sa manière bruyante et flamboyante, essayant de nous séparer ; mais avec tact et détermination, nous résistâmes à cette attaque frontale et mon nouvel ami et moi nous retirâmes dans la partie la plus sombre de la terrasse, où, penchés sur le parapet, nous regardâmes la rivière et discutâmes jusque tard dans la nuit.

Notre hôte et son groupe, pensant que j'étais rentré chez moi et que M. Asquith était revenu à la Chambre lorsque la cloche de division a sonné, avaient disparu ; et quand nous terminâmes notre conversation, la terrasse était déserte et le ciel clair.

Nous nous sommes rencontrés quelques jours plus tard pour dîner avec Sir Algernon West, un de mes très chers et premiers amis, et après cela, nous nous sommes vus constamment. J'ai appris par quelque chose qu'il m'a dit qu'il était marié et vivait à Hampstead et que ses journées étaient partagées entre le 1 Paper Buildings et la Chambre des communes. Il m'a dit qu'il avait toujours été un homme timide et, d'une certaine manière , c'est encore vrai pour lui aujourd'hui ; mais je suis heureux de ne pas l'avoir observé à l'époque, car les timides me déconcertaient : j'aimais la pudeur, je plaignais la timidité, mais j'étais gêné par la timidité.

Je ne peux pas vraiment dire, cependant, que le mot timide a décrit mon mari à aucun moment : il était un peu gauche dans ses mouvements et rougissait lorsqu'on le félicitait, mais je ne l'ai jamais vu nerveux avec qui que ce soit ou embarrassé par un quelconque dilemme social. Son instinct infaillible pour toutes sortes de personnes et d'affaires – sans parler de son tempérament intellectuel et de son savoir – et son incroyable manque de vanité m'ont immédiatement frappé. Il possédait à un haut degré l'art de rendre chacun plus satisfait de lui-même ; et il conserve jusqu'à ce jour une modestie incurable.

Quand j'ai découvert qu'il était marié, je lui ai demandé d'amener sa femme à dîner, ce qu'il a fait, et aussitôt que je l'ai vue, j'ai dit :

"J'espère, Mme Asquith, que cela ne vous dérange pas que votre mari dîne ici sans vous, mais j'ai plutôt compris que Hampstead était trop loin pour qu'il puisse vous répondre depuis la Chambre des communes. Vous devez toujours me le faire savoir et venir. avec lui quand ça te convient."

En nouant cette amitié profonde et attachante avec l'étranger de ce dîner de la Chambre des communes, je m'étais placé dans une position difficile à la mort d'Helen Asquith. Être belle-femme et belle-mère était impensable, mais en même temps le moment était arrivé où une décision – impliquant un grand changement dans ma vie – était devenue inévitable. J'avais écrit à Peter Flower avant notre séparation tous les jours pendant neuf ans – à l'exception des mois qu'il avait passés à fuir ses créanciers en Inde – et j'avais prié pour lui chaque nuit, mais cela n'avait apporté que du bonheur à tous les deux. de nous; et quand je lui ai volontairement dit au revoir, j'ai fermé une page de ma vie que, même si je l'avais voulu, je n'aurais jamais pu rouvrir. Quand Henry m'a dit qu'il tenait à moi, cette voix intérieure non étouffée que nous entendons tous plus ou moins indistinctement m'a dit que je serais infidèle à moi-même et tout à fait indigne de la vie si, lorsqu'un tel homme viendrait frapper à la porte, je le ferais. pas le jeter grand ouvert. Le bruit que nous étions fiancés provoqua dans certains milieux une inquiétude allant jusqu'à la consternation. Lord Rosebery et Lord Randolph Churchill, sans m'attaquer d'aucune façon, ont déploré le mariage, et ils n'étaient en aucun cas les seuls à penser qu'une telle union pourrait ruiner la vie d'un homme politique prometteur. Certains de mes propres amis étaient également inquiets d'un autre point de vue ; commencer ma nouvelle vie avec une famille toute faite d'enfants élevés très différemment de moi, avec un homme qui ne jouait à aucun jeu et ne s'intéressait à aucun sport, à Londres plutôt qu'à la campagne, sans argent sauf ce qu'il pouvait gagner au Barreau, c'était, pensaient-ils, prendre trop de risques.

Mes amis de Melton ont dit que c'était un terrible gâchis que je n'épouse pas un sportif et m'ont dit par la suite qu'ils avaient failli signer un tournoi à la ronde pour m'implorer de ne jamais abandonner la chasse, mais ils craignaient que je trouve cela impertinent.

La rumeur de mes fiançailles a fait sensation dans l'Est de Londres comme dans l'Ouest. Ce qui suit m'a été posté par un sympathisant anonyme :

Lors de la réunion des "chômeurs" qui s'est tenue hier après-midi à Tower Hill, John E. Williams, l' organisateur désigné par la Fédération sociale-démocrate, a déclaré que la veille ils avaient parcouru les places du West End et avaient laissé les "fainéants" " qui vivent là-bas savent qu'ils étaient vivants. La veille au soir, il avait vu une annonce qui, à première vue, lui avait fait couler des larmes sur le visage, car il avait cru qu'elle disait : « M. Asquith va être assassiné ». Cependant, il s'est avéré que M. Asquith allait se marier et il a donc proposé que les chômeurs, à l'instar des gens du West End, envoient le très honorable député. monsieur un message de félicitations. Il a proposé : « Que cette réunion massive de chômeurs organisée à Tower Hill, apprenant que M. Asquith est sur le point d'entrer dans les liens sacrés du mariage, et sachant qu'il n'a aucune sympathie pour les chômeurs et qu'il a récemment utilisé sa position dans la Chambre des Communes pour insulter les chômeurs, espère que son partenaire sera l'un des pires tartares qu'un homme puisse avoir, et que ses problèmes familiaux le contraindront à se retirer de la vie politique pour laquelle il est si inapte. " La lecture de la résolution a été suivie de rires et d'acclamations. M. Crouch (Syndicat national des opérateurs de bottes et chaussures) a appuyé la motion, qui a été appuyée par un grand nombre d'autres orateurs et adoptée.

J'avais bien plus peur de gâcher la vie d'Henry que la mienne, et entre mes anciens liens et mes ennuis, mes nouveaux liens et mes beaux-enfants, j'ai délibéré longtemps avant de fixer définitivement le jour de mon mariage.

Je n'avais jamais rencontré aucun de ses enfants, à l'exception de la petite Violette lorsque je me suis fiancée et il ne m'a emmené les voir qu'une seule fois avant notre mariage, car ils vivaient dans une villa à Redhill sous la garde d'une gouvernante aimable et prudente ; il n'en parlait jamais sauf un jour où, après que je lui ai demandé s'il pensait qu'ils me détesteraient et que j'avais catalogué mes graves imperfections et mes qualifications modérées pour le rôle, il m'a arrêté et m'a dit que son fils aîné, Raymond, était remarquablement intelligent et qu'il le ferait. sois-moi dévoué, ajoutant pensivement :

"Je pense — et j'espère — qu'il est ambitieux."

C'était une idée nouvelle pour moi : on nous avait toujours dit à quel point l'ambition était mauvaise ; mais nous étions une famille combattante, pleine de bonne humeur et sans caractère, nous avions donc acquiescé, sans nous conformer au dicton de la crèche. Cette remarque m'a profondément impressionné et j'y ai réfléchi dans mon cœur. Je ne pense d'ailleurs pas que cela se soit avéré être une véritable prophétie, mais Raymond Asquith avait des dons intellectuels si inhabituels que personne n'aurait pu le convaincre de manque d'ambition. Gagner sans travail, marquer sans effort et se réjouir sans préméditation n'est donné qu'à quelques-uns.

Un soir, après nos fiançailles, nous dînions avec Sir Henry et Lady Campbell-Bannerman. Pendant que les femmes parlaient et que les hommes buvaient, la chère vieille Mme Gladstone et d'autres dames âgées et épouses politiques m'ont présenté les devoirs de l'épouse d'un éventuel premier ministre ; ils étaient si éloquents et si sévères qu'à la fin mes nerfs s'affolaient comme un écureuil en cage.

Lorsque M. Gladstone entra dans le salon, je me sentis déprimé et, m'accrochant à son bras, je le plaçai dans un coin et lui dis que je craignais que les dames ne me prennent pour un jockey ou une danseuse de ballet, car on m'avait adjuré de donner entre autres choses, danser, monter à cheval et jouer. Il m'a tapoté la main, m'a dit qu'il ne connaissait personne de mieux placé que moi pour être l'épouse d'un grand homme politique et a terminé en disant que, même si j'avais le droit de rejeter l'exagération dans les réprimandes, c'était une grave erreur de ne pas prendre la critique avec sagesse et dans un esprit qui pourrait en tirer profit.

J'y ai souvent pensé lorsque je vois à quel point les gens sont fragiles et égoïstes à la moindre désapprobation. Je ne me remets jamais de ma surprise, malgré mon âge, devant les manières morales hargneuses, le manque d'humilité et la colossale vanité personnelle qui sont à la base de l'incapacité des gens à bien accepter la critique. Il n'y a pas de plus grand test de taille que celui-ci ; mais, à en juger par ce test, la plupart d'entre nous sont des nains.

Désapprouvant les longs engagements et souhaitant échapper à la cataracte de conseils par lesquels mes amis pensaient assurer à la fois le bonheur de mon mari et le mien, je me dépêchai de me marier. Mes amis et conseillers me rendaient malheureux à cette époque, mais heureusement pour moi, Henry Asquith est une personne convaincante et, malgré l'anxiété des amis et des relations, nous nous sommes mariés à St. George's, Hanover Square, le 10 mai. 1894. Je doute qu'une épouse ait jamais reçu autant de lettres étranges que moi. Il y en avait un que je gardais devant moi quand je me sentais découragé. Je ne dirai pas de qui il s'agit, car l'écrivain est vivant :

MA CHÈRE MARGOT,

Vous n'êtes différent des autres que sous ce rapport : vous avez la tête claire et froide, et le cœur chaud et vif, et vous ne trouverez pas TOUT ; alors choisissez ce qui dure, et avec de la chance et du courage, en vous mariant comme vous l'êtes avec les motivations les plus élevées, vous serez récompensé. Asquith est bien trop bien pour toi. Il n'est pas conventionnel et vous laissera une grande liberté. Il vous vénère, vous comprend et est déterminé à tirer le meilleur parti de vous et de la vie ensemble. Vous épousez un homme très rare – pas tellement intellectuellement – mais il est rare de par sa détermination, sa réalité et sa puissance concentrée d'amour. Ne vous apitoyez pas – vous n'auriez pas aimé moins Peter – même si vous souhaiteriez peut-être ne jamais l'avoir vu – mais vous devez savoir que vous avez permis trop d'amour dans votre vie et que vous devez en supporter les conséquences. Au fond de votre cœur, vous devez sentir que vous devez mettre un terme à votre vie présente et à la tentation de vous faire aimer. Dépendant d'elle avec votre nature riche et chaleureuse, vous n'avez pas besoin d'avoir peur de ne pas aimer Asquith intensément. En l'épousant, vous prouverez que vous êtes une femme courageuse et noble, au lieu d'une femme dont on parle et qui est en réalité indulgente. Vous avez de la chance, après votre vie plutôt dangereuse, d'avoir trouvé un tel refuge et vous devriez bénir Dieu pour cela.

À cette époque, il était moins courant que les gens se rassemblent dans les rues pour assister à un mariage. Le premier mariage que j'ai vu et qui ait rassemblé une foule était celui de Lady Crewe, mais son père, Lord Rosebery, était vainqueur du Derby et Premier ministre et elle s'est mariée à l'abbaye de Westminster. De Grosvenor Square à St. George's, Hanover Square est une courte distance, mais depuis notre porte d'entrée jusqu'à l'église, les trottoirs étaient bloqués par des gens excités et enthousiastes.

Une vieille infirmière de ma sœur Charlotte, Jerusha Taylor, m'a raconté qu'un homme à l'extérieur de St. George's lui avait dit : « Je vais vous donner 10 L pour votre billet ! et quand elle a refusé , il a dit : "Je te donnerai TOUT QUE TU VEUX ! Je dois voir Margot Tennant se marier !" Je lui ai demandé quel genre d'homme il était. Elle a répondu,

" Oh ! c'était un vrai gentleman, madame ! Je reconnais un gentleman quand je le vois ; il avait un gardénia à la boutonnière, mais il n'a pas eu mon billet ! "

Notre registre a été signé par quatre premiers ministres : M. Gladstone, Lord Rosebery, Arthur Balfour et mon mari. Nous avons passé la première partie de notre lune de miel à Mells Park, Frome , prêté par Sir John et Lady Horner, et la seconde à Clovelly Court avec notre amie et hôtesse, Mme Hamlyn.

CHAPITRE VI

LES ENFANTS ASQUITH DU PREMIER MARIAGE—LA BELLE-FILLE DE MARGOT VIOLET—MÉMOIRE DE LA PREMIÈRE MME. ASQUITH—LA BRILLANTE CARRIÈRE DE RAYMOND—L'HÉROÏSME D'ARTHUR DANS LA GUERRE

Je ne pense pas que si vous aviez saccagé le monde , vous auriez pu trouver des natures aussi opposées en termes d'humeur, de tempérament et de perspectives que moi et mes beaux-enfants lorsque je les ai connus pour la première fois.

S'il y avait une différence entre les Tennants et les Lytteltons du rire, il y avait une différence entre les Tennants et les Asquiths des larmes. Les Tennants croyaient qu'il fallait faire appel au cœur des hommes, stimuler leur imagination et pénétrer et vivifier leur vie la plus intime. Ils avaient un peu d'amour libre à donner au monde entier. Les Asquiths — sans agitation mentale et avec une parfaite maîtrise d'eux-mêmes — croyaient à la libre application de l'intellect à chaque émotion humaine ; aucun événement n'aurait pu exprimer davantage leurs sentiments. Timides, engagés, critiques et controversés, rien ne les surprenait ni ne les contrariait. Nous étions aussi zélés et dynamiques qu'eux détachés et aussi arrogants et passionnés qu'ils étaient modestes et sans émotion.

Ils vous regardaient rarement et ne se levaient jamais lorsque quelqu'un entrait dans la pièce. Si vous étiez apparu en bas en robe de bal ou en robe de bain, ils ne l'auraient pas remarqué et n'auraient certainement jamais fait de commentaires s'ils l'avaient fait. Qu'ils soient rayonnants de joie à votre vue ou ravis de recevoir un ami, leur accueil a été également composé. Ils étaient dévoués l'un à l'autre et ne se disputaient jamais ; ils étaient rarement sauvages et jamais méchants. Parfaitement autonomes, véridiques et délibérés, je ne les ai jamais vus se perdre de ma vie et je n'ai presque jamais vu le saint ou le héros qui suscitait leur émotion désintéressée.

Quand je pensais aux tempêtes de révolte, à la rage, au désespoir, aux enthousiasmes sauvages et aux aventures imprudentes, aux disputes qui se terminaient non seulement par des combats, mais par des coups de poing dans notre crèche et notre salle de classe, j'étais stupéfait par la fermeté du caractère des Asquith. .

Qu'on ne déduise pas que je les critique tels qu'ils le font actuellement, ou que leur attitude envers moi-même ait manqué de sympathie à un moment donné. La cécité du cœur n'implique pas la dureté ; et l'expression est une question de tempérament ou d'impulsion ; mais c'était leur attitude envers la vie qui était différente de la mienne. Ils surévaluaient les cerveaux, ce qui était un défaut étrange, car ils étaient tous remarquablement intelligents. Presque aucun Premier ministre n'a eu d'enfants célèbres, mais les Asquith se distinguaient tous par leurs manières différentes : Raymond et Violet les plus remarquables, Arthur le plus capable, Herbert le poète et Cyril le plus timide et le plus rare.

Cys Asquith, qui était la plus jeune de la famille, combinait ce qu'il y avait de meilleur en chacun d'eux moralement et intellectuellement et possédait ce qu'il y avait de plus beau que le cerveau.

Il avait deux ans lorsque sa mère mourut, et c'était un petit garçon maladroit et laid, doté d'une certaine obstination sans grâce, dont les Tennants et les Asquiths étaient également dotés. Pour un observateur occasionnel, il m'aurait semblé moins semblable à n'importe quel membre de ma belle-famille, mais en fait, c'est lui et moi qui avions le plus en commun ; nous partagions un certain fondement spirituel et une aspiration morale qui soudent les gens tout au long de la vie.

Ce n'est pas parce que je l'ai pris en charge très jeune que je dis qu'il est plus à moi que les autres, mais parce que, même s'il n'a pas toujours été d'accord avec moi, il ne m'a jamais mal compris. Il a dit un jour à Murren , alors qu'il avait dix-sept ans et que nous parlions ensemble de la vie et de la religion :

"Ça doit être curieux pour toi, Margot, de nous voir tous rire de choses qui te font pleurer."

Cela démontrait une perspicacité remarquable pour un écolier. Quand je regarde maintenant son magnifique visage et que je pense à son apparence au moment de notre mariage, je pense au crapaud de Hans Andersen avec le bijou sur la tête, mais le crapaud n'est plus là.

J'ai un cher ami appelé Bogie Harris, [Note : M. H. Harris, de Bedford Square.] qui m'a dit que, lors d'un bal donné par Con et Hoppy Manners, il avait vu un jeune homme dont le visage l'avait tellement frappé. à tel point qu'il chercha quelqu'un dans la pièce pour lui dire de qui il s'agissait. Ce jeune homme était Cyril Asquith.

Un soir, alors qu'il était petit garçon, après l'avoir entendu dire ses prières , il m'a demandé de lui lire la confession générale tirée de son livre de prières. C'était une demande tellement inhabituelle que j'ai dit :

"Très bien, chérie, je le ferai, mais avant tout je dois te lire ce que j'aime le plus dans le Livre de Prières."

A quoi il répondit :

"Oh, oui ! J'aimerais ça."

Je mets un coussin derrière ma tête et, m'allongeant à côté de lui, je lis :

"Allégez nos ténèbres, nous vous en supplions, ô Seigneur, et par votre grande miséricorde, défendez-nous de tous les périls et dangers de cette nuit, pour l'amour de votre Fils unique, notre Sauveur Jésus-Christ. Amen."

Après cela, je lui ai lu la Confession générale, commençant par : « Nous nous sommes égarés et nous sommes éloignés de tes voies comme des brebis perdues » et se terminant par « afin que nous puissions désormais vivre une vie pieuse, juste et sobre ». Quand j'eus fini , je lui dis :

"Qu'est-ce que tu veux dire par sobriété, chérie ?"

CYS (me regardant furtivement avec ses petits yeux verts) : "Ça ne veut pas dire ivresse." (Une légère pause puis réfléchie) : "Je devrais dire une vie modérée."

Un jour, j'ai dit aux enfants de récupérer certains de leurs jouets et que je les emmènerais à l'hôpital, où ils pourraient les donner eux-mêmes. Je n'ai volontairement pas parlé de jouets cassés ; et quelques jours après, je fus invité à la crèche. En arrivant à l'étage, je vis que les yeux de Cys étaient écarlates ; et, disposés en rangs pathétiques autour de la pièce, se trouvait une grande famille de singes baptisés par lui « les Thumblekins ». C'était ce qu'il aimait le plus au monde. J'ai observé que c'étaient les seuls jouets intacts qu'on m'a apportés ; et il regardait ses trésors avec une angoisse dans l'âme. J'étais tellement touché que je pouvais à peine parler ; et, quand je lui passai les bras autour du cou, il éclata en sanglots :

"Puis-je garder un singe… un seul, Margot ? … S'IL VOUS PLAIT ? …S'IL VOUS PLAIT, Margot ? …"

C'était la fenêtre de son âme qui ne m'a jamais été fermée. Pendant de nombreuses années au cours de sa brillante carrière universitaire , il a été délicat, mais depuis son mariage avec Miss Ann Pollock – une créature de charme, de beauté et de bonté – il est heureux et fort.

Ma belle-fille Violet, aujourd'hui Lady Bonham Carter, bien qu'intensément féminine, aurait fait un homme remarquable. Je ne crois pas qu'il y ait un examen qu'elle n'aurait pu réussir ni dans une école publique ni dans une université. Née sans timidité ni appréhension, elle a fait preuve dès sa jeunesse d'une maîtrise d'elle-même et d'une patience parfaites. Elle aimait la dialectique et pouvait présenter son cas de manière logique, plausible et éloquente ; et, quoique tout aussi impassible que ses frères, elle avait plus d'initiative et d'indignation. Dans sa jeunesse, elle était délicate et ce que les Français appellent tres personnel ; et cela lui évitait de passer par le moulin des rivalités et des critiques qui avaient été le pain quotidien de mon enfance.

Elle avait le même sens de l'humour pénétrant que son frère Raymond et tout autant de présence d'esprit dans sa réplique. Son don d'expression était incroyable et sa mémoire inégalée. Ma fille Elizabeth et elle étaient les seules filles, à part moi, que j'ai jamais rencontrées qui étaient de véritables politiciennes, intéressées non seulement par l'aspect personnel - si M. B. ou C. parlait bien ou avait des chances d'obtenir une promotion - mais par la législation et administration du Parlement; ils suivaient et savaient ce qui se passait chez eux et à l'étranger et entretenaient des amitiés avec la plupart des hommes jeunes et célèbres de l'époque. Violet Bonham Carter a, je pense, un grand avenir politique dans le pays, voire aux Communes. C'est une oratrice naturelle, facile, éloquente, spirituelle, courte et d'un sang-froid imperturbable.

La vie à la Maison n'est ni saine, ni utile, ni convenable pour une femme ; et les fonctions de mère et de député ne sont pas compatibles. C'était l'une des raisons pour lesquelles mon mari et moi étions contre l'octroi du droit de vote aux femmes. Violet est une vraie mère et ressent le problème avec acuité, mais elle est aussi une vraie libérale et, avec des dons aussi remarquables que les siens, elle doit inévitablement exercer une grande influence politique. Ses discours lors de l'élection de son père à Paisley, en février de cette année, l'ont amenée devant un public général aussi bien qu'intellectuel dont elle ne pourra jamais se retirer ; et, chaque fois qu'elle apparaît sur une estrade, le public crie de toutes parts de la salle pour lui demander de parler.

Raymond Asquith est né le 6 novembre 1878 et a été tué en combattant les Allemands avant que son régiment n'ait été au combat dix minutes, le 15 septembre 1916.

Il était intellectuellement l'un des jeunes hommes les plus distingués de son époque et beau à regarder, en plus il était léger de main, brillant dans ses réponses et intéressé par les affaires. Lorsqu'il se rendait à Balliol , il cultivait une sorte de cynisme qui faisait le bonheur de la jeunesse qui l'entourait ; avec bonne humeur , il se moquait de Dieu et souriait à l'homme. S'il avait été vraiment passionné par une chose — le droit ou la littérature —, il aurait fait sonner le monde de son nom, mais il manquait de tempérament et d'une certaine sorte d'imagination et était sans ambition d'aucune sorte.

Son éducation fut commencée par une femme dans une école de jour à Hampstead ; à partir de là, il a obtenu une bourse Winchester et est devenu un érudit de Balliol. A Oxford, il allait de triomphe en triomphe. Il passa une première en modérations classiques en 1899 ; des lettres humaines de première classe en 1901 ; jurisprudence de première classe en 1902. Il remporta les bourses Craven, Ireland, Derby et Eldon. Il fut président de l'Union et devint membre de All Souls en 1902 ; et après avoir quitté Oxford, il fut admis au barreau en 1904.

Malgré ce bilan, aucun homme plus modeste quant à ses propres réalisations n'a jamais survécu.

Raymond était charmant et de bonne humeur depuis son enfance et je ne me souviens qu'une seule fois dans sa vie, il s'est mis en colère contre moi. Son épouse et son père l'avaient poussé à se lancer en politique et avait été invité par l'Association libérale d'une ville du Nord à devenir leur candidat. Il s'en plaignait un jour auprès de moi, me disant à quel point les électeurs moyens de tous les électorats étaient ennuyeux, stupides et ennuyeux ; Je lui ai dit que je pensais qu'un contact plus étroit avec les gens ordinaires se révélerait non seulement plus intéressant et plus agréable qu'il ne l'imaginait, mais que cela ferait de lui. Il s'enflamma aussitôt et me fit paraître infiniment ridicule, mais étant sur un terrain sûr, j'écoutai avec amusement et indifférence ; la discussion s'est terminée à l'amiable, aucun de nous ne s'étant écarté d'un cheveu de nos positions initiales. Lui et moi nous énervions rarement, même si deux autres êtres différents n'ont jamais vécu. Son analyse arctique de ce qu'il considérait comme « cant » a toujours suscité un vif enthousiasme chez ses auditeurs.

Un jour qu'il était à la maison pour ses vacances et que nous prenions tous le thé ensemble, pour amuser les enfants, j'ai commencé à poser des énigmes. Je leur ai dit que je n'en avais deviné qu'un dans ma vie, mais que cela m'avait pris trois jours. Ils m'ont demandé ce que c'était et j'ai répondu :

"Qu'est-ce que Dieu n'a jamais vu, que les rois voient rarement et que nous voyons tous les jours ?"

Raymond répondit instantanément :

"Une blague."

J'ai senti que la vraie réponse, qui était « un égal », était après cela très tiède.

En 1907, il épousa, du 10 Downing Street, Katherine Horner, une belle créature de caractère et d'intellect, aussi dépourvue de feu et d'encens que lui. Leur dévouement mutuel et leur bonheur étaient pour moi une joie perpétuelle, car je sentais que d'une certaine manière j'y avais contribué. Katherine était la fille de la plus grande amie de Laura, Frances Horner, et il l'a rencontrée par mon intermédiaire.

Raymond a trouvé chez sa belle-mère et chez Sir John Horner des amis capables d'apprécier sa fine saveur . Il écrit avec aisance et brio tant la prose que la poésie. Je citerai deux de ses poèmes :

ÉLOGE DES JEUNES FILLES

Soyez attentive, ma Muse, et, si vous le pouvez, approuvez
Pendant que je proclame « l'accélération » de l'Amour ; Car l'amour et le
commerce ont un credo commun : l'ampleur des affaires varie avec la
vitesse ; Pour la reine de beauté ou pour le roi des saucisses, le client est
toujours sur l'aile. Alors félicitez la nymphe qui gagne régulièrement de
petits bénéfices (s'il vous plaît) mais des retours rapides.
Notre Vénus à la mode est une minx animée,
mais qui peut consacrer du temps à courtiser un Sphinx ? Quand Mona Lisa
posait avec une ruse rustique L'énigme périmée de son simple sourire, Ses
amants de loisir soulevaient une acclamation pieuse Tandis que le lent
méfait se glissait d'une oreille à l'autre. Pauvre Lombard apathique, tu
n'engagerais jamais Les beaux plus vifs de notre époque mercurielle Dont le
courage vif peut aussi facilement couler Un poème épique qu'un regard
persistant — Notre jeune fille moderne enduit la brindille de chaux Pour
deux fois plus de cœurs en moitié moins de temps. Bien avant que le cercle
de cette grimace posée n'ait remis en place vos fossettes fatiguées, Notre
petite Chloé (remarquez le démon agile!) A fait rire son ami intime, a fait
fondre un marquis, a apaisé un juif, a embrassé tous les membres de
l'équipage d'Eton. , a lorgné un évêque, interrogé un vieux pair, a dansé un
tango et a laissé tomber une larme. Fraîchement sortie de la salle de classe,
rose et dodue et coquine, Bedizened, rebondissante, astucieuse et alerte,
Elle n'est pas victime des vapeurs et des humeurs
Même si le ciel tombe, elle est "prête avec les marchandises" - Conviendra à
chaque client, chatouillera tous les goûts Poli ou gothique , libertin ou
chaste, Offrez une langue de guêpe, une taille de guêpe, le sein d'Astarté ou
la jambe d'Atalante ,
L'amour tout fait ou le glamour prêt à l'emploi — Préférez-vous « chose de
rosée et d'air » ? Ou bien votre type est Poppée ou Polaire ?
L'écrin de cristal des rêves d'une jeune fille, Ou la dernière fantaisie en
matière de crèmes cosmétiques ? Le sombre et tendre ou le féroce et
lumineux, le blush rosé de la Jeunesse ou le mordant nacré de la Passion ?
Vous ne le savez peut-être pas ; mais Chloé le sait, Et vous verse la dose
nécessaire, En mesurant méticuleusement à l'échelle, La coupe de Circé ou
le Saint Graal — Une actrice qui est à l'aise dans tous les rôles, Peut bafouer
ou flatter, intimider ou cajoler, Et parfois d'un bout à l'autre de l'art Peut
même parler le langage du cœur,
Peut zozoter et soupirer et faire des réponses confuses,
Avec des lèvres de bébé et des yeux compliqués, Indifféremment enclin à
pleurer ou à cligner des yeux, Poursuivre d'un air primaire, rétrécir de
manière provocatrice, Effronté ou timide, selon le cas, Coax le baron faible,
freine l'écuyer audacieux, Tourne en dérision la retenue, mais déprécie le
désir, Débridé mais sans amour, lâche mais mou, Voluptueux, vierge, prude
et proxénète.

LIGNES À UN JEUNE VICOMTE, QUI EST MORT À OXFORD, LE LENDEMAIN D'UN BUMP SOUPER (par le président de son collège)

Cher Vicomte, dans le sang ancien duquel
Le bleu de l'oiseau de mars, Le vermeil du mélèze touffu, Sont fondus en
un flot magenta.

Cher vicomte, ah ! pour moi, combien chérie,
Qui, même dans ton humeur espiègle, Discerné (ou parfois cru que je
pouvais) Le pur et fier dessein d'un pair !

   Ainsi, lors de la dernière triste nuit de tous
les Érigés parmi la déroute ébranlée, Vous avez battu votre musique
enchevêtrée. Haut, distant, viscontiel .

Tu as frappé un bain de bottes avec une canette,
Et avec la canette tu as frappé le bain, Là sur le chemin de gravier jaune,
Comme gentleman à gentleman.

Nous nous sommes rencontrés, nous nous sommes levés, nous nous
sommes affrontés, nous avons parlé
Tandis que ceux de naissance inférieure se retiraient ; Je vous ai parlé d'un
comte que je connaissais ; Vous avez dit que vous pensiez que le vin était
bouché ;

Et ainsi nous nous séparâmes - sur mes lèvres
Un léger adieu, mais dans mon âme L'image d'un tout parfait, Un Vicomte
jusqu'au bout des doigts -

Une image – Oui ; mais tu es parti ;
Car la nature rouge en dents et en griffes
Subsume sous une loi égale
le Vicomte et l'Iguanodon.

Pourtant, nous qui connaissons le plus grand Amour,
qui sépare les brebis et les chèvres et sépare les Scolecobrots , [1]
Croyant là où nous ne pouvons pas le prouver,

Considérez qu'en son jour mystérieux,
Dieu place les pairs à sa droite, et cache les pauvres dans une nuit sans fin,
car toi, mon Seigneur, tu es plus qu'eux.

[Note 1 : Un mot du Testament grec signifiant les personnes qui sont
mangées par les vers.]

C'est un lieu commun de dire après la mort d'un homme qu'il aurait pu faire
tout ce qu'il voulait dans la vie : c'est presque toujours exagéré ; mais de
Raymond Asquith, la phrase aurait été vraie.

Son plus vieil ami était Harold Baker, [Note de bas de page : The Rt. L'hon. Harold Baker.] un homme dont la carrière universitaire était aussi belle que la sienne et dont nous apprécions depuis longtemps l'affection et l'intimité immuables ; mais Raymond avait de nombreux amis et admirateurs. Sa mort a été la première grande tristesse dans la vie de mes beaux-enfants et une angoisse pour son père et moi. Cette nouvelle fut pour tout le monde un choc terrible . La fierté et l'intérêt naturels de mon mari pour lui avaient toujours été intenses et nous ne nous lassions jamais de discuter de lui lorsque nous étions seuls : de son charme personnel et de son esprit, de ses petits défauts et surtout du succès qui l'attendait si certainement. Le chagrin d'Henry a assombri les eaux de Downing Street à une époque où, s'ils avaient été clairs, certains événements n'auraient jamais pu avoir lieu.

Lorsque Raymond mourait sur le champ de bataille, il donna au médecin sa flasque pour qu'il la donne à son père ; il a été placé à côté de son lit et n'a jamais bougé jusqu'à ce que nous quittions Whitehall.

Je n'avais pas réalisé auparavant à quel point une belle-épouse est impuissante lorsque son mari pleure la mort de son enfant ; et ce n'était pas la première fois que je souhaitais profondément que Raymond soit mon fils.

Parmi les nombreuses lettres que nous avons reçues, celle-ci de Sir Edward Grey, l'actuel Lord Grey de Fallodon , a apporté le plus de réconfort à mon mari :

33 ECCLESTON SQUARE, SW, 18 septembre 1916.

MON CHER ASQUITH,

Une génération s'est écoulée depuis la mort de la mère de Raymond et les années qui se sont écoulées me font ressentir encore plus de sentiments pour toi et avec toi qu'à ce moment-là. Raymond a eu une vie brillante et sans tache ; il a choisi avec courage le rôle héroïque de cette guerre et il est mort en héros.

Si cette vie est tout, peu importe que ses années soient peu nombreuses ou nombreuses, mais si ce n'est pas la totalité, alors la vie de Raymond fait partie de quelque chose qui n'est pas diminué par sa mort, mais qui est rendu plus grand et ennobli par la qualité et mérite de sa vie et de sa mort.

Je voudrais croire que ceux qui meurent ne souffrent pas d'être séparés de ceux qu'ils aiment ici ; que le temps n'est pas pour eux ce qu'il est pour nous, et que pour eux les années de séparation, qu'elles soient peu nombreuses ou nombreuses, ne seront que comme hier.

Si c'est le cas, alors seulement pour nous, qui sommes restés ici, se trouvent la douleur de souffrir et la lassitude d'attendre et d'endurer ; celui qu'on aime est épargné. Il est réconfortant de penser que c'est nous, et non l'être cher, qui avons la partie la plus difficile.

Je pleure particulièrement la femme de Raymond, dont je crains que les souffrances soient insupportables. J'espère que le fait de savoir comment les sentiments de vos amis et de la nation entière, et non de cette nation seulement, sont vivifiés et se manifestent vers vous, vous aidera à poursuivre le travail public, qui est maintenant plus que jamais nécessaire, et vous donnera de la force. Je sais que votre courage ne faillit jamais.

Affectueusement vôtre,

EDOUARD GRIS.

Raymond Asquith était le plus courageux des braves et il ne s'est jamais plaint de ce qui lui était arrivé pendant qu'il était soldat.

On aurait pu écrire à son sujet :

Il est mort
comme quelqu'un qui avait été étudié dans sa mort pour jeter ce qu'il possédait le plus cher. Comme si c'était une bagatelle imprudente. — MACBETH, Acte I., sc. iv.

Notre deuxième fils, Herbert, a commencé sa carrière comme avocat. Il avait un caractère doux et doux et beaucoup d'originalité. Il était poète et a écrit ce qui suit quelques années avant la Grande Guerre de 1914, au cours de laquelle il a servi du premier au dernier jour :

LE VOLONTAIRE

[Note de bas de page : Réimprimé de The Volunteer and other Poems, avec l'aimable autorisation de MM. Sidgwick & Jackson.]

Ici repose un employé qui a passé la moitié de sa vie
à travailler dur aux registres dans une ville grise, pensant que ses jours
s'écouleraient sans qu'aucune lance ne se brise dans le tournoi de la vie ;
Pourtant, toujours entre le livre et ses yeux brillants, les aigles brillants des
légions venaient, et les cavaliers, chargeant sous des cieux fantômes,
passaient en tonnant sous l'oriflamme.

Et maintenant ces rêves en attente sont satisfaits,
Du crépuscule jusqu'aux couloirs de l'aube il est allé ; Sa lance est brisée,
mais il se contente de cette heure haute, il ne veut aucune récompense, celui
qui a trouvé sa bataille en dernier ressort, et il n'a pas besoin non plus d'un
corbillard pour l'emporter d'ici, qui va rejoindre les hommes d'Azincourt.

Il a écrit ceci alors qu'il était en Flandre pendant la guerre :

THE FALLEN SPIRE (Un village flamand)

[Note de bas de page : Réimprimé de The Volunteer and other Poems, avec l'aimable autorisation de MM. Sidgwick & Jackson.]

Cette flèche qui a dormi pendant des siècles n'est plus,
Se reflétant parmi les lys, calme et basse ; Et maintenant l'eau ne contient que des cieux vides Par lesquels coulent les rivières du tonnerre.

L'église est brisée près de la flèche tombée,
Car ici, parmi ces choses anciennes et humaines, La mort balaie la rue avec ses pieds de feu, Et poursuit son chemin avec ses ailes gémissantes.

Sur les trottoirs par les bergers agenouillés portés
Les toisons dérivées des obus sont roulées ; Au-dessus des saints, un Christ du village, abandonné, à nouveau blessé, regarde son troupeau.

Et le silence suit rapidement : pas de paix le soir,
mais un silence de plomb, quand le tonnerre diminue, hantant les branches minces des arbres, et s'installant bas sur les plaines apathiques.

« Beb », comme nous l'appelions, épousa Lady Cynthia Charteris, une charmante nièce de Lady de Vesci et fille d'une autre amie bien-aimée et intéressante à moi, l'actuelle comtesse de Wemyss .

Notre troisième fils, Arthur Asquith, fut l'un des grands soldats de la guerre. Il a épousé Betty, la fille de ma plus grande amie, Lady Manners, une femme qui ne m'a jamais fait défaut en termes d'affection et de loyauté.

Arthur Asquith rejoignit la Royal Naval Division lors de sa formation en septembre 1914 et fut d'abord attaché au bataillon « Anson » et pendant la plus grande partie de son service au bataillon « Hood ». Au début d'octobre 1914, il participa aux opérations d'Anvers et, après une formation complémentaire chez lui, au camp de Blandford, il se rendit en février 1915 avec son bataillon aux Dardanelles, où ils firent partie du Deuxième Brigade navale. Il participa à tous les combats dans la péninsule de Gallipoli et fut blessé, mais reprit ses fonctions et fut l'un des derniers à se lancer dans l'évacuation finale de Helles, en janvier 1916.

En mai suivant, la division navale rejoint l'armée en France, devenant la 63e division, et le bataillon « Hood » (maintenant commandé par le commandant Freyberg, VC) fait partie de la 189e brigade.

Lors de la bataille de l' Ancre (février 1917), Arthur Asquith fut grièvement blessé et reçut le DSO.

En avril suivant, le commandant Freyberg ayant été promu brigadier, Arthur Asquith prend le commandement du bataillon "Hood" et joue un rôle de premier plan dans les opérations contre Gavrelle , s'emparant de la maison du maire (qui était la clé du poste).) par assaut et capture de la garnison allemande. C'est en grande partie grâce à lui que Gavrelle fut prise ; et il a reçu une barrette à son DSO

En octobre 1917, lors de la bataille de Passchendaele, la division navale fut fortement engagée. Le récit suivant de ce qui s'est passé près de Poelcappelle (26 octobre) est tiré de « l'Histoire de la Royal Naval Division », par les sous-lieutenants Fry et McMillan :

En raison des lourdes pertes en officiers, les quatre bataillons devenaient incontrôlables lorsque le commandant Asquith, en combattant né qu'il est, s'est avancé et a sauvé la situation. Il place son bataillon dans les positions les plus avantageuses pour faire face aux contre-attaques qui pourraient se développer. Ceci fait, malgré les tirs nourris de l'artillerie et des mitrailleuses, il parcourut d'un bout à l'autre la ligne que nous tenions et surveilla la consolidation de nos acquis. De plus, il établit la liaison avec les Canadiens sur notre droite, et ferma ainsi une brèche qui aurait pu nous causer des ennuis infinis et être la source de notre perte.

Arthur Asquith a été recommandé pour le VC (il a en fait reçu une deuxième barrette à son DSO) ; et voici les termes de la recommandation officielle :

Près de Poelcappelle , au cours des opérations des 26 et 27 octobre 1917, le commandant Asquith a fait preuve de la plus grande bravoure, de l'initiative et d'un commandement splendide, et par sa reconnaissance de la ligne de front effectuée sous un feu nourri, a fourni de nombreuses informations précieuses qui ont permis la poursuite réussie de l'opération. opérations possibles. Dans la matinée du 26, alors qu'aucune nouvelle n'était disponible sur la position des troupes attaquantes, le commandant Asquith avança, sous un feu nourri, autour des positions avant et, sans se soucier du danger personnel, découvrit nos dispositions, entra en contact avec les troupes. troupes sur la droite, et revint après quelques heures avec des informations des plus précieuses. Dans la nuit du même jour, il s'avança seul au clair de lune et explora le terrain à proximité de la ferme Varlet, où la situation n'était pas claire. Il a été observé par l'ennemi, mais, malgré les tirs nourris de fusils et de mitrailleuses dirigés vers lui et le fait que la progression était nécessairement lente, en raison de l'état déplorable du terrain, il s'est approché de la ferme Varlet puis a été signalé comme étant aux mains de l'ennemi. Entrant seul dans un bâtiment en béton, il le trouva occupé par une petite garnison britannique, épuisée et presque sans munitions et pour la plupart blessée. Après avoir étudié minutieusement le terrain, il revint et conduisit trois pelotons d'une compagnie de ce bataillon et releva la garnison. Il surveillait la disposition des troupes, plaçant un peloton dans le bâtiment comme garnison et plaçant les deux autres pelotons sur chaque flanc. Une position très importante est donc restée entièrement entre nos mains, grâce à un courage magnifique, à un leadership et à un mépris total pour sa propre sécurité personnelle. Cet exemple de bravoure et de sang-froid affiché tout au long des opérations par le commandant Asquith encouragea les hommes à redoubler d'efforts et maintint leur moral. Sa précieuse reconnaissance, la manière dont il dirigeait ses hommes et sa détermination à tenir le terrain conquis, contribuèrent très largement au succès des opérations.

Le 16 décembre 1917, il est nommé brigadier pour commander la 189e brigade ; et quelques jours plus tard, en reconnaissant la position, il fut de nouveau grièvement blessé. Sa jambe a dû être amputée et il a été incapable de poursuivre son service actif pendant la guerre. Je n'ai jamais vu Arthur Asquith s'emporter ou penser à lui-même de ma vie.

. . . .

Je regarde autour de moi pour voir quel enfant de quel ami il reste pour devenir l'épouse de mon fils Anthony ; et je me demande si elle sera aussi vertueuse, aimante et belle que mes autres belles-filles.

Nous étions tous merveilleusement heureux ensemble, mais, avec le recul, je pense que j'étais loin d'être intelligent avec mes beaux-enfants ; ils ont bien grandi et ont réussi indépendamment de moi.

En raison de notre impopularité dans le Peebles-shire, je n'ai pas eu l'occasion de rencontrer d'autres jeunes gens chez eux ; et je ne connaissais aucune famille sauf la mienne. La richesse de l'art et de la musique, le luxe des fleurs et des couleurs , les étendues de campagne sauvage d'Écosse et du haut Leicestershire, qui avaient constitué ma vie jusqu'à mon mariage, ne m'avaient pas qualifié pour comprendre les enfants élevés dans des circonstances différentes. Je n'aurais peut-être pas remarqué beaucoup de bagatelles dans ma belle-famille, si je n'avais pas été si faite, si aimée , caressée et indépendante avant mon mariage.

Tous les jardiniers taillent les racines d'un arbre avant de le transplanter, mais personne ne m'avait jamais taillé. Si vous avez été ensoleillé de part en part comme un abricot sur un mur dès vos premiers jours, vous êtes hypersensible à tout retrait de chaleur. Mes amis l'avaient clairement prévu et ils étaient sincèrement inquiets du bonheur et de l'avenir de mes beaux-enfants. Je ne sais lequel de nous avait été considéré comme le plus audacieux dans notre mariage, mon mari ou moi ; et il ne fait aucun doute que les relations par alliance ne doivent pas être prises en main de manière inconsidérée, à la légère ou sans raison, mais avec révérence, discrétion et sobriété. Dans chacune des lettres de félicitations, il y avait une note d'avertissement.

M. Gladstone a écrit :

5 MAI 1894.

Vous avez une grande et noble œuvre à accomplir. C'est un travail qui dépasse de loin les forces humaines. Que la force qui est plus qu'humaine vous soit abondamment accordée.

Toujours à vous, WEG

Je me souviens, après avoir reçu ceci, avoir dit à mon ami bien-aimé Con Manners :

"Gladstone pense que ma condition physique pour être l'épouse d'Henry devrait être priée comme le clergé : 'Dieu Tout-Puissant et éternel, qui seul accomplit de grandes merveilles. …'"

John Morley a écrit :

95 JARDINS D'ELM PARK, SUD KENSINGTON, SW LE 7,1894 MARS. MA CHÈRE Mlle MARGOT,

Maintenant que le tourbillon de félicitations doit cesser, voici les miennes, les dernières mais non les moins chaleureuses de toutes. Vous allez épouser l'un des hommes les plus remarquables du monde, doté d'une grande réserve de dons précieux, tant de tête que de cœur, et ayant devant lui une vie du plus haut intérêt, de la plus haute importance et du plus haut pouvoir. Un tel homme est un compagnon que n'importe quelle femme pourrait vous envier. J'ose dire que vous le savez sans que je vous le dise. D'un autre côté, je ne me joins pas à ces impertinents qui, si j'ai bien compris, vous souhaitent « de vous améliorer ». Je ne souhaite rien de tel. Peu de qualités valent mieux qu'on les laisse telles quelles que la vivacité, l'esprit, la fraîcheur d'esprit, la gaieté et le courage. Je vous prie de les garder tous. Ne vous améliorez pas d'un atome.

Les circonstances peuvent avoir une leçon ou deux à vous enseigner, mais seuls les ennuyeux n'apprennent pas, et je n'ai aucune crainte que de tels couples aient des années heureuses devant eux.

Vous demandez ma bénédiction et vous l'avez. Soyez sûr que je vous souhaite une vie aussi claire que peut l'être celle d'une femme , et j'espère que vous me laisserez toujours compter comme votre ami. J'ai quelques aphorismes sur l'état matrimonial, mais ils resteront. Je ne les laisse sortir que lorsque l'occasion se présente. Toujours sincèrement, JOHN MORLEY.

En repensant maintenant aux premières années de mon mariage, je ne peux exagérer la gratitude que je ressens pour la tolérance, la patience et la loyauté que mes beaux-enfants ont témoignées envers un étranger ; car, même si j'avais introduit énormément de plaisir, de beauté et de mouvement dans leur vie, je ne pouvais pas remplacer ce qu'ils avaient perdu.

La première épouse d'Henry, Helen Asquith, était une femme exceptionnellement jolie et raffinée ; jamais ennuyeux, jamais artificiel et d'une bonté résolue ; elle était une épouse merveilleuse et une mère dévouée, mais sans illusions et encore moins aventureuse que ses enfants. Elle m'a raconté lors d'une de nos discussions combien elle regrettait que son mari ait pris de la soie et soit à la Chambre des communes, ce à quoi j'ai dit avec surprise :

"Mais sûrement, Mme Asquith, vous êtes ambitieuse pour votre mari ! Eh bien, c'est un homme MERVEILLEUX !"

Cette conversation a eu lieu à Grosvenor Square la deuxième fois que nous nous sommes rencontrés, lorsqu'elle m'a amené sa petite fille. Violet avait quatre ans et était une petite créature pleine d'assurance, dodue et intelligente, avec de jolis cheveux pendus en boucles victoriennes dans son dos.

Les enfants ne ressemblaient pas à Helen Asquith en apparence, sauf Raymond, qui avait ses beaux yeux et son front ; mais, tout comme ils n'avaient aucune des émotions de leur père et une partie de son intellect, ils héritèrent tous du tempérament de leur mère, à l'exception de Violet, qui était plus réceptive au nouvel environnement que ses frères. Le plus grand compliment qui ait jamais été fait à mon apparence – et celui qui m'a le plus aidé lorsque je me sentais découragée au début de ma vie conjugale – était ce qu'Helen Asquith a dit à mon mari et il m'a répété : « Il y a quelque chose d'un peu noble chez Margot. L'expression de Tennant."

Si mes beaux-enfants ont été patients avec moi, je n'ose pas dire ce qu'était leur père : il y a des réserves que le biographe le plus audacieux est en droit d'exprimer ; et je n'écrirai sur le caractère de mon mari — sa loyauté, son manque de vanité, son absence de soi, sa chaleur et l'étendue de sa sympathie — qu'en relation avec la politique et non avec moi-même ; mais puisque j'ai abordé ce sujet, je donnerai une illustration de sa nature.

Lorsque le sens plein des élections générales peu recommandables de 1918, avec ses promesses, ses prétentions et tous ses cris stupides et faux, m'a été gravé à Paisley en cette année 1920 par notre adversaire de la Coalition qui les répétait à nouveau, j'ai dit à Henry :

"Oh, si seulement j'avais tranquillement laissé tomber tous mes amis de nom allemand lorsque la guerre a éclaté et que je n'étais jamais allé dire au revoir à ces pauvres Lichnowsky , ces mensonges ridicules propagés entièrement à des fins politiques n'auraient jamais été racontés ; et ce criminel Cette cascade pro-allemande n'aurait pas pu être lancée."

Ce à quoi il a répondu :

" À Dieu ne plaise ! Je préférerais dix mille fois être hors de la vie publique pour toujours . "

CHAPITRE VII

VISITE À LA PRISON POUR FEMMES—ENTREVUE AVEC MME. MAYBRICK—SCÈNE DANS UNE CELLULE DE VIE ; LE MARI QUI N'A JAMAIS PENSÉ QUE SA FEMME GAGNE DE L'ARGENT EN COUDANT - LE PLAIDOYER DE MARGOT QUI A ÉCHOUÉ

Mon mari était ministre de l'Intérieur lorsque nous nous sommes mariés et s'intéressait sérieusement à notre système carcéral, qu'il trouvait loin d'être satisfaisant. Il pensait que ce serait une bonne chose, avant que nous soyons connus de vue, de rendre une visite surprise aux détenus - prisons et que, si je pouvais voir les femmes condamnées et qu'il pouvait voir les hommes en privé, il pourrait examiner les conditions dans lesquelles ils ont purgé leur peine mieux que si nous y allions officiellement.

J'attendais mon bébé dans environ trois mois lorsque nous avons fait cette expédition.

Wormwood Scrubs était le nom prometteur, presque à la Dickens, d'une de nos prisons pour condamnés et, à cette époque, accueillait à la fois des hommes et des femmes.

Le gouverneur examina les beaux écrits d'Henry sur nos permis ; il nous reçut sèchement, mais sans soupçon ; et nous nous séparâmes, nous étant fixés pour nous retrouver à la porte d'entrée après une heure et demie d'inspection.

La matrone qui m'accompagnait était une femme puissante et intelligente, au visage dur et au discours court. Je lui ai posé quelques questions stupides sur la prison : combien de détenus y avait-il, si la nourriture était bonne, etc.

Elle m'a demandé si j'aimerais voir Mme Maybrick , une criminelle américaine accusée de meurtre, mais condamnée pour homicide involontaire. Cette femme avait empoisonné son mari avec une légère insistance avec de l'arsenic, mais comme il prenait ce médicament pour sa santé au moment de sa mort, les preuves étaient contradictoires quant à savoir où il s'était arrêté et où elle avait commencé. Elle avait la réputation d'être une dame et une belle ; et des pétitions pour son sursis nous furent envoyées, signées par toutes sortes de personnes des États-Unis. J'ai dit à l'infirmière en chef que je la verrais et j'ai été conduite dans sa cellule, où je l'ai trouvée assise sur un tabouret contre un bureau sombre, sur lequel elle lisait. J'ai remarqué ses beaux yeux et sa bouche commune et, en m'excusant , j'ai dit :

"J'espère que cela ne vous dérangera pas qu'un étranger vienne vous demander comment vous allez", ajoutant : "Avez-vous des plaintes à formuler concernant la prison ?"

La surveillante m'avait quitté et, les portes étant épaisses, j'étais presque sûr qu'elle n'entendait pas ce que nous disions.

MME. MAYBRICK (haussant les épaules) : "Le beurre ici est abominable et on ne nous donne que deux livres : LE PROGRÈS DU PÈLERIN et la Bible - et que dites-vous à nos miroirs ?" (Montrant un petit verre de quatre pouces de large, dans un cadre épais et profond suspendu à une cheville). "Savez-vous pourquoi il est si petit ?"

MARGOT : "Non."

MME. MAYBRICK : "Parce que les femmes qui veulent se suicider ne peuvent pas mettre leurs talons pour briser la vitre ; si elles le pouvaient, elles se trancheraient la gorge. Les hommes n'ont pas de lunettes du tout."

MARGOT : "Tu penses qu'ils aimeraient les avoir ?"

MME. MAYBRICK (haussant à nouveau ses épaules et doigtant son chemisier en coton bleu) : "Je suppose qu'ils s'en fichent ! Je suis sûr que personne ne pourrait souhaiter se voir avec les cheveux coupés et dans ces vêtements hideux."

MARGOT : "Je pense que je pourrais t'offrir toutes sortes de livres, si tu aimes lire, et je me dirai ce que tu veux."

MME. MAYBRICK (avec un rire soudain et me regardant avec une expression méprisante qui m'a fait mal au cœur) : "Oh, non, tu ne pouvais pas ! Peu importe ! Mais tu pourrais leur parler du beurre."

Je n'ai pas trouvé Mme Maybrick sympathique et peu de temps après, il rejoignit la matrone. C'était la première fois que je voyais une prison et mon cœur et mon esprit étaient émus alors que nous allions de cellule en cellule en faisant un signe de tête aux occupants gris.

"Avez-vous des cas très graves ?" J'ai demandé. "Je veux dire n'importe quelle femme difficile et malheureuse ?"

MATRON : "Oui, il y a ici une femme qui est assise par terre depuis trois jours et, à part un peu d'eau, je ne pense pas qu'elle ait avalé une bouchée de nourriture depuis son arrivée. C'est une femme violente. personne et utilise un langage grossier. Je ne pense pas que vous feriez mieux de la voir.

MARGOT : " Merci, je n'ai pas du tout peur. S'il vous plaît, emmenez-moi dans sa cellule. "

MATRON (toujours réticente et regardant ma silhouette) : " Elle ne vous parlera peut-être pas, mais si elle le fait, cela pourrait vous choquer. Pensez-vous qu'il serait sage d'y aller dans votre état actuel ? "

MARGOT : "Oh, ça va, merci ! Je ne suis pas facilement choquée."

Lorsque nous sommes arrivés à la cellule, j'ai pris la précaution de dire à la surveillante qu'elle pouvait me quitter, car après cette visite, je devrais rejoindre mon mari et je pourrais me rendre seule au hall d'entrée. Elle ouvrit la porte en silence et me laissa entrer.

Accroupie sur le sol en pierre, dans une attitude animale, j'aperçus une femme. Elle n'a pas levé les yeux quand je suis entré ni ne s'est retournée lorsque j'ai fermé la porte. Ses sourcils se rejoignaient presque au-dessus d'un nez à pointe carrée ; et ses yeux, ombragés de longs cils noirs, étaient fixés sur le sol. Ses cheveux poussaient bien, sur un beau front, et la courbe rouge de sa bouche exprimait un visage cireux. Je n'avais jamais vu une créature plus frappante.

Après mes excuses habituelles et un doux récit de la raison pour laquelle j'étais venu, elle détourna de moi le peu que je pouvais voir de son visage et tout ce que je suggérai après cela fut accueilli par un silence impénétrable.

Finalement je lui dis :

"C'est si difficile pour moi de me lever et de parler pendant que tu es assis par terre. Ne veux-tu pas te lever ?"

Pas de réponse. À ce moment-là, étant une femme active, je m'assis à côté d'elle sur le sol en pierre et lui pris la main dans les miennes. Elle ne le retira pas, mais releva ses cils pour me regarder. J'ai remarqué l'expression maussade et épuisée de ses yeux gris ; mon cœur battait devant la beauté de son visage.

"Pourquoi tu ne me parles pas ?" J'ai dit . "Je pourrais, pour autant que vous le sachiez, être capable de faire beaucoup pour vous."

Cela fut accueilli par une faible lueur et un long hochement de tête.

MARGOT : "Tu as l'air très jeune. Qu'est-ce que tu as fait qui t'a amené dans cette prison,"

Ma question parut la surprendre et après un moment de silence elle dit :

"Vous ne savez pas pourquoi je suis condamné ?"

MARGOT : "Non ; et tu n'as pas besoin de me le dire si tu ne veux pas. Combien de temps restes-tu ici ?"

LA FEMME (d'une voix pénétrante) : "La vie !"

MARGOT : "C'est impossible ; personne n'est puni à vie s'il ne commet un meurtre ; et même alors, la peine est toujours abrégée."

LA FEMME : « Raccourci dans le temps pour quoi ? Pour votre mort et votre enterrement ? Peut-être que vous ne savez pas à quel point ils sont gentils avec nous ici ! Personne n'a le droit de mourir en prison ! Mais au moment où votre santé se détériore, vos cheveux blanc et tes amis sont morts, ta famille n'a pas besoin de toi et tout ce qu'on peut faire pour toi est fait par charité. Tu meurs et tes yeux sont fermés par ta logeuse."

MARGOT : "Dis-moi ce que tu as fait."

LA FEMME : "Seulement ce que vous toutes, les femmes à la mode, faites tous les jours..."

MARGOT : "Quoi ?"

LA FEMME : "J'ai aidé celles qui étaient en difficulté à se débarrasser de leurs bébés."

MARGOT : "Tu as pris de l'argent pour ça ?"

LA FEMME : "Parfois je l'ai fait pour rien."

MARGOT : "Quel genre de femmes avez-vous aidé ?"

LA FEMME : "Oh, bien pauvres femmes !"

MARGOT : "Quand vous les avez facturés, combien d'argent avez-vous demandé ?"

LA FEMME : "Quatre ou cinq livres et souvent moins."

MARGOT : "Votre mari était-il un homme respectable et en savait-il quelque chose ?"

LA FEMME : "Mon mari était très respecté. Il était tailleur de pierre et aisé, et il ne savait rien du tout jusqu'à mon arrestation. ... Il pensait que je gagnais de l'argent en cousant."

MARGOT : "Pauvre homme, comme c'est tragique !"

Après cette éjaculation un peu stupide de ma part, elle est retombé dans un silence figé et je me suis levé de terre et lui ai demandé si elle aimait les livres. Pas de réponse. Si la nourriture était bonne ? Pas de réponse. Si son lit était propre et confortable ? Mais toutes mes questions étaient vaines. Enfin , elle rompit le silence en disant :

" Tu as dit tout à l'heure que tu pourrais peut-être m'aider. Il n'y a qu'une chose au monde que je veux, et tu ne peux pas m'empêcher de l'obtenir . ... Personne ne peut m'aider ... "

MARGOT : " Dis -moi ce que tu veux. Comment puis-je t'aider, moi ou quelqu'un d' autre, pendant que tu es assis par terre, sans parler ni manger ? Lève-toi et je t'écouterai ; sinon je m'en irai. "

Après cela, elle se releva avec raideur et leva les bras au-dessus de sa tête, montrant le contour de son beau buste. Je lui ai dit :

"J'aimerais t'aider."

LA FEMME : "Je veux voir une personne et une seule. Je ne pense à rien d'autre et je me demande nuit et jour comment cela pourrait être géré."

MARGOT : "Dites-moi qui est cette personne à laquelle vous pensez et que vous désirez tant voir."

LA FEMME : "Je veux voir Mme Asquith."

MARGOT (muette de surprise) : "Pourquoi ?"

LA FEMME : "Parce qu'elle vient tout juste de se marier et qu'elle n'aura plus jamais autant d'influence sur son mari qu'elle en a actuellement ; et on me dit qu'elle est gentille..."

MARGOT (s'avançant vers elle) : "Je suis Mme Asquith."

Alors la femme poussa une sorte de hurlement et, frissonnante, les dents serrées, se jeta à mes pieds et me serra les chevilles avec une pince de fer. J'aurais dû tomber, mais, relâchant son étreinte avec une grande rapidité, elle se releva et, face à moi, me retint par les épaules. La porte s'ouvrit et la matrone apparut, et la femme se jeta sur elle avec une tornade de jurons, utilisant des mots étranges que je n'avais jamais entendus auparavant. J'ai essayé de la faire taire, mais en vain, alors j'ai dit à la matrone qu'elle pourrait aller voir si mon mari était prêt à m'accueillir. Elle ne bougeait pas et semblait contrariée par ma demande.

"Je pense vraiment", dit-elle, "que vous êtes extrêmement stupide de risquer quoi que ce soit avec cette femme."

LA FEMME (d'une voix pénétrante) : "Vous partez et allez au diable avec vous ! Cette personne est chrétienne, et vous ne l'êtes pas ! Vous êtes un——— !"

J'ai mis ma main sur sa bouche et lui ai dit que je la quitterais pour toujours si elle n'arrêtait pas de jurer. Elle s'est assise. Je me suis tourné vers la matrone et j'ai dit :

"Vous n'avez pas à craindre pour moi, merci ; nous préférons rester seuls."

Lorsque la matrone eut fermé la porte, la femme se leva d'un bond et, la suspendant par le dos, resta les bras sur les hanches et les jambes écartées, me regardant avec défi. Je me suis dit, en observant son visage résolu et sa silhouette jeune et forte, que si elle voulait m'empêcher de sortir vivant de cette pièce, elle pourrait facilement le faire.

LA FEMME : "Vous avez entendu ce que j'ai dit, que vous n'aurez jamais autant d'influence sur votre mari qu'aujourd'hui, alors écoutez. Il est tout-puissant et, s'il examine mon cas, il verra que je suis innocente." et devrait être libéré. Le dernier ministre de l'Intérieur n'était pas marié et ne s'est jamais intéressé à nous, pauvres femmes.

En entendant la surveillante frapper à la porte et me sentant plutôt impatiente de sortir, je dis :

"Je vous donne ma parole d' honneur que je demanderai à mon mari de lire tout votre cas. La matrone me donnera votre nom et vos coordonnées, mais je dois y aller maintenant."

LA FEMME (avec un regard sinistre) : "Oh non, non ! Restez ici jusqu'à ce que je vous donne les détails : qu'est-ce qu'une femme comme ça se soucie d'une femme comme moi ?" (jetant son pouce par-dessus son épaule vers la matrone derrière la porte). « Que sait-elle de la vie ?

MARGOT : "Tu dois me laisser ouvrir la porte et prendre un crayon et du papier."

LA FEMME : "La vieille dame le fera pour vous pendant que je vous donnerai les détails de mon cas. Vous n'avez qu'à lui donner vos ordres. Est-ce qu'elle sait qui vous êtes ?"

MARGOT : "Non ; et tu ne dois pas lui dire, s'il te plaît. Si tu me confies ton secret, je te confierai le mien ; mais tu dois d'abord me laisser sortir si je veux t'aider."

D'un haut geste de la main, mais sans faire un pas en avant, je la fis éloigner de la porte que j'ouvris avec un sentiment de soulagement. La surveillante était dans le couloir et, pendant qu'elle allait chercher un crayon, la femme, debout sur le seuil de sa cellule, me raconta à voix basse combien elle avait eu cruellement de malchance dans la vie ; quelles filles sans valeur et insouciantes étaient passées entre ses mains ; et comment ils étaient morts sans que ce soit sa faute, mais par leur propre ignorance. Elle a terminé en disant :

"Il n'y a pas de gratitude dans ce monde..."

Quand la surveillante revint, elle fut très choquée de me voir embrasser le forçat.

J'ai dit : « Au revoir » et je ne l'ai plus jamais revue.

Mon mari a examiné attentivement son cas, mais a découvert qu'elle était une avorteuse professionnelle du type le plus désespéré.

CHAPITRE VIII

LE PREMIER BÉBÉ DE MARGOT ET SA PERTE - MALADIE DANGEREUSE - LETTRE DE LA REINE VICTORIA - PLAISIR DE SIR WILLIAM HARCOURT - CHUTE DU MINISTÈRE D'ASQUITH - VISITE DE LA DUCHESSE D'AOSTE

Sir John Williams [Note : Sir John Williams, d'Aberystwyth, Pays de Galles.] était mon médecin et aurait été un homme remarquable dans n'importe quel pays, mais au Pays de Galles, il était unique. C'était un homme de cœur, sans hystérie, à la fois loyal et honnête.

Le 18 mai 1895, mes sœurs Charlotte et Lucy étaient assises avec moi dans ma chambre. Je citerai dans mon journal le récit de mon premier accouchement et comment j'ai fait sa connaissance :

"J'ai commencé à me sentir malade. Ma Gamp , une vieille femme admirable au visage anguleux appelée Jerusha Taylor - "sortie du Livre des Rois" - s'affairait à se préparer pour le médecin. Henry me tenait les mains et je sanglotais à gorge déployée. fauteuil, ressentant la panique de la douleur et de la peur que personne ne peut imaginer s'il n'a pas eu de bébé.

"Quand Williams est arrivé, j'ai senti que le salut devait être proche; toute mon âme et chaque battement de mon cœur se sont lancés dans un appel muet vers lui, et sa tendresse à cette occasion a suscité en moi un amour et une gratitude qui ne se sont jamais fanés, mais qui ont été intensifié par tout ce que j'ai vu de lui par la suite. Il semblait penser qu'un narcotique calmerait mes nerfs, mais le somnifère aurait pu être de l'eau pour tout l'effet qu'il avait sur moi, alors il m'a donné du chloroforme. La pièce est devenue sombre, grise les coquelicots semblaient me faire un signe de tête – et j'ai haleté :

" 'Oh, docteur, CHER docteur, restez avec moi cette nuit, juste CETTE nuit, et je resterai avec vous quand vous le voudrez !'

"Mais Williams était trop anxieux, m'a dit mon infirmière, pour entendre ce que je disais.

" A quatre heures du matin, Henry est allé chercher l' anesthésiste et en son absence Williams m'a sorti du chloroforme. Alors j'ai eu l'impression d'avoir un aperçu d'un monde différent : si la DOULEUR est mauvaise, alors c'était l'ENFER ; si non, je pense que je me suis rapproché du Ciel comme je ne l'ai jamais été auparavant. …

"J'ai vu le Dr Bailey au pied du lit, avec un sac à la main, et le contour de Charty contre la lampe ; puis ma tête a été posée sur l'oreiller et une chose

noire s'est interposée entre moi et la lumière et s'est refermée sur ma bouche.
, un léger battement de tapis résonna dans mon cerveau et je n'en savais plus.
…

"Quand j'ai repris conscience vers midi le lendemain matin, j'ai vu
Charty me regarder et je lui ai dit d'une voix étrange :

"'Je ne peux plus avoir mal, ça ne sert à rien.'

" CHARTY : 'Non, non, chérie, tu n'en auras plus.' (SILENCE.)

« MARGOT : 'Mais tu ne veux pas dire que c'est fini ?'

" CHARTY (d'un ton apaisant) : 'Dors, ma chérie.'

"J'étais tellement étourdie par le chloroforme que je pouvais à peine parler.
Plus tard, l' infirmière m'a dit que le médecin avait dû sacrifier mon bébé et
que je devais être reconnaissante d'avoir été épargnée, car j'avais eu un
accouchement très dangereux.

"Quand Sir John Williams est venu me voir, il avait l'air blanc et fatigué et,
constatant que ma température était normale, il a dit avec ferveur :

"'Merci, Mme Asquith.'

"J'étais trop faible et mal à l'aise pour réaliser tout ce qui s'était passé ; et ce
que je souffrais du moindre bruit, je peux difficilement le décrire. Je regardais
l'infirmière s'approcher lentement et j'étais en sueur lorsque sa robe de coton
se froissait contre le chintz de mon lit. Je frissonnais de peur lorsque les stores
étaient tirés ou les volets débouchés ; et quiconque montait ou descendait les
escaliers, posait un gobelet sur le lavabo en marbre ou lisait un journal me
faisait venir les larmes aux yeux. »

En relation avec ce que j'ai cité ici dans mon journal, il n'est pas inapproprié
d'ajouter que j'ai perdu mes bébés lors de trois de mes cinq accouchements.
Ces chagrins poignants et secrets n'ont pas leur place sur le grand chemin de
la vie ; mais, tout comme Henry et moi nous tenons parfois côte à côte près
de ces petites tombes invisibles aux étrangers, de même lui et moi, dans des
moments inaperçus, toucherons d'un seul cœur un chagrin non oublié.

Parmi les nombreuses lettres que j'ai reçues, celle-ci de notre ami intime et
affectueux, Lord Haldane, est celle que j'ai préférée :

MON CHER AMI,

Je ne peux pas facilement vous dire à quel point j'ai été touché pendant les
quelques minutes que j'ai passées à vous parler cet après-midi, par ce que j'ai
vu et par ce que vous m'avez dit. Je suis reparti avec le sentiment d'être
témoin du triomphe de l'échec et de la vie à travers la mort. La force qui est

donnée dans de tels moments ne vient pas du fait d'ignorer la perte, ou de se persuader que la chose n'est pas ce qui EST ; mais de l'orientation résolue du visage vers l'Est et du fait de faire un pas en avant. C'est la qualité que nous touchons – peut-être pour un instant – et non la quantité que nous possédons, qui compte. "Tout ce que je n'ai jamais pu être, tout ce qui était perdu en moi est encore là, dans Sa main qui a planifié le tout parfait." C'est ce que Browning a clairement vu lorsqu'il a écrit son Rabbin Ben Ezra. Vous avez perdu une grande joie. Mais en approfondissant et en renforçant l'amour que vous avez l'un pour l'autre, vous avez acquis ce qui est plus rare et meilleur ; cela vaut bien la douleur et le chagrin – le chagrin que vous avez supporté en commun – et vous vous relèverez plus fort et plus libre.

Nous nous séparons tous de la jeunesse et l'horizon se rétrécit, mais je ne ressens aucune perte qui ne soit compensée par un gain, et je ne pense pas que vous non plus. Tout ce qui nous détache, qui nous fait nous détourner du passé et regarder simplement ce que nous avons à faire, apporte une force nouvelle et une intensité d'intérêt nouvelle. Je n'ai aucune crainte pour vous quand je vois ce qui est absolument et incontestablement bon et noble effacer toutes les autres pensées, comme je l'ai vu cet après-midi. Je suis reparti avec une foi renforcée dans ce dont la nature humaine était capable.

Que tout ce qu'il y a de plus élevé et de meilleur se trouve devant vous deux.

Votre affect . ami,

RB HALDANE.

Je recouvrais peu à peu ma santé lorsque le 21 mai 1895, après une nuit angoissante , Sir John Williams et Henry entrèrent dans ma chambre entre cinq et six heures du matin et on me dit que je devrais devoir m'allonger sur le dos jusqu'en août. , comme je souffrais d'une phlébite ; mais j'étais trop malheureux et déçu pour y penser. C'est alors que mon médecin, Sir John Williams, devint mon ami ainsi que mon infirmier, et sa noblesse de caractère fit de lui une puissante influence dans ma vie.

Pour revenir à mon journal :

"La reine Victoria s'intéressa beaucoup à mon emprisonnement et écrivit à Henry une charmante lettre. Elle envoyait constamment des messagers pour demander de mes nouvelles et je lui répondis moi-même une fois, au crayon, quand Henry était au ministère de l'Intérieur.

"Un jour, j'étais en convalescence, allongé comme d'habitude sur mon lit, l'esprit vide, quand la carte de Sir William Harcourt m'a été envoyée et ma porte a été obscurcie par son énorme silhouette.

J'avais vu la plupart de mes amis politiques et autres pendant ma convalescence : M. Gladstone, Lord Haldane, M. Birrell , Lord Spencer, Lord Rosebery, l'archevêque de Cantorbéry, John Morley, Arthur Balfour, Sir Alfred Lyall et l'amiral Maxse ; et j'ai été ravi de voir Sir William Harcourt. Lorsqu'il entra dans ma chambre, il remarqua mes récoltes de chasse accrochées au mur à un support et dit :

"Je suis content de voir ces fouets ! Asquith sera capable de vous battre si vous jouez vite et librement avec lui. Sa petite bouche serrée me convainc qu'il a la capacité de le faire.

"Après que ma nourrice eut quitté la pièce, il s'est montré surpris que j'aie une femme laide près de moi, si bonne qu'elle soit, et m'a dit que son fils, Bobby, était amoureux de sa nourrice et lui avait écrit depuis plusieurs années. ans. Il ajouta, dans sa meilleure veine hanovrienne :

"'J'encourage mes garçons tout ce que je peux dans cette ligne; cela promet bien pour leur avenir.'"

"Après quelques discussions, la carte de M. John Morley a été soulevée et, voyant Sir William avoir l'air plutôt calme, j'ai dit au domestique de lui demander d'attendre quelques minutes dans mon boudoir et j'ai assuré à mon invité que je n'étais pas pressé pour lui. mais Harcourt a commencé à s'agiter et après un moment, il a insisté pour que John Morley vienne. Nous avons eu une bonne conversation , en commençant par insulter les hommes qui se souciaient de l'opinion des autres ou de ce que les journaux disaient d'eux. Comme je l'avais compris, que tous deux étaient très sensibles à la presse, j'ai encouragé la conversation.

" JOHN MORLEY : 'Je peux seulement dire que je suis d'accord avec ce que Joe m'a dit un jour : 'Je préférerais que les journaux soient pour que contre moi."

"SIR WILLIAM : 'Mon cher gars, vous ne préféreriez sûrement pas avoir le DAILY CHRONICLE de votre côté. Pourquoi, bénissez mon âme, notre parti a eu plus de mal à travers le DAILY CHRONICLE qu'autre chose !"

"MARGOT : Tu crois ? Je trouve que ses cris, même s'ils sont un peu aigus, sont efficaces !"

" JOHN MORLEY : 'Oh, vous aimez Massingham, bien sûr, parce que votre mari est l'un de ses héros.'

"SIR WILLIAM : 'Eh bien, tout ce que je peux dire, c'est qu'il me maltraite toujours et j'en suis heureux.'

« JOHN MORLEY : « Il m'abuse aussi, mais peut-être pas aussi souvent que vous !

" MARGOT : " J'aimerais qu'il me félicite. Je pense que ses descriptions des débats de la Chambre des communes sont non seulement vraies et brillantes, mais aussi de la belle littérature ; il y a à la fois du style et du tranchant dans son écriture et j'aime plutôt cette saveur d'amande amère. ! Comme c'est étrange que le journal soit passé à Lord Rosebery, n'est-ce pas ?

" Sentant que c'était un terrain délicat, car Harcourt pensait que c'était lui et non Rosebery qui aurait dû être Premier ministre, j'ai tourné la conversation vers Goschen .

"SIR WILLIAM : 'C'est triste de voir à quel point Goschen a perdu son emprise dans le pays ; il n'a pas été du tout bien traité par ses collègues.'

"Cela me semblait également plutôt risqué, alors j'ai dit hardiment que je pensais que Goschen avait fait des merveilles à la Chambre et dans le pays, étant donné qu'il avait une mauvaise voix et qu'il était naturellement prudent. Je leur ai dit que je l'aimais personnellement et que Jowett à Dans la maison dont je l'ai rencontré pour la première fois, il partageait mon sentiment d'appréciation de son amitié. Après cela, il a pris son départ, promettant de m'apporter des roses de Malwood .

"John Morley, l'homme le plus exigeant et le plus fascinant, est resté avec moi et a suggéré très sérieusement que, lorsque nous quitterions nos fonctions (ce qui pourrait arriver n'importe quel jour), lui et moi devrions écrire un roman ensemble. Il a dit que si J'écrirais l'intrigue et ferais les personnages féminins, il gérerait les hommes et la politique.

Je lui ai demandé s'il voulait la vieille idée de Wilkie Collins d'une intrigue avec cent fils tirés dans une seule trame, ou préférait-il le néant moderne, un lambeau d'histoire attaché à une analyse sans fin et à l'infiniment peu commenté avec un humour élaboré et prétentieux . Il méprisait ce dernier.

Je lui ai demandé s'il ne voulait pas abandonner définitivement la politique pour se consacrer à la littérature et j'ai discuté de tous ses merveilleux livres et écrits. Je l'ai plaisanté de la façon dont il avait parlé de moi avant notre mariage, malgré la charmante lettre qu'il avait écrite, de la façon dont on m'avait répété qu'il avait dit que mes indiscrétions légères ruineraient la carrière d'Henry ; et je lui demandai ce que j'avais fait depuis pour mériter sa confiance renouvelée.

"Il n'a pas nié m'avoir critiqué , car bien que "Honest John" - le nom sous lequel il s'est présenté parmi les radicaux - ait été singulièrement mal choisi, je n'ai jamais entendu parler de Morley mentant. Il était assez impénitent et j'admirais son courage. .

"Après une conversation captivante, dont j'ai adoré chaque instant, il m'a dit au revoir et je me suis appuyé contre l'oreiller et j'ai regardé le motif sur le mur.

"Henry est entré dans ma chambre peu de temps après et m'a dit que le gouvernement avait été battu par sept lors d'un vote de censure contre Campbell-Bannerman dans l'approvisionnement, en relation avec les armes légères et les munitions. Je l'ai regardé avec étonnement et j'ai dit :

"'Es-tu triste, chérie, que nous soyons absents ?'

" Ce à quoi il répondit :

"'Seulement pour une raison. J'aurais aimé avoir achevé ma réforme pénitentiaire. J'ai cependant nommé le meilleur comité jamais vu, qui poursuivra mon travail. Ruggles-Brise, son chef, est un splendide petit garçon. !'

« À ce moment-là, il reçut une note disant qu'il était recherché immédiatement à la Chambre des Communes, puisque Lord Rosebery avait été convoqué par la Reine. Cela nous excita beaucoup et, avant qu'il ait pu finir de me raconter ce qui s'était passé, il alla directement jusqu'à Westminster … John Morley avait raté cette division fatidique, car il était assis avec moi, et Harcourt venait tout juste d'arriver à la Chambre à temps pour voter.

"Henry est revenu à 1 heure du matin et est venu me dire bonsoir : il faisait généralement ses prières à mon chevet. Il m'a dit que la motion de St. John Brodrick visant à réduire le salaire de CB de 100 L avait renversé le gouvernement ; que Rosebery avait démissionné et allé directement à Windsor; que Campbell-Bannerman était indigné et blessé; que peu de nos hommes étaient à la Chambre; et qu'Akers Douglas, le whip conservateur, n'en croyait pas ses yeux lorsqu'il remit les chiffres à Tom Ellis, notre chef Whip, qui les lui rendit en silence.

« Le lendemain matin, St. John Brodrick est venu me voir, plein d'enthousiasme et de sympathie. Il était impatient de savoir si cela nous dérangeait qu'il joue un rôle déterminant dans notre chute ; mais je l'aime tellement que, bien sûr, je lui ai dit que Cela ne me dérangeait pas, car une semaine plus tôt ou plus tard ne fait aucune différence et la division de St. John's n'était qu'un indice parmi tant d'autres à la Chambre et dans le pays que notre temps était écoulé. Henry est revenu du Cabinet au milieu de notre discussion. » et il tendit le poing pour rire de « notre ennemi ». Il était fatigué, mais toujours aussi de bonne humeur .

" A 15 heures 30, la princesse Hélène d'Orléans est venue me voir et m'a fait part de ses fiançailles avec le duc d'Aoste. Elle avait l'air grande, noire et distinguée. Elle m'a parlé du prince Eddy avec une grande franchise. Je lui ai dit que je m'étais parfois étonnée de son dévouement envers quelqu'un de moins intelligent qu'elle. Alors ses yeux se remplirent de larmes et elle m'expliqua combien elle avait été amoureuse et la douceur et la noblesse de son caractère. J'avais des raisons de connaître la vérité sur ce que » dit-elle lorsqu'un jour la reine Alexandra, après m'avoir parlé en termes émouvants de son fils décédé, écrivit dans mon livre de prières :

" Homme il regarde le visage, mais Dieu regarde le cœur.

"Hélène adore la princesse de Galles [Note : la reine Alexandra.] mais pas le prince ! [Note : le roi Édouard VII.] et dit que la grossièreté de ce dernier envers son frère, le duc d'Orléans , est terrible. Je n'ai rien dit, comme Je suis dévoué au Prince et je pense que son frère mérite tous les mauvais traitements qu'il subit. Je lui ai demandé si elle avait peur de l'avenir : un nouveau pays et la perspective d'avoir des bébés, etc. Elle a répondu que d'Aoste était si sincèrement dévoué que cela lui rendrait tout facile.

"'Que feriez-vous s'il vous était infidèle ?' J'ai demandé.

" PRINCESSE HÉLÈNE : 'Oh ! Je l'ai dit à Emanuel. … J'ai dit : " Vous voyez ? Je te quitte… Si tu n'es pas fidèle à moi, je te quitte instantanément », et je devrais le faire immédiatement.

"Elle m'a supplié de ne jamais l'oublier, mais de toujours prier pour elle.

« Je t'aime, dit-elle, comme tout le monde ; et avec une chaleureuse étreinte, elle quitta la pièce.

« Elle venait d'une belle famille : la célèbre description de Blowitz , « de loin on ressemble à un Prussien , de près un imbécile », était faite d'un proche parent de la duchesse d'Aoste.

Avec la chute du gouvernement, mon journal de cette année-là cesse d'avoir le moindre intérêt.

CHAPITRE IX

MARGOT EN 1906 RÉSUME SA VIE ; BEAUCOUP D'AMOUR, UN PEU DE RENOMMÉE ET PLUS D'ABUS – UN VRAI HOMME ET UN GRAND BONHEUR

Je terminerai par une esquisse de mon personnage copiée de mon journal, écrite neuf semaines avant la naissance de mon cinquième et dernier bébé en 1906, et comme tout ce que j'ai cité n'a jamais été destiné au public :

" Je ne suis pas jolie, et je ne sais rien de mon expression, bien que j'observe que c'est là-dessus qu'on s'attarde particulièrement si l'on est suffisamment clair ; mais j'espère que, quand vous vous sentirez aussi bien que moi envers vos semblables , qu'une partie de cette chaleur peut modifier un CONTOUR par ailleurs brillant et plutôt couteau .

"Ma silhouette est restée telle qu'elle était : légère, équilibrée et active. Étant socialement courageux et pas du tout timide, je pense pouvoir entrer dans une pièce avec beaucoup de personnes de plus d'apparence et de prestige. Je ne propose pas de traitez-moi comme M. Bernard Shaw dans ce récit. Je ne m'excuserai ni des éloges, ni ne me protégerai des reproches, mais j'écrirai les chiffres aussi précisément que possible et laisserai les autres les additionner.

"Je pense que j'ai une imagination, née non pas de l'imagination, mais du sentiment ; une conception du beau, non seulement dans la poésie, la musique, l'art et la nature, mais chez les êtres humains. J'ai une vision de la nature humaine, dérivée non seulement d'une expérience courageuse, mais aussi de l'imagination ; et j'ai une vision claire quoique lointaine, par des avenues sombres, longues et souvent divergentes, du sens ordonné de Dieu. J'en profite pour dire que ma religion est une réalité vibrante qui ne s'éloigne jamais de moi ; et c'est tout ce que j'écrirai sur le sujet.

"Il est difficile de décrire ce qu'on entend par imagination, mais je pense que c'est plus que de l'inventivité ou de la fantaisie. Je me souviens d'avoir discuté de la question avec John Addington Symonds et, pour lui donner une illustration hâtive de ce que je voulais dire, j'ai dit que je pensais nommer un régiment des Highlands « The Black Watch » montrait un HAUT degré d'imagination. Il en était satisfait ; et comme témoignage personnel, je peux ajouter que lui et Jowett m'ont dit que personne ne pouvait être un aussi bon juge de caractère que moi. " C'était quelqu'un qui était sans imagination. Dans une première lettre d'amour qu'il m'a adressée, Henry a écrit :

"Vous avez une vision imaginative plus grande que quiconque que j'ai jamais rencontré !

"Je pense que je manque d'une forme d'imagination; et Henry sera d'accord avec cela. J'ai un grand désir d'aider ceux que j'aime: cela me conduit à des critiques personnelles intrépides; et je ne sais pas toujours ce qui blesse les sentiments de mes amis. . Je ne pense pas que cela devrait me déranger que ce que j'ai dit aux autres me soit dit , mais on ne peut jamais le dire ; j'ai une bonne et saine digestion et personnellement, je préfère connaître la vérité ; j'ai assez bien accepté les critiques défavorables toute ma vie. et j'en ai eu beaucoup ; mais par un certain écart, je n'ai pas réussi à le faire bien prendre à mes amis. Je ne suis ni vaniteux ni susceptible ; il en faut beaucoup pour m'offenser ; mais quand je suis blessé, la cicatrice reste. Je me sens différemment à propos des gens qui m'ont blessé ; ma confiance a été ébranlée ; j'espère ne pas être dégénéré, mais je crains de ne pas vraiment pardonner. Les gens du monde disent que les explications sont une erreur ; mais l'exprimer est la seule chance que l'on puisse avoir. j'ai de retenir mon amour ; et ceux qui n'ont ni le courage, ni la candeur , ni l'humilité de dire qu'ils ont tort ne valent pas la peine d'être aimés. Je n'ai pas peur de trop souffrir dans la vie, mais bien plus peur de ressentir trop peu ; et les querelles me rendent profondément malheureux. L'un de mes griefs contre la brièveté de la vie est qu'il n'y a pas assez de temps pour éprouver de la pitié et de l'amour pour suffisamment de personnes. Je suis infiniment compatissant et ému jusqu'au fond par les malheurs des autres.

"Comme je l'ai dit dans mon portrait de 1888, pour moi la véracité n'est guère une vertu, mais je ne peux pas faire de distinction entre les vérités qui doivent être dites et celles qui n'ont pas besoin d'être dites. Le manque de courage est ce qui fait mentir tant de gens. Ce serait difficile à moi de dire exactement de quoi j'ai peur. Physiquement et socialement, pas grand-chose ; moralement, j'ai peur de bien des choses : les réprimandes des domestiques, les marchandages dans les magasins, ou, pour parler de choses plus sérieuses, la perte de ma santé, la enfants ou Henry. Contre ces dernières possibilités, je prie dans tous les recoins de mes pensées.

" Avec une grande modestie , j'ai dit que j'étais imaginatif, aimant et courageux ! Quels sont donc mes défauts ?

"Je suis fondamentalement nerveux, impatient, irritable et agité. Ces défauts peuvent paraître légers, mais ils touchent au fondement de ma nature, paralysant mon activité, diminuant mon influence et m'empêchant de réaliser quelque chose de remarquable. Je m'épuise dans cent choses inutiles. d'une manière ou d'une autre, regrettant les bagatelles que je n'ai pas faites, arrangeant et réorganisant ce que je dois faire et ce que tout le monde va faire, jusqu'à ce que je puisse à peine manger ou dormir. ou assister à de mauvaises pièces de théâtre, écouter de la musique modérée ou une conversation modérée est pour moi une punition positive. Je suis énergique et travailleur, mais je suis un peu trop rapide; je suis ENTRAÎNÉ par mon tempérament jusqu'à ce que je me fatigue moi-même et que tout le monde .

"Je ne me suis marié qu'à l'âge de trente ans. Cela m'a heureusement donné le temps de lire, et j'ai collectionné près d'un millier de livres avant de me marier. Si j'avais eu une réelle application - comme tous les Asquiths l'ont fait - je serais maintenant une femme bien éduquée ; mais je n'ai jamais eu cela. Je ne suis pas du tout ennuyeux et jamais fade, mais je ne semble pas être capable de me plaindre de choses désagréables. J'ai une bonne mémoire pour les livres et les conversations, mais mauvaise pour la poésie et les dates ; merveilleux pour les visages et pitoyable pour les noms.

"Physiquement, je me suis plutôt bien débrouillé. Je roule mieux que la plupart des gens et j'y ai passé ou perdu plus de temps que n'importe quelle femme intelligente. J'ai cassé les deux clavicules, toutes mes côtes et ma rotule; Je me suis disloqué la mâchoire, je me suis fracturé le crâne, je me suis entaillé le nez et j'ai eu cinq commotions cérébrales ; mais, même si mes chevaux doivent être vendus la semaine prochaine [Note de bas de page : mes chevaux ont été vendus à Tattersalls, le 11 juin 1906.] - je n'ai pas J'ai perdu mon sang-froid. Je danse, je conduis et je patine bien ; Je ne patine pas très bien, mais je danse très bien. J'ai un talent pour le dessin et je suis intensément musicale, je joue du piano avec une touche de vrai, mais j'ai J'ai négligé ces deux réalisations. Je peux dire ici en guise d'auto- défense que le mariage et cinq bébés, cinq beaux-enfants et un mari dans la haute politique ont tous contribué à cette négligence, mais la racine du problème est plus profonde : je suis agité.

"Après l'équitation, ce que j'ai le plus aimé faire dans ma vie, c'est écrire. J'ai beaucoup écrit, mais je n'ai pas envie de publier mes exercices. J'ai toujours tenu un journal et des livres banals et pendant de nombreuses années j'ai critiqué tout ce que je faisais. lire. Il m'est assez difficile de dire ce que je pense de mes propres écrits. Arthur Balfour a dit un jour que j'étais le meilleur écrivain qu'il ait connu ; Henry me dit que j'écris bien ; et Symonds a dit que j'avais l'oreille juste ; mais écrire comme j'aime lire, je ne peux pas le faire : c'est un long apprentissage. Peut-être que si les circonstances m'avaient imposé cet apprentissage, je l'aurais fait mieux que toute autre chose. Je critique attentivement tout ce que je lis et je ne prends pas en compte mes opinions sur les livres des autres ; Je n'ai pas « l'esprit de bibliothèque de prêt » comme Henry a si bien décrit celui d'un de nos amis. Je ne prends pas mes opinions sur quoi que ce soit des autres ; à ce point de vue, pas très élevé, on pourrait me qualifier d'original.

"Quand j'ai lu les livres et les essais d'Arthur Balfour, j'ai réalisé avant de les entendre discuter du style magnifique qu'il écrivait. Raymond, dont le goût intellectuel est aussi fin que celui de son père, a écrit dans un article pour sa

All Souls Fellowship qu'Arthur avait le le plus beau style de tout écrivain vivant ; et Raymond et Henry justifient souvent mes verdicts littéraires.

"Depuis mon plus jeune âge, je suis un collectionneur : non pas de choses de grande valeur, mais de lettres, de vieilles photos de famille, de personnages célèbres et de bric-à-brac. Je ne perds rien. Nos cendriers à cigarettes sont des assiettes de mes poupées " service de table ; j'ai reçu de la porcelaine , des livres, des fouets, des couteaux, des boîtes d'allumettes et des horloges qui m'ont été offerts depuis que je suis un petit enfant. J'ai conservé nos premiers cahiers, avec toutes les signatures de famille en eux, et de nombreuses bagatelles repères de la vie de crèche. Je suis péniblement ponctuelle, ordonnée et méthodique, détestant l'indécision, les changements de projets et l'égoïsme qu'ils impliquent. Je suis un peu sévère et sévère sauf avec les enfants : pour eux j'ai une élasticité et une patience sans fin. Beaucoup de mes Les défauts sont physiques. Si j'avais pu choisir ma propre vie – plus dans les collines et moins dans la circulation – j'aurais mieux dormi et j'aurais peut-être été moins surmené et moins perturbé . Mais après tout, je peux m'améliorer, car je suis sur un homme. -de la guerre, comme me l'a dit un jour un ami, ce qui est mieux que d'être sur un bateau pirate et est un métier en soi.

"Eh bien, j'ai fini ; j'ai essayé de raconter mes manières, mes mœurs, mes talents, mes défauts, mes tentations et mon apparence aussi fidèlement que possible ; et je pense qu'il n'y a plus rien à dire. Si je devais avouer et exposer une opinion sur moi qui pourrait me différencier un peu des autres, je devrais dire que c'était mon pouvoir d'amour couplé à mon pouvoir de critique, mais ce qui me manque le plus c'est ce que Henry possède plus que tout les hommes : la sérénité, la modération, la maîtrise de soi et l'autorité qui vient d'un parfait sens des proportions. Je ne peux que prier pour ne pas être trop vieux ou trop stationnaire pour les acquérir.

MARGOT ASQUITH.

« PS C'est ma deuxième tentative d'écrire sur moi-même et je ne suis pas du tout sûr que mon ancienne esquisse de personnage de 1888 ne soit pas la meilleure des deux - elle est plus extérieure - mais, après tout, que dire de son propre personnage ? moi intérieur qui correspond à ce que l'on est réellement ou à ce que pensent nos amis ? En ce moment, je suis à quelques semaines de la naissance de mon bébé et je suis tentée d'avoir une vision sombre. J'ai tendance à résumer ma vie de cette façon :

"'Une enfance sans entrave et une jeunesse triomphante; beaucoup d'amour et un peu d'abus; un peu de renommée et encore d'abus; un vrai homme et un grand bonheur; l'amour des enfants et le septième ciel; une mort prématurée et un service commémoratif bondé. .'

"Mais peut-être que je ne mourrai pas, mais que je vivrai pour écrire un autre volume de ce journal et une meilleure description d'un moi amélioré."

LA FIN DU LIVRE DEUX

- 253 -